融合型·新形态教材
复旦社云平台 fudanyun.cn

普通高等学校学前教育专业系列教材

U0731052

学前儿童语言教育
（第三版）

主　编　　张天军　张启芬　王玉玲

副主编　　张巧燕　童俊英

编　者　　张天军　张启芬　王玉玲

　　　　　张巧燕　童俊英　王向青

　　　　　温飞燕　冯　芳

复旦大学出版社

内容提要

本书立足学前儿童语言教育的教学实际，力求全面系统反映0～6岁儿童语言教育理论研究和实践的最新成果，建构了多侧面、多角度的教学内容，具体包括语言教育的基本理论、学前儿童语言发展、语言教育活动的设计与指导（谈话活动、讲述活动、文学活动、早期阅读活动、语言教学游戏）以及语言教育评价。体例设计上，每章均包括目标导航、知识导图、教师导学、本章小结、思考与练习等栏目；内容组织上，包括学前儿童语言教育的理论观点、核心知识点、典型案例以及课后思考与实践活动，非常方便教师和学生使用。

本书配套资源丰富，包括PPT教学课件、课程标准、教案、活动视频、微课视频、习题答案等，可扫描书中二维码或登录复旦社云平台(www.fu-danyun.cn)查看、获取。本书既可作为学前教育、早期教育及婴幼儿托育专业学生的教材，也可作为幼儿园教师的培训教材。此外，还可供广大幼教工作者阅读和参考。

复旦社云平台
数字化教学支持说明

为提高教学服务水平，促进课程立体化建设，复旦大学出版社学前教育分社建设了"复旦社云平台"，为师生提供丰富的课程配套资源，可通过"电脑端"和"手机端"查看、获取。

【电脑端】

电脑端资源包括 PPT 课件、电子教案、习题答案、课程大纲、音频、视频等内容。可登录"复旦社云平台"（www.fudanyun.cn）浏览、下载。

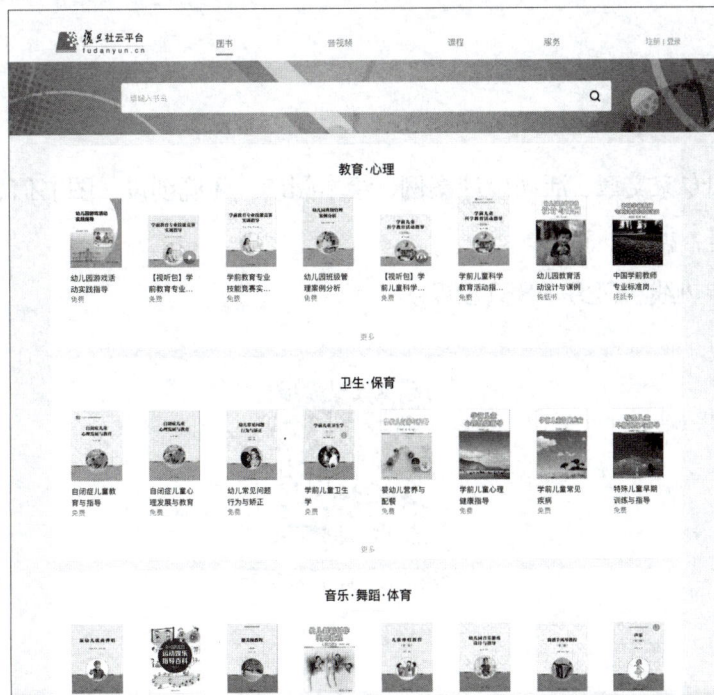

Step 1 登录网站"复旦社云平台"（www.fudanyun.cn），点击右上角"登录/注册"，使用手机号注册。

Step 2 在"搜索"栏输入相关书名，找到该书，点击进入。

Step 3 点击【配套资源】中的"下载"（首次使用需输入教师信息），即可下载。音频、视频内容可通过搜索该书【视听包】在线浏览。

【手机端】

PPT 课件、音视频、阅读材料：用微信扫描书中二维码即可浏览。

扫码浏览

【更多相关资源】

更多资源，如专家文章、活动设计案例、绘本阅读、环境创设、图书信息等，可关注"幼师宝"微信公众号，搜索、查阅。

平台技术支持热线：029-68518879。

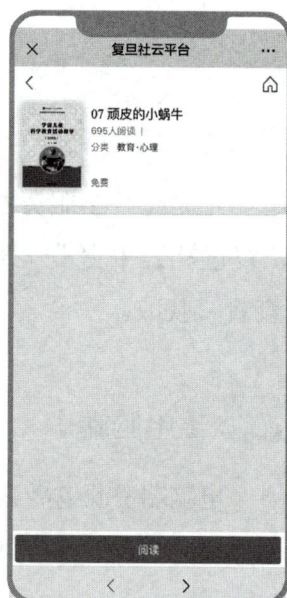

"幼师宝"微信公众号

三版 前 言

　　《学前儿童语言教育》成书于2012年7月，第二版于2016年8月修订。在本次第三版修订中，以立德树人为教材的根本任务，融入党的二十大精神和习近平教育思想等思政元素，结合课程渗透爱党爱国、爱幼教、爱幼儿等德育元素，充分体现课程思政。同时，体现时代性，适当吸收近年来学前儿童语言发展研究的新成果。在体例上，新设目标导航、知识导图、教师导学、拓展阅读、经典案例、本章小结、实践活动、岗课赛证等栏目，将学前儿童语言发展理论与教育中的经典、生动案例呈现给学生，文字简明易懂，深入浅出，能够激发学生学习兴趣。此外，每一章的结尾都安排了复习思考题，进一步加深学生对所学内容的理解和掌握。

　　在编写人员安排上，本次修订坚持理论联系实际，邀请一线教师参与编写，充分体现产教融合。在内容上，本书以学前儿童语言发展为基础，体现学前儿童语言教育的基本知识体系，按照章节合理安排，结构层次科学适宜，形成了语言发展、语言教育基本理论、语言教育活动五大课型及活动评价等模块的有机整体。在行文上，本书努力做到文字、名称规范，图片表格清晰，拓展阅读适宜。在使用效果上，本书以学生毕业与学前教育实际无缝对接为追求，学做结合，理论联系实际，实现产教融合。

　　本书的编写修订人员中有高校学前语言教育专业专家和科研人员，也有具有丰富儿童教育经验的一线教师，所有人员都具有高尚的职业道德。本次修订使用数字化创新形态呈现方式，融文字图表、微课视频、课件辅教等多种载体于一书，双色印刷，装帧新颖，富有可读性，易于标记与注释，为学生提供多渠道学习的便利。

　　具体来说，第三版教材由郑州幼儿师范高等专科学校张天军、张启芬、王玉玲老师担任主编，各章编写人员分别是：第一章，张启芬；第二章，童俊英（周口幼儿师范学校）、张天军；第三章，张巧燕（郑州升达经贸管理学院）、冯芳（河南省获嘉县东苑小学）；第四章，张启芬；第五章，王向青（郑州市教工幼儿园）；第六章，王玉玲；第七章，张启芬、张巧燕；第八章，王玉玲；第九章，张启芬、温飞燕（郑州市郑东新区实验幼儿园）；第十章，张启芬。全书由张天军统稿。第三版修订工作得到了郑州幼儿师范高等专科学校、周口幼儿师范学校、郑州升达经贸管理学院、郑州市教工幼儿园等单位的大力支持，郑州市教工幼儿园韩露佳、王琳洁、王艳丽、王向青四位老师为本书提供了现场示范课例，在此一并表示感谢。

编　者

二版前言

为了适应我国学前教育改革和发展的需要，培养高素质的学前教育师资，依据《幼儿园教育指导纲要（试行）》《3—6岁儿童学习与发展指南》及《幼儿园工作规程》的基本精神，按照教育部《教师教育课程标准（试行）》的要求，我们吸收借鉴学前儿童语言教育理论与实践研究的最新成果，紧密联系学前教育实际，强化学前教师教育实践环节，编写了这本教材，力求体现科学性、时代性、实践性及可操作性等特点。

本书提供了学前儿童语言教育的基本理论和方法的新成果，可以用作学前教育专业学生的教材，也可以作为受过专业训练并有一定工作经验的幼儿园教师继续教育的培训教材，还可以作为幼儿教师自学进修教材。

本书围绕便于学前教育专业教师的教和学生的学两个方面编写，适用面宽，操作性强，文字简明易懂，深入浅出，编排形式生动活泼，在每一章的开头都列明了本章的学习要点，达到提纲挈领、突出重点的目的。此外每一章的结尾都安排了复习思考题，以帮助学生复习巩固，进一步加深对所学内容的理解和掌握。

本书共十章，第一章至第三章重点阐述了学前儿童语言教育的基本理论、基本观念，学前儿童语言发展，学前儿童语言教育的目标、内容；第四章至第九章介绍了学前儿童语言教育活动设计及谈话活动、讲述活动、文学活动、早期阅读活动、语言教学游戏的教育要求、设计与组织及实例佐证等，本部分内容理论与实例相结合，便于师生学习和操作。最后一章探讨如何评价学前儿童语言教育活动，以发挥评价的应有作用。

本书引用了国内外许多专家、学者的著作，教材中的案例来自各地优秀幼儿园教师的教育实践，教材编写也得到了复旦大学出版社的鼎力支持，在此一并表示衷心的感谢。同时，也恳请广大读者提出宝贵意见，以便再版时修改。

《学前儿童语言教育》第一版于2012年7月由复旦大学出版社出版，在四年的使用中，广大院校均反映良好。根据相关要求和学前语言教育的实际需要，在复旦大学出版社的组织协调下，组织编写组相关人员进行了反复交流研讨，结合当前学前儿童语言教育的发展情况，并广泛征求教材使用单位的意见和建议，于2015年底启动了修订。

修订版在保持基本框架不变的前提下，本着更加适用于学前教育专业的愿望，做了如下改动：调整了有关语言教育的基本理论的内容，加强语言教育理论和学前儿童语言教育实践的联系；替换和补充了近年来学前语言教育实践中的优秀案例，体现案例的时代性和代表性，并注重分析案例的价值，起到案例应有的引导作用；完善了每章课后的思考与练习的题型和内容，以更利于学员选择使用，更好地形成语言教育的正确观念和提升教育活动的设计与实施能力。同时，制作了本书教学课件及相关习题的参考答案，可供师生参阅。

第二版教材由郑州幼儿师范高等专科学校张天军担任主编，参加第二版编写与修订的主要单位有郑州幼儿师范高等专科学校、周口幼儿师范学校、郑州市郑东新区实验幼儿园、江苏教育报刊总社。各章编写人员分别是：第一章，张启芬（郑州幼儿师范高等专科学校）；第二章，童俊英（周口幼儿师范学校）；第三章，张天军；第四章，张启芬；第五章，张启芬、温飞燕（郑东新区实验幼儿园）；第六章，张娟（江苏教育报刊总社）；第七章，童俊英、张娟；第八章，张启芬、张天军；第九章，张娟、张天军；第十章，张启芬。全书由张天军统稿。

编　者

目录

第一章
学前儿童语言教育概述

PPT 教学课件

目标导航

1. 明确学前儿童语言教育的研究对象，懂得学前儿童语言教育的意义。
2. 理解影响学前儿童语言发展的因素。
3. 了解学前儿童语言获得的有关理论。
4. 树立正确的学前儿童语言教育观念。

知识导图

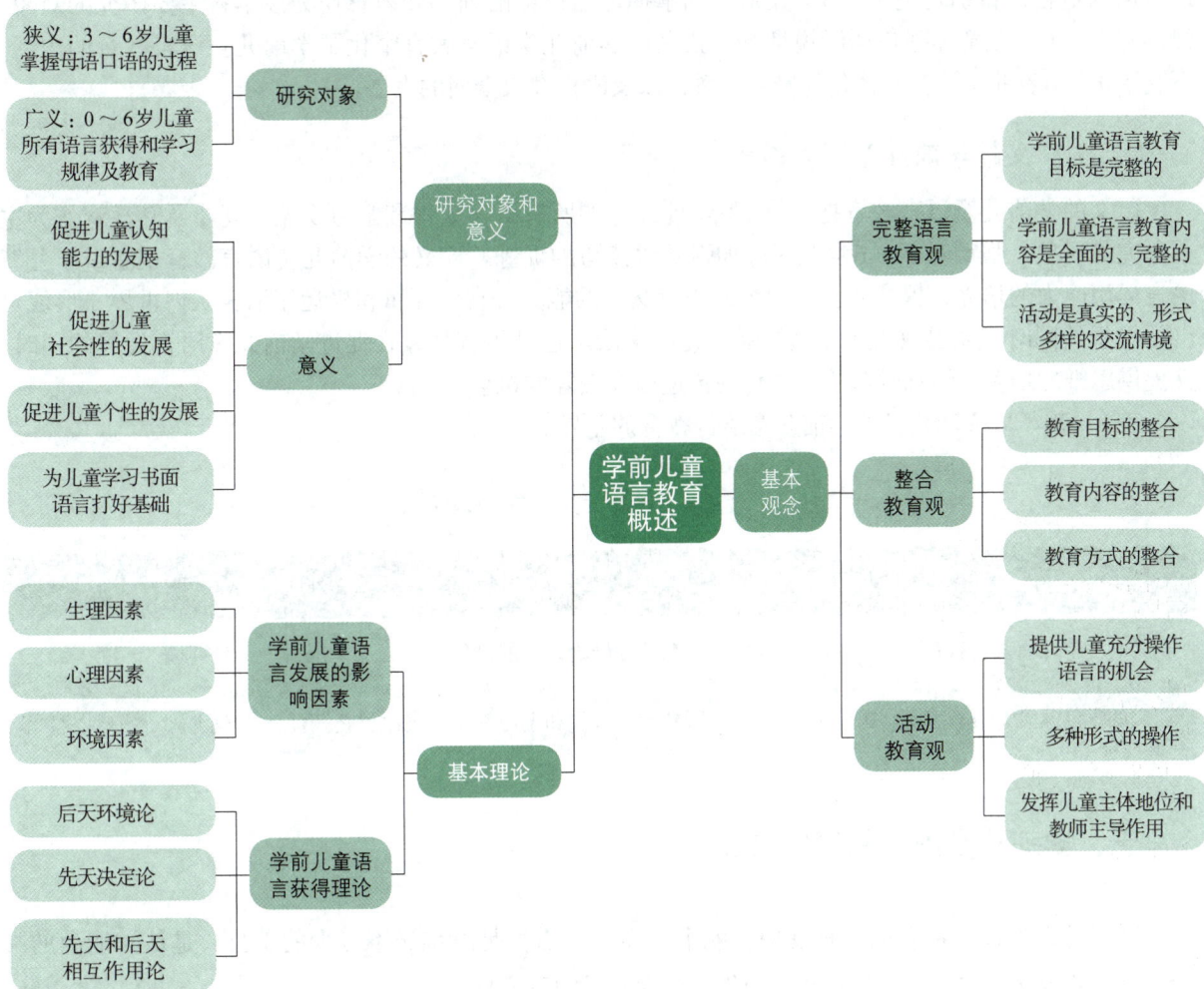

教师导学

离园的时间快到了，幼儿园外妈妈们正在热烈交谈。佳佳妈妈说："语言不需要教。我们那时候没上幼儿园，也没人专门教语言，我们的语言也都发展得很好。"慧慧妈妈说："0～6岁是孩子语言发展的关键期。抓住这个关键期，能很好地促进孩子语言的发展。错过这个关键期，弥补起来就很困难了。"琳琳妈妈说："我也觉得语言需要教，我给琳琳报了个识字班。琳琳已经能认很多字了。"

您赞同哪个观点？我们应树立怎样的学前儿童语言教育观念？

第一节　学前儿童语言教育的研究对象和意义

一、学前儿童语言教育的研究对象

近些年来，学前儿童语言教育获得了突飞猛进的发展，成为学前教育的重要分支学科，并对学前教育相关领域的发展起到了巨大的推动作用。学前儿童语言教育是研究学前儿童语言发生发展的现象、规律及其训练和教育的一门科学，是高等院校学前教育专业培训教师的一门应用学科。

（一）狭义的学前儿童语言教育

学前儿童语言教育有广义和狭义之分。狭义的学前儿童语言教育仅仅把3～6岁儿童早期掌握母语口语的过程，特别是把3～6岁儿童早期掌握母语口语的训练和教育作为该学科主要研究的对象，强调对3～6岁儿童加强口语听说训练。狭义的学前儿童语言教育窄化了学前儿童语言教育的内涵，不利于0～6岁儿童语言一体化的研究与教育以及语言健康全面的发展。

（二）广义的学前儿童语言教育

广义的学前儿童语言教育把0～6岁学前儿童的所有语言获得和学习现象、规律及其教育作为主要研究的对象，强调对0～6岁儿童应加强听说读写的训练。广义的学前儿童语言教育也着重于儿童语言运用能力的培养，提高儿童运用语言进行交际的能力。在使儿童积极运用语言认识世界、形成自己的思想的同时，还要致力于使其接受文化的陶冶。这种语言教育在促进学前儿童语言发展的同时，又提供思维的培养、情感的陶冶、文化的传递以及交际的机会。

表1呈现了广义和狭义的学前儿童语言教育的差异。

表1　广义和狭义的学前儿童语言教育的差异

广义与狭义	年龄界定	研 究 内 容	教育场所
狭义的学前儿童语言教育	3～6岁儿童	早期掌握母语口语的过程	幼儿园
广义的学前儿童语言教育	0～6岁儿童	所有语言获得和学习现象、规律及其教育	幼儿园、家庭、社区

二、学前儿童语言教育的意义

语言是人类社会特有的一种现象。就个体而言，语言是思维必不可少的工具，是认知能力的一种，也是社会交往的工具，是儿童社会化、个性发展的重要标志。

（一）促进儿童认知能力的发展

学前儿童语言发展与认知发展相互促进、共同发展。一方面，学前儿童的认知发展水平决定语言发展水平。学前儿童处于前运算阶段，儿童只能掌握情境性很强的语言，而处在具体运算阶段时，才有可能掌握连贯性语言。抽象的词和语法的掌握有赖于认知的发展。另一方面，作为一种心理表征符号，语言一旦被个体所理解和掌握，就能够对认知的发展起推动和加速作用，主要表现为增加认知的速度、广度和强度，使认知过程具有极大的主动性和普遍性。没有语言这种工具，个体的认知始终会停留在较低层面。心理学家们普遍认为：儿童早期语言能力的发展是他们认知发展的重要标志。

（二）促进儿童社会性的发展

儿童社会化是儿童在一定的条件下逐渐掌握社会规范，正确处理人际关系，妥善自治，从而客观地适应社会生活的心理发展过程。儿童社会性发展的特征表现为：他们不甘寂寞，喜欢与同伴一起玩，而且游戏的关系由比较疏松的撮合到比较协调的、有规则约束的结合，社会化程度大大提高。影响儿童社会化的条件有社会环境系统、生物因素和心理工具，其中，心理工具指儿童的符号系统，主要是语言。语言的发展帮助儿童逐步发展对外部世界、对他人和对自己的认识，使儿童社会性发展得以正常进行。语言发展对儿童社会性发展的促进作用表现在以下两个方面。

1. 提高社会交往能力

随着学前儿童语言能力的提高，其社会交往能力也得到了很大改善。有了语言之后，个人就可以彼此交流内心的活动了，语言的发展促使其能够把这种思维成果告诉别人了。一方面，学前儿童可以使用语言讲出自己的感受和需要，让成人或同伴及时了解自己或引起他人的注意。能用语言清楚表达自己情感的儿童通常会受到他人的欢迎和喜欢，使其情感获得极大的满足。另一方面，成人可以使用语言调节学前儿童的行为，使其掌握自我评价的标准。例如，在与他人交际中，儿童逐渐学会使用语言而非肢体侵犯，学会通过语言协商而非发脾气或其他粗暴行为来解决与他人之间的争端或冲突。

学前儿童口语能力增强，敢在集体面前讲话，就容易获得交际中的成功体验，这提高了儿童学习语言和运用语言的积极性。交际中吸收的知识和词汇，又可提高他们的交际水平。如此良性循环，逐渐使其喜欢交际，善于交际，为以后适应社会打下良好的基础。

2. 促进学前儿童道德的发展

学前儿童的道德行为和道德判断也是在其掌握言语以后才逐步产生的，而且多少包含了一些意志行动的成分在内。语言获得初期，随着在日常生活中自己良好的行为获得成人"好""乖"的评价，儿童能在成人要求的前提下做出一些合乎道德要求的行为。随着语言和认知的进一步发展，3岁后儿童的道德感开始形成，他们通过交往和模仿学习，逐渐掌握了一些行为规范和道德标准，开始关心别人的行为是否符合道德标准并由此产生相应的满意或不满的情感，各种道德习惯也随之养成。

（三）促进儿童个性的发展

个性通常指个人具有的比较稳定的、有一定倾向性的心理特征的总和，包括气质、性格、动机、兴趣、意志、理想等。个性心理特征调整着个体心理过程的进行，影响人的外显行为和内隐行为，因此个性是心理及行为的动力来源。

学前儿童语言的发展使其得到巨大的个人乐趣和满足，从而使其能与社会进行良好互动，对其性格形成和发展带来积极影响。语言的发展，使儿童有可能与成人直接进行语言交往，通过观察周围其他人对事物的态度、行为方式和成人强化方式，直接或间接学习为人处世的方式，获得有关"什么是礼貌的行为""什么叫诚实"等经验。

（四）为儿童学习书面语言打好基础

听、说是读、写的基础，是入学后顺利过渡到正式学习的重要条件。学前阶段成人如果能有意识地培养儿童口头组词、造句和口语表达能力，让其边想边说、有条有理地说，可以促进儿童思维的敏捷性、灵活性和逻辑性的发展。儿童口头组词、组句、表达能力的发展，迁移到书面语言的练习中，就能促进文字表达能力的发展。因此，进行学前语言教育、发展口语表达能力，正是为儿童入学后学习书面语言打下良好的基础。

总之，学前儿童语言教育对儿童的成长起着举足轻重的作用，不但可以促进其身心的全面发展，而且对其一生的发展有着重要的影响。

第二节　学前儿童语言发展的基本理论

一、学前儿童语言发展的影响因素

语言是人类所特有的一种高级神经活动形式，是人类交往的工具，也是人表达自己内心世界和思维的一种工具，它在人的心理活动中起着重要作用。儿童语言习得不仅受制于儿童先天的语言学习能力，后天的生理因素、心理因素和环境因素，也会对儿童语言的发展产生各种各样的影响。重视并认真研究不同因素对儿童语言发展的影响，并在此基础上采取一些行之有效的措施，将会对儿童语言的发展产生良好的促进作用。

（一）生理因素

1. 正常的发音器官

发音器官的完善与成熟，是儿童语言发生发展的重要生理前提。人的发音器官主要分为三大部分：呼吸器官，喉头和声带，口腔、鼻腔和咽腔。

幼儿的发音器官还很稚嫩，正在不断发育成熟之中。幼教工作者要注意保护幼儿的发音器官，保持鼻腔、口腔、咽腔的卫生，以免影响幼儿发音的准确度；教师应选择适合幼儿声域特点的歌曲和朗读材料，过高或过低的音调都容易使幼儿声带疲劳；要避免幼儿大声唱歌或喊叫，以免拉伤声带。

2. 正常的听觉器官

正常的听觉是语言发展的保证。语言的发育依赖于听力，只有先接受外界语言的刺激，个体才会做出相应的应激反应，逐渐产生语言。如果听力出现障碍，就不会感受到声音，也就无从学习说话。

3. 健全的大脑

儿童语言的发展还有赖于一个健全的大脑。如果大脑受到损伤，儿童就不能正确地处理接收到的语言信息，会出现偏听、误听、误解等现象，进而影响到其与他人进行语言交流，使其语言发展出现各种类型的障碍。

此外，感觉器官包括眼（视觉）、皮肤（触觉）、口（味觉）、鼻（嗅觉）等，对语言的学习也会产生重要影响。这些感觉器官把环境中的信息反映给大脑，大脑对信息进行记录、储存、分析，再运用到口语以至书面语上。

（二）心理因素

1. 认知能力

听、说、读、写等语言能力都建立在对语言内容理解的基础上。也就是说，语言能力和认知能力有密切关系，语言能力是受一般认知能力制约但又有其特殊性的认知能力。

要获得语言能力，学会使用语言，就必须对语言所表达的客观世界和社会生活有一定的了解，就必须掌握一定的文化因素；而要掌握这些因素，必然需要一定的认知能力。

2. 个性品质

个性品质的差异也会影响儿童的语言学习和语言发展。一般来说，性格外向的儿童能争取到更多学习和表现的机会，其语言发展的速度较快；性格内向的儿童则相对缺少成功和失败的体验，缺乏吸收语言信息的主动性和有效性。也有研究指出，女孩比男孩更乐于同成人交往，她们在干一件事情之前，往往向成人请示。男孩和女孩这种心理差异及其带来的行为上的差异，是导致女孩语言发展快于男孩的原因之一。

（三）环境因素

环境能决定语言潜力的开发程度。良好的语言环境能促进儿童语言的发展，不良的环境将阻碍儿童语言的发展。

1. 家庭环境

许多研究表明，儿童语言发展的能力和不同的家庭环境相关。这些研究关注建立家庭环境参数与儿童语言发展的相关性，包括：家庭生活质量，如活动的多样性、社会性沟通和互动、在儿童活动中成人的介入程度；家庭的素材条件，如家庭的书本数量和玩具数量及多样性，为了儿童参加文化活动的次数等。对儿童语言发展受家庭环境影响的研究已经得出结论，认为多样化的家庭语境包括活动路线、游戏、日常活动，和儿童一起读书及看电视节目等，对发展儿童的听力技能，促进他们使用语言转换、叙事、解释、联结口语和书面语的表达等，有直接的关系。

除此之外，近年来的研究成果表明，家庭中父母的受教育程度、教养方式、沟通策略，与儿童交谈过程中的情绪状态以及家庭的经济状况，都会对儿童的语言发展造成影响。同时，大量的研究表明，家庭中父母的语言输入特点直接影响着儿童的语言发展。

儿童的语言发展是通过不断地模仿、练习获得的，语言的发展与环境所提供的信息刺激量的多少有关。接受外界信息刺激多的儿童，其语言发展就快于其他儿童。儿童最先接触的环境就是家庭，父母是儿童语言学习的启蒙者。所以从宝宝一出生，父母就必须常常与宝宝说话，让其从小就接触"有声音"的环境，感受声音。通过扩展其生活圈，进而将各种事物、动作介绍给他，教其模仿，为语言表达提供素材。当孩子稍微具备语言表达能力时，父母须认真倾听孩子说话，耐心回答他的疑问，并鼓励其继续表达。父母要提供一个安全的环境，让孩子去触摸、去探索、去操作，这对语言的发展帮助很大。在跟孩子说话时，应放慢语速，跟随其步调，句子尽量简单。此外，要留给孩子轮流说话的机会。

2. 幼儿园环境

幼儿园有系统的教育计划，有很多不同年龄的孩子做伴，一起学习、生活、游戏。幼儿园给儿童提供了一个全新的语言学习场所，儿童可以在这里充分发挥自己的所学，并且可以得到教师耐心细致的指导。在幼儿园里，教师为儿童提供真实而丰富的语用环境，创设可以帮助他们操作运用多种语言交流行为的交往情境，从而有效地促进幼儿语言的发展。

3. 社会环境

儿童是在特定的社会生活环境中获得语言的。各种各样的因素都会对儿童语言发展产生直接的或间接的、巨大的或细微的影响。

风俗习惯也会影响到儿童语言发展。吴凤岗在《中国家庭教育与儿童青少年的心理发展》一文中报道了"沙袋儿"的情况。在我国河北的惠民地区和山东的衡水地区，有一种沙袋育儿的习惯，把出生后不久的孩子放入盛满细沙的沙袋里喂养，以沙袋代替尿布，一天换一次沙。平时孩子仰卧在沙袋内，每天除喂奶外，既不抱他，也不管他。经过一段时间，孩子变得老实安静。沙袋喂养的时间可达一年甚至两年以上。与在沙袋中生活一年或一年半的儿童比较，在沙袋中生活两年以上者，其智商低20分左右。一名在沙袋中生活了两年的"沙袋儿"，3岁才会叫"妈妈"，5岁才会走路，17岁还分不清"兄弟几个"和"有几个哥哥"这两句话的区别。落后的沙袋育儿习俗剥夺了儿童早期社会交往的机会，严重影响了他们语言发展以及其他方面的发展，甚至人为地造成一些智力缺陷儿童。

二、学前儿童语言获得理论

语言获得是指儿童在正常的社会环境中，不知不觉、自然而然地掌握母语的基本结构，学会使用本民族的通用语言。儿童的语言获得也称语言发展，主要是指儿童对母语的理解和获得能力的发展。儿童的语言获得有一个关键期，一般在2～12岁，与大脑的侧化过程同步。儿童对语音的掌握最早，约在4岁左右；其次是语法体系的掌握，约在5～6岁；对语义的掌握则可以延续到成年。

儿童通常在出生后短短的几年中，就能初步掌握和运用语言。他们为什么能学会语言？他们是怎样学会语言的？儿童的语言是与生俱来的还是后天获得的？这些一直是摆在世界各国儿童心理学家面前的难题。各国心理学家从20世纪50年代起，就开始关注和研究这些问题，学者们对这些问题所作的不同解释，形成了各种关于语言获得的观点和理论。

（一）后天环境论

后天环境论以行为主义学习理论为依据，认为言语是一种后天获得的行为习惯，是学习的结果。它强调环境和学习对语言获得的决定性影响，否定或轻视儿童语言发展中的先天的或遗传性因素。

1. 模仿说

这是心理学界关于语言获得机制的最早的一种理论，认为儿童是通过对成人语言的模仿而学会语言的。成人的语言是刺激，儿童的模仿是反应。儿童掌握语言，就是在后天的环境中通过学习获得语言习惯的，语言习惯的形成是一系列"刺激—反应"的结果。

（1）机械模仿说

机械模仿说是较早的行为主义理论。这一理论对20世纪20—50年代的儿童语言研究产生了持久而深远的影响。它最早是由美国心理学家阿尔波特于1924年提出的。他认为儿童语言只是对成人语言的模仿，是成人语言的简单翻版。这一学说实际上强调的是一种机械的模仿，往往将儿童语言发展的结果与过程相混淆，忽视了儿童掌握语言过程中的主动性和创造性。

（2）选择性模仿说

心理学家怀特赫斯特和瓦斯托在1975年对机械模仿说进行了改造，进一步提出了"选择性模仿说"。他们认为儿童学习语言不是对成人语言的机械模仿，而是选择性模仿。第一，示范者的行为与模仿者的反应之间具有功能关系，即不仅在形式上，更重要的还在于功能上相似。模仿者（儿童）对示范者（成人）的言语行为不必是一对一的完全临摹，可以有差异和选择。第二，选择性模仿不是在强化和训练的情况下发生的，而是在正常的和自然情景中发生的语言获得模式。所以，模仿者的行为和示范者的行为之间在时间上不是很相近，在形式上又不是一对一的，儿童能模仿成人话语的结构，并在新的情景中用以表达新的内容，或组合成新的结构，这样获得的语言既有学习和模仿的基础，又有新颖性。

毋庸置疑，模仿在儿童语言的发展中有一定的甚至是比较重要的作用。因此在教育实践中，幼儿园教师要多为幼儿提供语言模仿的机会。在与幼儿交谈时，成人要为儿童做好榜样，尽量使用规范的语言进行交谈。

2. 强化说

强化说的代表人物是被称为联想派大师的美国行为主义心理学家斯金纳。这一理论源于巴甫洛夫的条件反射和两种信号系统的学说，盛行于20世纪20—50年代。强化说以"刺激—反应"论和模仿说为基础，并特别强调"强化"在儿童语言学习中的作用，认为儿童是通过不断的强化学会语言的。

斯金纳试图用操作性条件反射的操作行为和强化等概念来解释儿童语言的获得，即把儿童的语言看成是"刺激—反应—强化"的过程。在这一过程中，儿童对一个刺激做出正确反应，就会得到成人的强化（口头赞许或物质上的满足），这就增强了在类似情境中做出正确反应的可能性，这个过程就叫作强化。成人的赞许往往用话语表达，这些话语大多与特定的情境相联系，因此，成人的话语就逐渐成为有区别意义的刺激，既是下一个反应的刺激，又是对反应的强化因素，儿童就这样学到了语言。例如，儿童在牙牙学语时期，常常会自发地、无目的地发出各种声音，一旦有些声音近似成人说话声音时，父母或其他成人便对这些声音进行强化，对正确的发声加以正强化，对不正确的给予负强化（这在条件反射的形成中被称为选择性强化），语言的操作性条件反射，正是建立在环境引起的声音和声音连接的选择性强化的基础上的。由此可见，选择性强化是语言操作性条件反射中的核心问题，对儿童语言行为的形成、巩固极其重要，通过这种强化，儿童的语言逐渐变得有效和得体。

不容否认，儿童语言的获得需要强化，通过强化能促进儿童语言的发展。但是在使用强化的时候，要注意以下问题：第一，强化要及时，即善于抓住强化的时机。研究表明，假若儿童的行为与成人反应之间的过程太长，强化的效果会降低，甚至对儿童没有太大影响。同时还发现，强化并非越多越好，关键是抓住恰当的时机，给予恰当的强化，强化才能收到最有效的效果。当儿童说出对的语言时，教师应及时给予表扬和肯定；当儿童说得不对时，教师应及时地予以纠正。第二，强化要具体。教师在对儿童的语言进行强化时要具体，不能过于笼统。诸如"说得真好！""说得真棒！"这些笼统的强化对学前儿童产生不了应有作用，而且也不利于其他儿童的学习。

（二）先天决定论

先天决定论与后天环境论完全相反，它强调人的先天能力，强调遗传因素在儿童语言获得中的决定性影响，否定环境和学习对语言获得的决定性影响。

1. 转换生成语法说

该学说又称"先天语言能力学说"，主要是乔姆斯基在其《句法结构》（1957年）一书中提出的一种语言理论。其主要观点是，决定儿童能说话的因素不是经验和学习，而是先天遗传的语言能力。乔姆斯基注意到以下的事实：儿童掌握本族的语言异常迅速，极其完善和极富创造性；尽管语言环境不同，但世界各民族儿童获得语言，尤其是句法结构的顺序基本一致，时间也大致相同；尽管各种句子的形式不一样，但它们都有着共同的普遍语言的基本形式，即语法结构。据此，乔姆斯基提出了自己的理论假设：人脑有一种受遗传因素决定的先天语言获得装置（Language Acquisition Device，简称LAD），语言获得过程就是由LAD实现的。由于有这种装置，儿童虽然只从周围环境听到有限的句子，却能产生无限的句子。LAD的功能图示可参见图1。

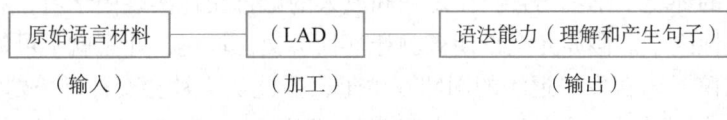

图1　LAD功能图示

儿童语言的获得，是儿童通过自己LAD的活动实现的，即以生来具有的普遍语法知识为依据，对所接受的具体的原始语言材料进行处理，并逐步形成一种个别的语法能力。在此过程中，儿童能发现语言的深层结构（显示基本的句法关系，与语义相联决定句子的实质性意义），以及将其转换为表层结构（用于交际中句子的形式，与语音、表达形式相联）的转换规则，因而能产生和理解无限多的新句子，创造性地使用语言。

这一学说于20世纪60年代提出后，一时震撼了美国语言学界和心理学界，被称为"语言学的革命"，掀起了研究儿童语言获得的热潮。它从根本上改变了语言获得中儿童被动模仿的看法，开始注意到儿童本身的特点，强调了语言获得与脑结构有关。它是一个假设，要证实这个假设并不容易，目前还没有得到有力的研究证据。它过分强调先天性，过分夸大LAD的作用，低估了环境和教育在言语获得过程中的重要作用，忽略了语言的社会性，这也是片面的。

2. 自然成熟说

自然成熟说由美国哈佛医学院心理学家勒纳伯格提出。他认为，生物的遗传素质是人类获得语言的决定因素。儿童语言的发展是一个受发音器官和大脑等神经机制制约的自然成熟的过程，人类大脑具有而其他动物所没有的主管语言的区域，所以语言为人类所独有。语言是人类大脑机能成熟的产物，当大脑机能成熟到一种语言准备状态时，只要受到适当的外在条件的刺激，就能激活或诱发出原来潜在的语言能力，使语言能力显露出来。大脑功能成熟有关键期，所以，语言获得也有关键期。勒纳伯格根据他对获得性失语症病例的研究，提出语言获得的关键期为2岁左右到青春期（11、12岁），过了关键期，即使给予训练，也难以获得语言。这一学说的某些观点，如提出大脑中存在语言中枢，语言获得有关键期等，得到一些相关科学研究的证实，有一定的科学性。但是，它否定环境和语言交往在语言发展中的重要作用，将先天禀赋和自然成熟的作用提高到不适当的程度，是有缺陷的。

（三）先天和后天相互作用论

无论是后天环境论还是先天决定论的观点，都是较为极端和激进的。它们要么只强调后天因素而否定先天因素，要么只强调先天因素而否定或轻视后天因素，两者都难以对儿童的语言获得做出令人满意的解释。

1. 皮亚杰的认知说

20世纪六七十年代以来，以瑞士儿童心理学家皮亚杰为代表的日内瓦学派提出的对认知和言语发展关系的新看法，对儿童语言获得及相应理论的研究产生了巨大的影响，并逐渐成为目前这一领域具有广泛影响的主导理论。

皮亚杰认为：① 儿童的语言能力仅仅是大脑一般认知能力的一个方面，认知结构的形成与发展是主体和客体相互作用的结果，所以语言也是主客体相互作用的结果，是遗传机制与社会环境相互作用的产物。② 语言是儿童许多符号功能（指儿童应用一种象征或符号来代表某种事物的能力）中的一种，因此同其他符号过程一样，出现在感知运动阶段的末尾，即1.5～2岁。③ 认知结构是语言结构发展的基础，语言结构随着认知结构的发展而发展，具有普遍性。④ 儿童的语言结构具有创造性。

皮亚杰学派从主客体之间的相互作用来说明儿童认知能力和语言能力的发展，阐明了思维和语言之间相互影响、相互制约的关系，有其合理性，但这派学说在过分强调认知发展是语言发展的基础时，必然遇到认知发展对语言发展的关系是否是单向的、直接的等难题。

2. 社会交往说

社会交往说的代表人物主要有布鲁纳、鲁利亚、班杜拉等。其主要观点认为，语言获得不仅需要先天的语言能力，而且也需要一定的生理成熟和认知的发展，更需要在交往中发挥语言的实际交际功能。儿童不是在隔离的环境中学习语言，而是在和成人的语言交往实践中学习，和成人的语言交流是儿童获得语言的决定性因素。假如儿童早期被剥夺其社会交往环境，儿童就不可能学会说话。鲁利亚曾观察一对智力有缺陷、语言发展迟缓的同卵双生子，据此认为社会交往环境对语言发展至关重要。世界各地报道过多个由野兽抚养大的孩子（如狼孩、熊孩等），他们的语言发展状况说明：被绝对剥夺与人类社会交往的环境的儿童，是不能获得人类语言的。因此，这一学说不乏合理的成分，揭示了儿童语言获得的大前提。然而，对于儿童怎样通过社会交往来掌握语言的过程和机制，还缺乏令人信服的阐述。

从现有的研究看，所有的理论还不能把儿童语言获得过程及其机制阐述到完善的地步，结论性的意见尚未形成，还有众多的未知领域，需要人们不断地去探索、发现，这就为广大的研究人员和教育工作者提供了广泛的研究课题。

拓展阅读

儿童语言发展，自然？使然？[①]

1975年10月，在法国巴黎附近的若约芒曾举行了一次著名的辩论。辩论会的主角便是著名的皮亚杰和乔姆斯基。辩论的主题是从人的语言机制和语言习得角度来探讨儿童发展问题。

乔姆斯基持一种较弱的天赋论立场。他认为儿童拥有一套天赋的"语言习得装置"，儿童通过这一天赋的语言习得装置，对最初接触的语言资料进行加工，从中生成出一套能够编造新语句的句法、语义和语音规则。乔姆斯基认为"语言习得装置"实际上是一种天赋的语言器官，这种"心理器官"同人体的其他器官一样是有一个发育过程的。一些关于大脑语言机能损伤的病人和有语言缺陷的家族的研究，也都支持乔姆斯基的天赋论假设。

---

① 刘晓东，卢乐珍，等.学前教育学［M］.南京：江苏教育出版社，2004：75-80.

可以看出，乔姆斯基认为儿童发展的关键因素是生物学的因素，即"自然、使然"中"自然"这一面。而皮亚杰在解释儿童发展问题时则偏向"使然"这一面。

皮亚杰认为，知识的获得和认知能力的发展是儿童与环境之间同化和顺应的结果。同化是有机体将外界元素，包括把客观事物的结构，变为个体内在认知结构。语言知识也是如此而来。也正因为皮亚杰有这样的主张，所以我们说他偏向"使然"论。由于他认为人的知识以及认知结构是主体和环境相互作用，并逐步建构而形成的，是在后天获得的，所以他的理论又称为"建构论"。

有的与会者则认为乔姆斯基和皮亚杰二者的理论并无根本的冲突，构成知识的元素是由基因决定的，而实际知识的形成却要经过"建构"过程。（事实上，上述生物学的发现也可以作为支持这一论点的证据）这种观点如果成立，将消解正在激辩的两种理论的根本冲突。皮亚杰十分赞赏这种观点，并数度有意接受调和，有意修改自己的理论，然而乔姆斯基却坚持己见，无意接受调和。

这次辩论正如著名的心理学家霍华德·加德纳教授后来所说的那样，是一次探索而非一种结论。在会上，论辩双方都对对方的理论感兴趣。乔姆斯基得到生物学家的支持，而皮亚杰学说较受心理学家和人工智能专家的赞同。

第三节 学前儿童语言教育的基本观念

20世纪以来，随着人们对早期儿童教育的重视，儿童语言教育逐渐获得越来越多教育工作者和研究人员的关注。自20世纪60年代起，有关儿童语言发展和语言学习的研究在世界范围内有了突破性的进展，大量的研究引发人们对儿童语言教育的重新思考，在观念上也有了更新。可以说，近三四十年是世界范围内儿童语言教育的变革时期，变革促进了儿童语言教育的发展。

对儿童进行语言教育，首先需要明确"语言教育是什么""语言教育和其他领域教育有何关系""以何种途径实施语言教育"等问题，对这些基本问题的回答，构成了幼儿语言教育的三个基本观念，即完整语言教育观、整合教育观和活动教育观。这些观念既是儿童教育总的指导思想在儿童语言教育中的具体表现，也是当代儿童发展与教育研究成果在儿童语言教育实践中具体运用的必然结果。儿童语言教育的基本观念是贯穿儿童语言教育全部过程的指导思想，直接影响着儿童语言教育的效果。教育改革，观念先行，在对学前儿童语言教育领域进行改革和研究时，应以当代儿童语言教育的基本观念为指导，重新思考儿童语言教育的目标、内容和方法。

一、完整语言教育观

完整语言教育观念是当前国外儿童语言教育的一种新思潮，它建立在近些年对儿童语言发展和语言学习研究成果的基础上。所谓完整语言，就是在儿童语言发展中，既强调口头语言的学习，又强调书面语言的准备，听、说、读、写四方面情感态度、认知和能力的培养应同时进行。它主要包括学前儿童语言教育的目标应是完整的，内容应是全面的，教育活动应是真实的、形式多样的交流情境等。

（一）学前儿童语言教育目标是完整的

完整的语言教育目标应该包括培养儿童语言的听、说、读、写四个方面的情感态度、认知和能力。对学前儿童来说，主要是培养他们的听、说能力和良好的听、说行为习惯，同时使他们获得早期的读、写技能，为他们进入小学开始正规的读写训练作前期准备。在所有目标中，培养学前儿童的语言运用能力应成为学前儿童语言教育的重点。

（二）学前儿童语言教育内容是全面的、完整的

全面的语言教育内容是指在学前儿童语言教育中，既要让儿童学习口头语言，也要引导儿童学习书面语言；既要让儿童理解和运用日常交往语言，也要引导儿童学习文学语言。

（三）学前儿童语言教育活动是真实的、形式多样的交流情境

完整的语言教育目标和内容要求语言教育活动的真实性和形式多样性。教育活动的真实性是指教师在组织活动时应着眼于创设真实的双向交流情境，使语言教育活动的过程成为教师与儿童共同建设的、积极互动的过程。教师要为儿童提供动脑、动口、动手的学习环境和学习材料，使儿童成为学习的主体。在专门的语言教育活动、日常语言教育活动中，给儿童提供一个完整的、真实的语言学习环境。

二、整合教育观

受儿童语言学习系统理论的影响，当代儿童语言教育出现了整合的趋向。所谓整合，就是不再把周围的事物看成是分散的、零碎的，相互之间没有关系的事物和信息，而是看成相互之间有一定的关系，统为一体的事物和信息。整合教育的观念意味着把儿童语言学习看成是一个整合的系统，充分意识到儿童语言发展与其他方面的发展是整合一体的关系。整合观包括教育目标的整合、教育内容的整合和教育方式的整合三个方面。

（一）教育目标的整合

教育目标的整合是指在制定语言教育目标时，既要考虑完整语言各组成成分的情感、能力和知识方面的目标，也要考虑在语言教育中可以实现哪些与语言相关的其他领域的目标，同时也需要考虑哪些语言教育的目标可以在其他领域的教育中得以实现；使语言教育的目标成为促进儿童语言发展主线，同时促进儿童其他方面发展的整合的目标体系。只有树立了整合的语言教育目标，才能实现语言教育内容和方式的整合。

（二）教育内容的整合

在学习语言的过程中，儿童对每一个新词、每一种句式的习得，都是社会知识、认知知识、语言知识整体作用的结果。如果抛开社会知识和认知知识，只是就语言而学习语言，那么儿童的语言发展将是有缺陷的，也是不可能取得良好效果的。教育内容的整合是指在设计和组织语言教育活动时，要将社会知识、认知知识和语言知识整合在一起，由此构成语言教育活动的内容。

根据语言教育内容整合性的特点，在选择教育内容时，要充分考虑社会知识、认知知识和语言知识的有效结合。因而，要在整体上设计语言教育活动的内容，帮助儿童在教育过程中完成整个语言学习系统的吸收与调适。如组织散文欣赏活动"落叶"时，可以先带儿童去树林感受秋天树叶飘落的景象，倾听脚踩在落叶上发出的清脆声音，引导儿童思考"秋天树叶为什么会凋零"？在组织活动中让儿童感受散文独特的语言魅力等。

（三）教育方式的整合

目标与内容的整合，同时牵制着语言教育方式的整合走向。教育方式的整合是指组织语言活动时，要以多种语言的组织形式来架构语言教育内容，在活动中糅合多种儿童发展因素，允许多种与儿童发展有关的符号系统的参与，从而促使儿童在外界环境因素的刺激和强化作用下，产生积极地运用语言与人、事、物交往的愿望和需要，并主动地通过各种符号手段（包括音乐、美术、动作、语言等）作用于环境。在这种整合的语言教育环境中，儿童不再单纯地学习说话，被动地接受教师传递的

语言信息，而是获得了语言和其他方面共同发展的机会，成为主动探求并积极参与语言加工的创造者。如在组织儿歌学习活动"小老鼠的梦"时，教师配乐朗诵儿歌，儿童加入动作表演儿歌，画一画儿歌内容。通过多种教育方式的参与，促进儿童各方面能力的发展。

三、活动教育观

语言教育的活动观以皮亚杰的儿童发展理论作为主要理论来源。学前儿童语言教育的活动观具体体现在教育过程之中，要求教师更多地为儿童提供充分操作语言的机会，鼓励儿童以多种方式操作语言，发挥儿童在操作语言过程中的主动性等。

（一）提供儿童充分操作语言的机会

儿童的语言发展是通过儿童个体与外界环境中的各种语言和非语言材料交互作用才得以逐步实现的。儿童发展需要外界环境中的人、事、物的各种信息，但这些信息不是由成人灌输去强迫儿童接受的，而是在没有压力、非强迫的状态下，儿童通过自身积极与之相互作用而主动获得的。学前儿童语言教育便是引导儿童积极地与语言及其相关信息进行相互作用的过程。

（二）通过多种形式的操作，促进儿童语言的发展

儿童语言的发展有赖于认知的发展，而认知的发展主要依靠儿童自身的活动。儿童正处于动作思维向具体形象思维发展的阶段，对客观事物的认识主要依赖于自身的各种操作活动，通过动手、动脑、动口和手、脑、口并用的操作来与环境发生交互作用。儿童在亲身体验中增强语言操作的积极性，获得愉快成功的体验。在对操作材料的探索中，激发学习的内在兴趣和动机，变被动学习为主动学习，真正实现以活动的形式促进儿童语言的发展。

（三）要注意在活动中发挥儿童的主体地位和教师的主导作用

1. 儿童的主体地位

在设计组织儿童语言教育活动时，要充分考虑内容和形式要适应学前儿童发展水平和需要；儿童在活动过程中要始终有积极的动机、浓厚的兴趣和主动的参与精神，而不是被动的消极的受教育者；活动要为每个参与者（儿童）提供适应他们发展特点和需要的环境条件。当某些儿童因个体发展差异而出现不适应情况时，可以通过适当调整使之愉快积极地投入学习。

2. 教师的主导作用

（1）通过提供良好的语言教育环境——语言材料、操作材料、适当的语言环境和氛围，来体现教师的有关教学目标构想，安排和组织儿童与一定的语言材料及相关的信息材料相互作用。

（2）教师通过提示或暗示、提问、讲述、示范等方法，指导儿童感知和探索，帮助儿童获取相关的语言信息，找到获得知识的途径，从而完成学习任务。在儿童与环境相互作用的关系中，教师往往成为一种中介力量。

完整语言教育观、整合教育观和活动教育观，要求教育者对学前儿童语言教育活动的目标、内容和组织形式及方法进行新的思考。这三种基本观念是儿童语言教育与研究的指导思想。一方面，幼儿园教师要树立新的语言教育观。另一方面，观念更新之后还需要有相应的教育模式和教育实际操作措施的更新。如果只停留在认识上的改变，缺乏实际工作中的改革，那么，观念的更新只是空谈。这就要求在语言教育中，教师应以基本观念为指导，确定语言教育目标，选择儿童的语言学习内容，设计语言活动的过程，开展具体的活动，使语言教育能切实有效地促进儿童语言发展。

本章小结

本章我们学习了"学前儿童语言教育的研究对象和意义""学前儿童语言发展的基本理论"和"学前儿童语言教育的基本观念"三小节的内容。"学前儿童语言教育的研究对象和意义"阐述了语言教育的研究对象和语言教育的意义；"学前儿童语言发展的基本理论"阐述了学前儿童语言发展的影响因素和学前儿童语言获得理论；"学前儿童语言教育的基本观念"阐释了完整语言教育观、整合语言教育观和活动语言教育观这三个基本观念。本章是学习和组织学前儿童语言教育的理论基础，理解和掌握本章的知识能帮助我们更好地学习后面章节的内容。

思考与练习

1. 简述学前儿童语言获得具有代表性的理论观点。
2. 简述语言教育的整合观、活动观、完整语言观的基本内涵及相互之间的本质关系。
3. 案例分析：

　　一些父母常常不自觉地用"儿语"（孩子的语言）跟孩子说话，诸如"吃饭饭""开灯灯""梨，苹果，宝宝，这个，那个"等。父母用稚拙的"儿语"与孩子交流，是想拉近与孩子的距离。

　　你如何看待这种现象？
4. 结合幼儿园见实习经历和已有的知识经验，以案例为载体，阐述幼儿语言教育的意义。题目自拟，立意自定，不少于500字。

实践活动

　　以身边的幼儿为观察对象，挑选语言发展较好和较弱的幼儿各一名作为个案，通过调查、访谈，从生理、心理、环境等方面来分析影响幼儿语言发展的因素。

第二章
学前儿童语言发展与教育

▶▶ 目标导航

1. 了解婴儿期语言发展的各个阶段及其特点。
2. 把握幼儿语言发展的主要特点。
3. 掌握促进学前儿童语言发展的教育措施。

PPT 教学课件

▶▶ 知识导图

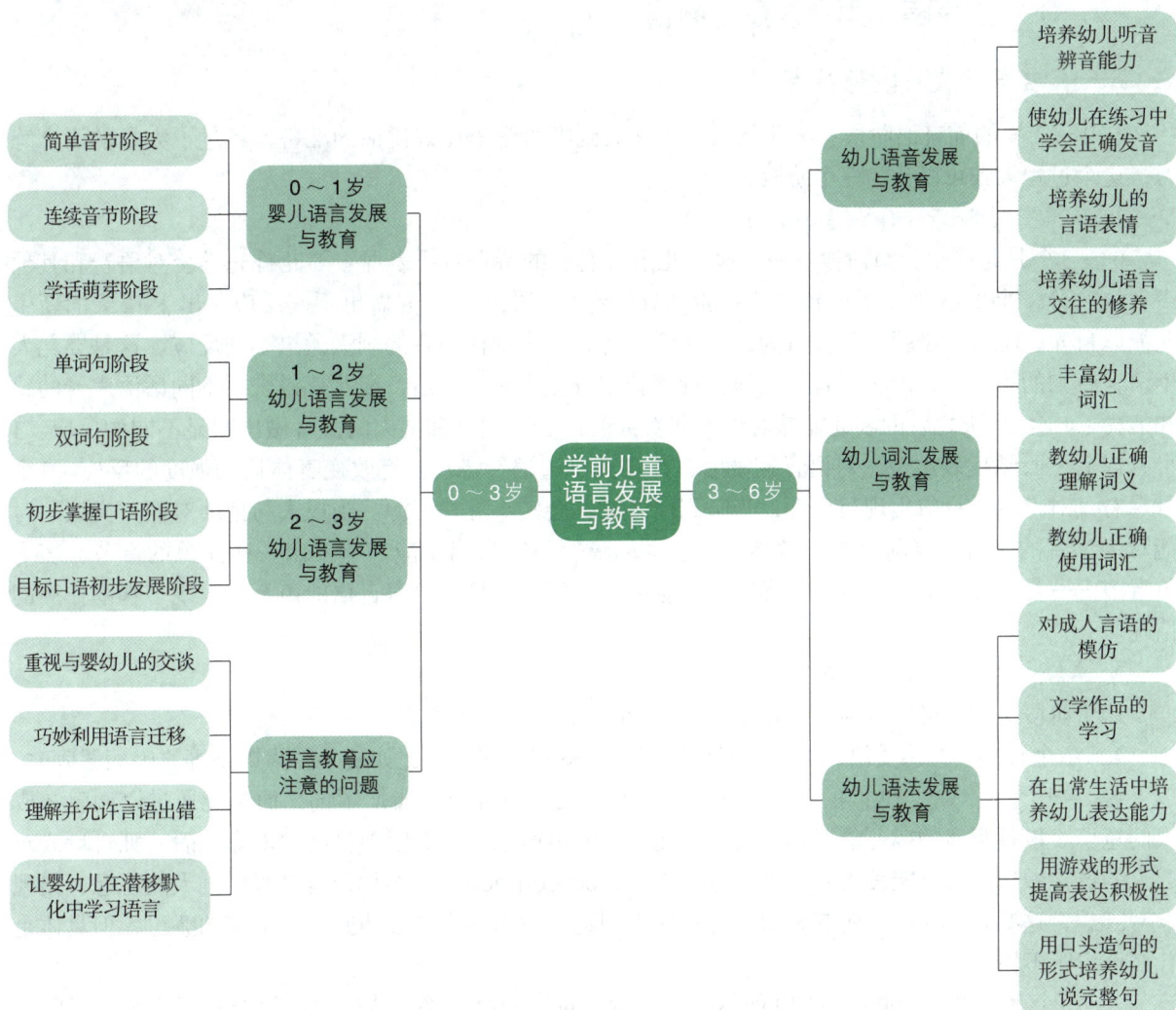

- 简单音节阶段
- 连续音节阶段
- 学话萌芽阶段
  - 0～1岁 婴儿语言发展与教育

- 单词句阶段
- 双词句阶段
  - 1～2岁 幼儿语言发展与教育

- 初步掌握口语阶段
- 目标口语初步发展阶段
  - 2～3岁 幼儿语言发展与教育

- 重视与婴幼儿的交谈
- 巧妙利用语言迁移
- 理解并允许言语出错
- 让婴幼儿在潜移默化中学习语言
  - 语言教育应注意的问题

0～3岁 → 学前儿童语言发展与教育 ← 3～6岁

- 幼儿语音发展与教育
  - 培养幼儿听音辨音能力
  - 使幼儿在练习中学会正确发音
  - 培养幼儿的言语表情
  - 培养幼儿语言交往的修养

- 幼儿词汇发展与教育
  - 丰富幼儿词汇
  - 教幼儿正确理解词义
  - 教幼儿正确使用词汇

- 幼儿语法发展与教育
  - 对成人言语的模仿
  - 文学作品的学习
  - 在日常生活中培养幼儿表达能力
  - 用游戏的形式提高表达积极性
  - 用口头造句的形式培养幼儿说完整句

有一位将近2岁幼儿的妈妈发现自己的孩子说话时总是用几个单独的词，组成毫无连接的断断续续的句子，如"妈妈，饼干""爸爸，小猫"，她非常心急。于是，她咨询幼儿园老师这是什么原因，并希望了解儿童语言发展的年龄特点及如何科学发展儿童的语言能力。

为此，本章主要阐述儿童语言发展的特点、规律和有关教育策略与方法。

第一节　0～3岁婴幼儿语言发展与教育

3岁前是人的一生中学习语言最为迅速和关键的时期。在短短的3年内，婴幼儿从感知语言开始，慢慢能听懂成人语言，从学说单词句，发展到能用基本完整的句子来表达自己的意思。3岁前婴幼儿的语言发展可划分为三个阶段：0～1岁是婴儿言语发生的准备阶段，又称为前言语阶段；1～2岁是幼儿正式的学说话阶段，幼儿讲出第一批有真正意义的、具有概括性的词语时，标志着幼儿开始发生言语，又称为言语发生阶段；2～3岁是幼儿初步掌握口语阶段，进入小学才达到基本掌握口语水平。

一、0～1岁婴儿语言发展与教育

（一）语言发展阶段与特点

在0～1岁的前言语阶段，婴儿从第一声啼哭到咿呀学语做好说话的准备，经过了大量的语音练习，这个过程大致可以分为三个阶段。

1. 简单音节阶段（0～3个月）

0～3个月是简单音节阶段。该阶段婴儿语言发展的特点主要表现：婴儿首先学会对语音和其他声音的区分，出生不到10天的新生儿就能区分语音和其他声音，并做出不同反应。出生12天的新生儿能以目光、吮吸、蹬腿等身体行为，对说话声音和敲击物体声音的刺激做出不同反应。这是婴儿人生语言感知的第一步，即将语音从其他各种声音中分化出来。之后，婴儿获得辨别不同话语声音的感知能力：出生24天之后的婴儿能够对男人和女人的声音、父母和他人的声音做出明显不同的反应。1个月以后，听觉比较敏锐，对语音较敏感，如在其身边摇铃等，会有改变身体运动强度的反应。3个月左右，对声音的反应出现目标性，当听到声音时，会转头寻找声源。当成人与他面对面"交谈"时能对说话者的声音（伴随目光、微笑以及翕动的嘴唇等）做出反应；能发出一些简单的音节，多为单音节——婴儿在睡醒之后或吃饱穿暖了躺着时，会发出愉快的自言自语的声音，出现了喁喁作声的情况。

2. 连续音节阶段（4～9个月）

这个阶段又大致可以分为两个时期：4～6个月和7～9个月。

4～6个月的婴儿感受语调的能力明显增强，能感知一些词，比如婴儿因为饥饿等原因而哭闹时，成人说"来了，来了"，他们的哭声会变小或停止。婴儿并非真正听懂了词，而是能通过语调感知成人的意思。该月龄段的婴儿能对熟悉的人微笑并能笑出声来；能对镜中自己的影像说话；独自玩或对成人的逗弄做出反应时能发出一些成串的语音，如ba-ba-baba等；会用语音来吸引别人的注意，出现"小儿语"，这些"小儿语"听起来似乎含有提出问题、发出命令和表达愿望等不同的意思，但具体是什么谁也听不懂。

7～9个月的婴儿能同时感知3种不同的语调，对于微笑、平淡或恼怒的语调有了表示。对陌生的声音，会表现出好奇心，懂得简单的手势、词语和命令。能够辨别家人的名字和一些熟悉物体的名称；会用舌头和嘴唇发一些非语言的声音并努力模仿别人发出的语音；开始用动作进行交流，如挥手表示再见。

3.学话萌芽阶段（10～12个月）

这一阶段，婴儿发出的声音中音调开始多样化，四声均已出现，听起来像是在说话。发出的连续音节中明显地增加了不同音节的连续发音，而不仅仅是同一音节的重复。这个阶段婴儿语言发展的特点表现在：能理解一些简单的命令性语言，如"坐下""过来"等；努力模仿成人发出新的声音；生气或发怒时能用哭或摇头表示不满；能模仿一些非语言的声音，如咳嗽或用舌头打出声响；能执行成人的简单指令，并建立相应的动作联系，如成人说"跟奶奶再见"，婴儿就会挥挥小手；开口说话，出现第一个有意义的单词。大约从10个月开始，有的孩子会说出第一个单词，如"妈妈"等。

（二）语言教育活动建议

0～1岁阶段是口语发生期，满1岁的幼儿虽然只能说出个别单词，但这一年的口语训练能为幼儿的语言发展打下良好基础。这个时期对幼儿的语言教育的重点在语音训练方面。

在婴儿不满1岁的时间里，尤其是前几个月，用哭声表达自己的需要的时候很多。这时的哭声，可以说是一种自发的发声练习。为了诱发孩子自动发声，成人要注意创造条件。

首先，利用一切时机和婴儿说话。孩子在自发的发声期，虽然还没有模仿成人说话的条件，但是却能够听见和看见成人说话，因此成人在对婴儿说话时，如能注意用丰富的面部表情，富有变化的语调，将会加深孩子对言语视觉和听觉的感受。成人应抓住一切时机和婴儿说话，为孩子创造好的语言环境，诱导孩子发音。成人在给婴儿物品时，告诉他是什么，每次和孩子在一起时都告诉他正在做什么，玩什么，当婴儿自己游戏时，给他提供适当的语言刺激，要尽量提供各种不同的声音，帮助婴儿迅速发展听力，但忌记强烈的声音和噪声。具体地说，就是让孩子喜欢听别人说话、唱歌、念儿歌，喜欢听乐曲、鸟叫等好听的声音。

其次，要尝试动作伴随语言的教育方法，让婴儿增加对语言的感知。婴儿在近一岁时，已能够听懂一些话，成人要注意发挥语言的作用。在与婴儿进行日常"交谈"时，要配合一定的动作，且同样的话要配合同样的动作，婴儿才能较快地学会配合动作发出相应的语音。尤其是在照顾婴儿生活时，最好是边做边说，如给婴儿喂奶时，可先给婴儿看看奶瓶，或把奶瓶往婴儿脸上贴贴说："宝宝饿了，该吃奶了……"这样更有利于婴儿将语音和相应的物品建立联系。

最后，要将教婴儿说话与认识周围事物同步进行。1岁前的婴儿已开始接触很多生活用品和玩具，如在对婴儿说某个物体时，或婴儿发出某一语音时，就要指点实物给婴儿看，在他们吃饭、玩耍、洗澡等情境中，成人应该有意识地告诉他们一些常见物品的名称，让语音和物品建立固定的联系，为以后理解和运用词汇打下基础。

早期阅读方面，成人在婴儿满月后就可以开展阅读教育，激发并培养婴儿早期阅读的兴趣和行为。成人在让孩子听和说的同时，可以选择一些适合这阶段的读物，如图片、图形、脸谱等，指点婴儿阅读，初步激发婴儿阅读的兴趣。大约6个月之后，婴儿就能感知不同的语调，此时应让婴儿睡前聆听文学作品，即聆听各种语言样式，聆听形象化的语言，聆听不同风格特色的语言，初步养成睡前倾听文学作品的习惯。婴儿从10个月开始开口说话，成人应给婴儿提供阅读的空间和时间，初步培养婴儿良好的阅读习惯，如教会他拿书的方法，阅读时的正确姿势等。

另外，这一阶段还可以通过一些语言游戏训练婴儿的听音和发音能力，提高其听力和发音水平。

实践练习

游戏一

唤 名 游 戏

靠近孩子，并呼唤他的名字，如果你每天坚持在靠近他时都面带微笑地呼唤他的名字，用不了多久，婴儿便会在你每次唤名时都给予积极的反应。

游戏二

发 音 游 戏

成人可以先叫婴儿的名字，然后用目光注视他，并用一种唱歌的声音来发出一些简单的韵母，如"ɑ……"声音，接着再抚摸他，冲他微笑。如果他真的发出了声音，那么应立即重复他的声音，并且和他反复进行这种游戏，使婴儿很快学会发出一些声音并学会模仿你的声音。

游戏三

镜 子 游 戏

这一时期的婴儿逐渐产生镜面反应，慢慢会认识镜子中的影像。成人可以抱着婴儿或让婴儿坐在镜子前，告诉他镜子里的人是谁，或摸鼻子、眼睛等。几次游戏后，婴儿就学会独自跟镜子中的自己说"悄悄话"。

游戏四

指认物体游戏

可以把一些玩具或物品放在婴儿面前，边拿取物品边指认物品，并发出"指令"，如"把玩具熊拿过来"。开始时成人可以自己拿取或帮助婴儿拿取，渐渐地便可让婴儿独自拿取。

二、1～2岁幼儿语言发展与教育

（一）语言发展阶段与特点

经历近一年的言语准备，从1岁开始幼儿便进入了正式学习语言的阶段，他们从发出一些无意义的连续音节、少数的模仿音，到开始说出有意义的词。1～2岁时期幼儿的口语发展还处于不完整句时期，根据幼儿语言发展的基本情况，该时期可分为两大阶段。

1. 单词句阶段（1～1.5岁）

一个句子只有一个词称为单词句。如幼儿在叫"妈妈"时，这个词往往代表多重意思。有可能是要妈妈抱，有可能是要吃东西，或者是要玩具等。所以单词句阶段的词所表达的意思是不精确的，家长常常需要把其说话时所使用的手势、表情、体态等联系起来，确定幼儿所要表达的真正意思。

单词句阶段幼儿言语发展有如下特点：

（1）语音方面，这个时期，幼儿自发地模仿所听到声音的积极性明显提高。在所能模仿的音之中，连续的音节增多，如a-ba-ba-ba-ba-；无意义的音节逐渐减少；模仿的词音不完整，成人说"小汽车"，幼儿只能说"车"或"车车"。

（2）词汇方面，出现了"以音代物""消极词汇""积极词汇"等现象。

以音代物是1.5岁以前幼儿说出词汇的一个明显特点，即常常以物体发出的形象的声音来代替物体的名称，如称汽车为"笛笛"，称猫为"喵喵"等。在成人与幼儿说话时，孩子能记住和使用的大多仍然是他的声音。

1岁至1.5岁是幼儿"理解词"发展最迅速的时期，但是对词的理解还包括既理解又会用的"积极词汇"和能理解但不会用的"消极词汇"。对消极词汇的理解，大都体现在能根据成人的指示行动，如幼儿要去碰热度高的东西时，听到成人说"烫！"会马上缩回手去，但是这些词语幼儿还不会运用。

幼儿会使用的积极词汇有以下明显特点：

一是一词多义。这个年龄段的幼儿对词的理解还不够精确，所说出的一个词往往代表着多种对象。如"毛毛"代表所有带毛的动物或者毛皮做的东西。

二是固定化理解。这一阶段，幼儿对词的理解往往与某种固定的物体相联系，甚至把该物体同某种背景固定起来。例如，"妈妈"就是指自己的妈妈。

三是以词代句，如前例"妈妈"一词。

（3）句型方面，幼儿所能理解的句子有以下三类。

一是呼应句。所谓呼应句就是指幼儿呼唤他人（呼唤句）或是对他人呼喊的应答（应答句）。一般发生较早，在本阶段的初期，是使用频率较高的功能句。

二是述事句。所谓述事句就是指幼儿对自己发现的事情的述说。如妈妈问："你的球呢？"幼儿说"没"，是说他没看见球，不知道球在哪儿。这大约发生在15个月以后。

三是述意句。所谓述意句是指幼儿述说自己意愿的句子。所表述的意愿大多是否定的。如让幼儿赶快收拾玩具来吃饭，会说"不"，表示不愿意。这多发生在本阶段后期。这个阶段的幼儿对成人命令式的语言能理解并执行，对成人具有方向性的命令式语言，不用凭借动作或面部表情就可以完全理解。

2. 双词句阶段（1.5～2岁）

1.5岁以后，幼儿说话的积极性明显提高了，他们能说出由两个单词组成的句子，称之为"双词句"。会逐渐用简单句表达自己的想法，所表达的意思远远比单词句阶段清楚。然而，这种简单句在表现形式上仍是断续的、简略的或结构不完整的。双词句阶段幼儿语言发展的特点主要表现为如下四点。

（1）掌握新词的速度突飞猛进，出现"词语爆炸"现象。这个阶段幼儿的语言表达能力将发生质的飞跃，基本以每月平均说出25个新单词的速度递增，如18个月的幼儿经常挂在嘴边的是20个左右的单词，到21个月就能说出100个左右的单词，到2岁时可以说300个左右的单词，"小儿语"逐渐消失。

（2）能说出由两个单词组成的双词句且增长速度加快。如"妈妈抱抱""苹果削"，这些话听起来像我们发电报时所用的省略语句，因此又被称为"电报句"。大约从20个月起，幼儿每月双词句增长的速度是成倍的，如21个月时双词句为50个，22个月时100个左右，23个月时是250～300个左右，2周岁时则猛增到近1 000个。

（3）随着幼儿生活范围的扩大，认知能力的逐渐提高，能给看到的物体进行命名，命名时常会出现泛化、窄化等现象。如将"狗"叫作"汪汪"，将所有带皮毛的动物或毛皮做的东西统称为"毛毛"等。

（4）疑问句较多，不断地提出问题，理解并能正确地回答成人提出的一些问题。这个阶段，幼儿开始不断向成人提问，总是要求告知他各种事物的有关信息，如名称、特征、用途等，这实际上也是幼儿语言学习的一个途径。

（二）语言教育活动建议

幼儿在1～2岁时处于不完整句时期。这个时期，幼儿更多的是使用肢体语言与成人进行交流，这个年龄段儿童的语言教育，主要是在日常生活和游戏中进行。教育的侧重点是发展幼儿的听力，随时随地指导幼儿言语，在游戏中练习说话，运用儿歌、故事等形式发展幼儿的语言。

1. 帮助幼儿掌握新词，扩大词汇量

从这个阶段开始，应该把幼儿学习语言的主要任务定位到扩大词汇量上，不论是对消极词汇还是积极词汇来说，都应该丰富。在帮助幼儿掌握新词上，要尽量使用简短话语，突出所教新词。如在教幼儿"灯"时，可以让其观看很多有关灯的图片，并告诉他："这是台灯，这是路灯，这是交通灯……"在说"灯"这个单词时要加重语气，突出强调，以便孩子较快掌握新词。

2. 为幼儿提供良好的言语榜样和言语示范

幼儿身边的每一个人都是他的老师，他们的一言一行、一举一动都会成为幼儿模仿和学习的内容。因此，成人应注意用丰富的面部表情、富有变化的语调、规范正确的发音、丰富准确的用词造句，为幼儿提供良好的语言榜样和言语示范。

3.开展早期阅读指导，培养幼儿阅读兴趣

成人可自制或购买图书，书中的内容最好是幼儿熟悉的人和事，它将对丰富幼儿语言内容、扩大词汇量起到帮助作用。在幼儿阅读时，成人可提一些浅显的问题，以诱导、丰富和扩充幼儿的回答，促进其语言表达和思维能力的发展。

4.倾听文学作品，观看儿童美术片或动画片

可以每天有固定的时间（如睡前、上午或下午空闲时间），让幼儿倾听一些优美动听、主题鲜明、短小精悍的故事、儿歌等，这是幼儿学习文学语言的绝好方式。除此之外，成人也可为幼儿选择一些轻松活泼、画面优美且生动有趣的美术片、动画片等让孩子观看，既可增加幼儿语言方面的信息量，又有利于发展其观察和想象能力。

5.开展多种形式游戏，在游戏中进行词语练习

通过游戏练习词语的运用，目的和要求都在"玩"的过程中完成，孩子对游戏这种方式也比较感兴趣。在游戏中，成人要用简单明了的语言，结合幼儿所熟悉的事情来启发他，并耐心地听孩子说话，还要鼓励孩子多说话，更要为胆怯和寡言的孩子提供练习说话的机会。

实践练习

游戏一

猜 猜 看

把玩具放在一个口袋或箱子里，也可藏在手掌或衣服里，让幼儿猜是什么物品，并大声地说出来。无论幼儿猜出还是猜不出，成人都要正确地告诉孩子物品的名称。

游戏二

打 电 话

这个游戏能有效促进幼儿语言交流能力的发展。电话现在已经普及，当成人在家打电话时，可让幼儿在一旁听你怎样接电话，怎样与人谈话，怎样与人告别等。有了以上经验之后，成人可用玩具电话与孩子练习打电话。成人要用简单明了的语言，结合幼儿所熟悉的事情来说，并耐心地听婴儿说话，鼓励他多说话。

游戏三

问 答 接 龙

由于这一阶段是幼儿词汇量爆炸时期，成人可通过此游戏来丰富和巩固幼儿的词汇。如采用问答式接龙，往往是一问一答。问："谁会飞？"答："鸟会飞。"问："谁会游？"答："鱼会游。"……

三、2～3岁幼儿语言发展与教育

（一）语言发展阶段与特点

2岁以后直到入园前，是幼儿基本掌握口语的阶段，他们开始学习使用合乎语法规则的完整句准确地表达思想，也基本能运用语言与人交往，语言成了这一阶段社会交往和思维的一种主要工具。该阶段被称为"复合句阶段"，又可分为初步掌握口语阶段和目标口语初步发展阶段。

1.初步掌握口语阶段（2～2.5岁）

初步掌握口语阶段的幼儿基本能理解成人所用的句子；发不出的语音逐渐减少，语言逐渐稳定和规范，会用语言与成人进行简单交流；喜欢提问并且疑问句逐渐增多；能运用多种简单句句型，复合

句初步发展，但"重叠音"和"接尾"现象较多；能够运用语言进行请求、拒绝、肯定、求助等，并学会倾听别人的讲话，表达自己的要求和愿望。

2.目标口语初步发展阶段（2.5～3岁）

目标口语初步发展阶段的幼儿，在语言发展上的特点表现为：词汇量增长十分迅速，几乎每天都能掌握新词，且学习新词的积极性非常高；能概括出句子规则，且能表现出系统整合的语言内在能力；能说出完整的句子，出现了多词句和复合句；说话不流畅，表达方面常出现"破句现象"；语言功能则显现出越来越丰富和准确的趋势。

（二）语言教育活动建议

1.在日常生活中，随时随地指导幼儿正确使用言语

日常生活是幼儿学习语言基本的也是最重要的环境，生活中的语言常用且反复出现，易于加深幼儿的印象和理解。要多跟幼儿交谈，提供语言模仿的榜样；随时随地帮助幼儿掌握新词，扩大词汇量；鼓励幼儿多开口。如在穿衣、吃饭、洗澡、散步等日常活动中，自然地教其语言。

2.开展各种各样的游戏，让幼儿在游戏中学习语言

游戏本身的活动性和广泛性符合幼儿的身心特点，是孩子最喜欢的活动。采用游戏的方式可以比较容易地把他们吸引到学习活动中来，家长或教师也可用专门的游戏来练习幼儿的发声、用词，如有利于词语练习的"小喇叭""词语接龙"等游戏。通过游戏可帮助孩子巩固发音，扩展练习词汇，培养他们语言交往的机智性和灵活性。

3.采用儿歌和儿童故事的方式发展幼儿语言

这一类文学作品形式，具有生动形象、节奏感强等特点，易于幼儿接受。在多听的基础上，逐渐让他们跟着模仿，既能练习听力，也能培养说话，继而循序渐进发展语言能力。

四、0～3岁婴幼儿语言教育应注意的问题

0～3岁是婴幼儿语言的准备与形成时期，这一时期做好了对婴幼儿语言教育的工作，将有助于其一生的语言发展。在对这一时期的婴幼儿进行语言教育时，应注意以下问题。

（一）重视与婴幼儿的交谈

婴幼儿语言教育既有普遍性，也有其特殊性。语言教学常用的领读、讲解等方法，不适用于婴幼儿语言的学习。对婴幼儿进行语言教育最为理想的办法是同他们进行各种各样的交谈。只有在交谈中，婴幼儿才能学到各种语言单位和语言规则，同时也能学到各种各样的语言运用技巧，因此一定要重视与婴幼儿的交谈。

（二）巧妙利用语言迁移

婴幼儿语言的发展是一系列迁移性反应的结果。最重要的有三种：情景迁移；所指迁移；结构迁移。

情景迁移，是指在一个情景中学到的语言，换到第二个情景、第三个情景中应用的情况。如离开家时说"再见"，在大街上分手时也会说"再见"。

所指迁移，是指以一个原型为基础进行学习的语言单位，再迁移到相关的其他实物上。比如，称玩具车叫"车"，见到真正的车辆时也叫"车"。

结构迁移，是指用某一语言单位造出不同类型的句子。结构迁移常用的有扩展、变换、联合、简缩、替换等手法。如老师一开始以"这是葡萄"为例来教"葡萄"这个词，之后可尝试改成下列句子："我吃葡萄""葡萄是水果""桌子上有葡萄"等。

在这三种迁移中，前两种较容易，后一种迁移的创新性比较大，更有利于培养婴幼儿的语言能力。

（三）理解并允许言语出错

婴幼儿语言发展中，常常会出现所谓的"错误"，在教学中，成人要有"容错"观念，允许孩子犯言语错误。婴幼儿的言语错误是不可避免的，刻意纠正往往收效不大，还会扼杀婴幼儿的语言创造力。言语错误有时是婴幼儿语言学习具有创造力的表现。随着婴幼儿语言能力的发展，这些错误往往会得到自动调整。当然，在婴幼儿可以改正错误的发展时段，也有必要进行一些合理的较有策略的纠正。

（四）让婴幼儿在潜移默化中学习语言

婴幼儿是在各种各样的游戏中、在人与人的互动中、在对人与社会的认知过程中，无意识地学习语言的。或者说，婴幼儿从来没有察觉到自己在学习一种什么语言。事实上，每一位与婴幼儿有接触的人，都是在对婴幼儿进行语言教育。每时每刻，婴幼儿的一切活动，其实都是在上语言课。因此，教师和家长要注意让婴幼儿在潜移默化中学习语言，要把有意识的语言教育用婴幼儿无意识且感兴趣的方式表现出来。

第二节　3～6岁幼儿语言发展与教育

一、幼儿语音发展与教育

（一）幼儿语音发展特点

语言的交际功能只有借助语音才能实现，幼儿期是掌握语音的关键时期，同时也是幼儿语音可塑性最大的时期。因此，在该阶段成人要根据其语音发展特点有针对性地对其进行教育。幼儿语音发展的特点主要表现如下。

3～4岁幼儿的发音中，相比较而言，韵母发音的正确率较高，声母的发音正确率则稍低。该时期，幼儿发音器官尚未得到充分发展，他们还不能协调地使用发音器官，即不会运用发音器官的某些部位，或者不能掌握某些发音方法，以致发音不清楚、不准确。在发某些声母时，幼儿常常把握不好，并出现相互替换的情况。如"n"和"l"不分，会把"奶奶"说成"来来"；翘舌音"zh""ch""sh"常被替换成舌尖前音"z""c""s"或舌面音"j""q""x"，如"汽车"说成"汽切"，"这个"说成"介个"，"老师"说成"老西"等。4岁以后，幼儿发音的正确率有明显提高。

4～5岁幼儿的发音器官已发育完善，能正确发大多数的音。如果能够坚持练习并进行反复的语言实践，基本能够掌握全部的语音了，只是对某些相似的音，发音仍有困难，需要反复练习加以区分。

5～6岁幼儿发音已基本没有什么问题。在成人的正确教育下，能做到发音正确、咬字清楚，并能区分四声音调。一般来讲，6岁左右的幼儿经过训练都能做到口齿清楚、正确发音，如果某些幼儿仍然存在发音不清的状况，应引起成人的注意。

另外，6岁左右的幼儿对语音的意识开始形成了。他们开始能自觉辨别发音是否正确，自觉模仿正确的发音，纠正错误的发音。有些幼儿能够评价别人发音的特点，指出或纠正别人的发音错误，或者故意模仿别人的错误发音，有些则能够意识并自觉调节自己的发音。例如，一些幼儿不愿在别人面前发自己发不准的音；有的声称自己不会发某个音，希望别人教他等。语音意识的形成使幼儿学习语言变得自觉主动，对于幼儿语言的发展具有重要的作用。

（二）幼儿语音教育的内容和建议

针对3～6岁幼儿语音学习的特点，该时期幼儿语音教育的内容和教学建议如下。

1.培养幼儿听音辨音能力

幼儿在语言发展的早期，常常是模仿别人说话时的语调，对语句的每一个音则不能分别感知。不少幼儿不能精确分辨近似音，发音时常有相互代替的情况出现，这是由幼儿听力水平较低所造成的。要使幼儿发音正确，必须注意培养幼儿的听音能力，为其准确感知语音打好基础。因此成人应该通过不断示范讲解、开展游戏等形式培养幼儿的听音能力。

一是示范讲解。正确的示范是教幼儿掌握语音的基本途径。通过示范不仅要求幼儿能正确地感知语音的微小差别，而且还应让他们掌握发音部位和发音方法。由于发音的部位不同，发音的难易程度也不同。采用示范讲解，使幼儿掌握其发音要领。如"n"和"l"的发音，教师可用示范的方式把发音原理具体化，并形象地进行讲解。如发"n"时，舌尖翘起抵住上牙床，同时舌尖要向两旁展开，用力把气流堵住，使气流从鼻孔出来。发"l"时，舌尖只抵住上牙床的中间部分，舌头不向旁边舒展，在两旁留出空隙，堵住鼻腔通道，使气流从舌的两边出来。示范、讲解后，应教幼儿反复练习、体验。如发现幼儿发音不正确应及时纠正，不要重复错误发音，以免引起错误模仿。

二是练习听音游戏。良好的听觉是清晰发音的前提。通过这类游戏可以培养幼儿分辨各种大小、强弱等不同性质的声音，发展幼儿听觉的灵敏性，提高他们的辨音能力。例如，游戏"我会听"：教师带领幼儿模拟参观动物园。可先播放猫、鸭、狗、老虎等动物的叫声，让幼儿听声音来猜一猜，动物园里有什么动物，然后再展示动物园中的动物玩具。以此训练幼儿分辨各种动物声音的能力。

2.使幼儿在练习中学会正确发音

清楚正确地发音是运用口语进行交际的必要条件。教师应以普通话语音为标准，教会幼儿正确发音。幼儿发音不准主要有两方面原因。一是生理原因，二是受方言的影响。在生理原因方面，随着年龄的增长和反复练习，幼儿发音能力会得到显著提高。

方言地区普通话教学的难点在于同普通话相比较，方言在语音上与之相差甚远。方言区的人学普通话时，其发音中声调不准也占了很大比例，因此在对幼儿进行语音教育的过程中，要求教师熟练掌握本地区方言中哪些音或声调与普通话不同，并结合幼儿自身发音特点，找出普遍难发或较易发错的音，多加练习强化，也可开展专门的发音教学游戏。如游戏"逛超市"，将活动室布置成小超市，放置有扇子、尺子、梳子、勺子、刷子、柿子、栗子等实物，还有玩具狮子、猴子、车等。由幼儿轮流做收银员和顾客，顾客需要把物品名称发音正确并说清楚用途后，才能把物品拿走。通过此游戏练习舌尖前音、舌尖后音的正确发音。

运用一些教学形式进行语音练习是必要的，但大量的练习还需要在日常生活中自然地进行。日常生活中的练习，适于随机地个别进行，教师应根据本地区和本班幼儿的语音情况，确定练习的重点音和重点人群。如有的幼儿湿（shī）和吃（chī）说不清，教师就可利用有利时机帮助其发音，问："你把毛巾放在水里就怎么样了？"早晨来园时："今天早晨吃的是什么？"创设机会引导练习发"湿"和"吃"的音，对幼儿进行有目的的发音指导，也可以要求家长配合。

3.培养幼儿的言语表情

在口语中，为了准确且富有表现力地表达思想，就需要声音的性质有所变化。教师在训练幼儿正确发音的同时，也要训练他们根据表达内容的需要，控制和调节自己声音的大小与速度，构成不同的言语表情。

在平时讲话时，主要是培养幼儿的自然表情，做到声音性质与其所要表达的内容相一致。因此，在朗读或表演文学作品时，要求其能在理解作品内容的基础上，有发自内心的感情，而不应是刻板、机械的声调。在文学作品的教育中，还应训练幼儿掌握一些简单的艺术发声方法。

4.培养幼儿语言交往的修养

语言交往的修养，是针对讲话态度方面所提出的要求。从幼儿掌握口语开始，就应要求他们在语言交往中，做到讲话态度自然，声调友好、有礼貌，不允许撒娇或粗暴地讲话等。幼儿的发音练习应该是在自然的状态下开展的，所采取的方式一定要符合内容要求，且具有趣味性。

二、幼儿词汇发展与教育

（一）幼儿词汇发展特点

词是语言的基本构成要素，词汇是否丰富，使用是否恰当，都直接影响语言表达的效果。幼儿词汇的发展主要是通过口语词汇的掌握而体现的，3～6岁幼儿词汇的发展主要表现在词汇数量的增加、词类范围的扩大、词义理解渐深等方面。

1. 词汇数量迅速增加

幼儿期是掌握词汇最迅速的时期。随着年龄增长，词汇数量几乎以每年增长一倍的速度增加，具有直线上升的趋势。有报道称，3岁幼儿的词汇可达800～1 000个，4岁为1 600～2 000个，5岁增至2 200～3 000个，6岁则达到3 000～4 000个。但这与成人的12 000～13 000的词汇量相比还是有一定差距的，也说明词汇的掌握需要更长的时间。

2. 词类范围日益扩大

词可以分为实词和虚词两大类。实词是指意义比较具体的词，包括名词、动词、形容词、数量词、代词、副词等；虚词是指意义比较抽象，不能单独作为句子成分的词，包括连词、介词、助词、语气词等。幼儿一般先掌握实词，然后掌握虚词。

3～4岁的幼儿所掌握的词汇，大多以名词和动词为主。那些代表具体事物的名词和具体动作的动词是幼儿生活中常常经历和感知到的，因此较易掌握。对于形容词的运用也有了初步发展，但只能掌握例如大、小、冷、热、长、短、胖、瘦等词语，运用上也往往不够准确，常常用大、小来代替其他表示比较的形容词。此时，幼儿还很难把握数词和量词，需到5岁以后才能熟练掌握。6岁时，幼儿所掌握的词类已经相当丰富，对词义的理解也较深刻。

幼儿词类的扩大还表现在词汇内容的变化上。幼儿一般最初掌握的是与饮食起居等日常生活活动直接相关的词，之后会逐渐积累一些与日常生活距离稍远的词汇，甚至开始掌握与社会现象相关的词。

3. 词义理解逐渐深刻

在词汇量不断增加、词类范围不断扩大的同时，幼儿所掌握的每个词本身的含义也逐渐地确切和加深了。

一是幼儿先理解的是词的本义，以后才能理解词的引申义。如然然小朋友希望姐姐考试考个"鸭蛋"给她吃；又如听到成人说"那个人长得很困难"，孩子会说"我去帮助他"。大班幼儿开始能理解一些不太隐晦的喻义。

二是对于同一个词，幼儿的理解水平是不同的。最初掌握词时，对它的理解往往不准确，以后逐渐确切和加深。比如一个1～2岁的幼儿把圆形物称为"鸡蛋"，之后可能也会把天上圆圆的月亮和爸爸手中的乒乓球以及桌上的橘子统称为"鸡蛋"。这说明，最初幼儿对词的理解是笼统的、不确切的，常用一个词来代表多个对象。随着生活经验的丰富，幼儿会慢慢区分出事物的差别，从而加深对词的理解。

4. 开始有一定的构词能力

随着幼儿认识能力的发展，他们可以把已经掌握的词拆开，与其他已经熟悉的词重新组合成新词。如可以把"秋天"的"秋"组成秋叶、秋风、秋季、秋雨等词，又可以把"秋天"的"天"组成春天、夏天、冬天、晴天、天空等词。

3～6岁幼儿在词汇的学习上，虽然取得了多方面的发展，各类词都有一定的掌握量，对词语的理解也渐渐深刻，但词汇量还是比较贫乏的，词的概括性低，理解和使用上也常常发生错误，因此还须加强词汇教育。

（二）幼儿词汇教育的内容与途径

幼儿是在认识活动的过程中学习新词的，即在通过听觉、视觉、触觉等直接感知客观物体的基础上掌握词义的。因此直观性原则是幼儿词汇教育的基本原则。对幼儿进行词汇教育的主要内容和途径是：在日常生活中丰富幼儿词汇，教幼儿正确理解词义以及应用词汇。

1. 丰富幼儿词汇

幼儿词汇教育的首要任务是丰富词汇量，要不断为其提供大量新词以便于他们理解、记忆和运用。

获得新词的途径大致有两个：一是在日常生活中，通过与成人或同伴的自然交往获得，这类词大部分是浅显易懂的，经常活跃在人们口头上；二是通过成人有意识地教，这类词大部分是幼儿难以在自然状态下学会的。这里所说的丰富词汇，大部分是指通过后一种途径丰富起来的词。

对不同年龄段的幼儿，应有不同的侧重和要求。对小班幼儿而言，丰富词汇的中心要求是学习运用能理解的常用词；对中班幼儿来说，词汇量要大幅增加，运用的能力上也要有明显提高；大班幼儿在巩固已掌握词汇的基础上，要大量增加掌握实词的数量，并提高质量。

日常生活是幼儿学习语言的基本环境，也是丰富幼儿词汇的最主要途径。教师和家长应善于抓住时机进行词汇教学。例如，在穿衣时，教会幼儿正确叫出衣服及其各部分的名称；在吃饭时，教会幼儿叫出餐具、主食、副食的名称；在运动时，教会幼儿叫出各种运动名称等，有时还可结合实际情况教他们一些新词。

直接观察既是幼儿认识事物的重要途径，也是丰富幼儿词汇的重要途径。组织幼儿观察的方法包括观察实物和外出参观两个方面。

（1）观察实物

这种观察一般是在幼儿的活动室内进行，观察的对象是个别实物或其模型、玩具、图片等。其中，应以直接观察实物为主，非实物观察对象的选择，特征要明显、美观。

在观察前，教师应用生动活泼的语言或其他方式，启发幼儿观察的兴趣。观察开始的方式，要以能引起幼儿的观察兴趣为目的。在观察过程中，主要是通过谈话方式引导幼儿观察。教师要善于运用问题，保持幼儿的观察兴趣。用问题引导幼儿观察物体的主要特征，反复谈论和描述观察的对象。

在观察开始时，教师要提出问题，使幼儿的观察更有目的性。如中、大班在观察冬装时，教师可以提出问题："现在是什么季节呢？大街上的人们都穿上了什么样的衣服？你们穿的都是什么衣服？"接下来向幼儿出示观察对象——洋娃娃玩具等，并留给他们自由观察和相互讨论的时间。需要交给幼儿的新词，则应在观察和谈论观察对象的过程中，自然地教给幼儿，教师要以自己准确的用词起示范作用。

在观察近似物体时，可以采用比较法让幼儿掌握异同点，使观察对象的特征更加突出。在运用比较法时，小班适宜比较差别大的物体，如小轿车和大卡车比较；中班可在认识新物体或现象时，同已认识的物体或现象进行比较，如组织幼儿认识无轨电车时，可与已认识的公交车进行比较；大班则应选择差别较小的物体或现象进行比较，如搪瓷制品和塑料制品的比较，有时还可选择两种以上的物体或现象进行比较，如粮食、水果、蔬菜等三类物品比较。这种比较对提高幼儿思维水平，促进其掌握说明事物不同特性的词（如比较粗糙的、比较光滑的、比较高的、比较矮的……）是十分有益的。

（2）外出参观

带领幼儿到园外一些有教育意义的环境中去参观。为幼儿选择的参观地点应是幼儿能理解又不影响身体健康的地方，如公园、博物馆、展览馆、少年宫、图书馆、邮局、小学、商店、街道及著名建筑物等。在农村，可选择粮食作物产地、菜地、养猪（牛）场、果园、温室等进行参观。

参观出发前，应对幼儿进行一次简短的谈话，告诉他们要去看什么，应该怎么看，以及参观时要遵守的规则。谈话要富于启发性，能引起幼儿的兴趣。在参观过程中，教师要用问题引导幼儿观察，让幼儿明确先看什么，后看什么，要把幼儿的注意力集中到观察的主要内容上，不要让与观察内容无关的事情分散幼儿的注意力。在幼儿观察时，教师要善于提问，要注意培养每个幼儿大胆表达、正确表达的能力。

参观回来后，还应组织幼儿谈话，练习运用学到的新词。当幼儿还不能把新词运用到口语中，或者运用得不恰当时，教师要通过示范或提示来启发幼儿运用新词，或纠正不正确的用法。

2. 教幼儿正确理解词义

理解了词义，才算是真正地掌握了词，才有可能运用到语言活动中去。在教给幼儿新词时，尽量做到使词和词所反映的事物同时出现，将词和事物的具体形象联系起来才能加深理解。如用"今天天气真热"或"这屋子很冷"等来解释"冷""热"一类较抽象的词。对于那些幼儿不能直接接触的事物，可以借助图画、录音、录像等媒介，帮助他们正确理解词义。比如通过多媒体，可以使从未到过北京的幼儿了解"北京天安门"和"万里长城"等景观。

学习儿童文学作品，是帮助幼儿正确理解词义的一条有效途径。儿童文学作品中的语言，是经过作家提炼加工的语言，具有生动、形象等特点，易于幼儿理解和接受。通过儿童文学作品帮助幼儿理解词义，方法是多样的，有的是通过故事情节使幼儿自然地理解词义，有的还需要借助辅助手段——图片、玩具、模型等，帮助幼儿理解词义。以某个故事中"他穿过了一片密密的荒林"为例，"荒林"是新词，而"树林"是幼儿早已熟悉的词，这时教师可把荒林解释为"没有人去过或没有人管理的树林"。由此及彼，便于幼儿理解。

复述故事或朗诵韵体作品，是使幼儿巩固词语的好方法，一段时间内，应确保幼儿能够复述、朗诵一定数量的儿童文学作品。另外，表演故事也是一种较好的再现儿童文学作品的形式。

3. 教幼儿正确运用词汇

经过3年的学习与积累，学前儿童在进入幼儿园时已经能说出1 000多个词，但在实际运用时却经常出现一些错用和误用的情况，如将"再见"说成"再过见了"，将"彩电"说成"花电视"等。因此，在对幼儿进行词汇教育时，应教他们正确运用已理解的词。

可采用语言教学游戏（智力游戏）进行词语练习。语言教学游戏比较灵活，既可以教幼儿新词，又可以练习正确地运用词。符合幼儿的年龄和心理特征，较易激发学习兴趣。另外，游戏还可为胆怯和寡言的幼儿提供练习的机会，降低学习难度。运用教学游戏时，一方面要自编或选择适当的游戏内容，另一方面应准备好游戏中所需要的教具或游戏材料。教具或材料应形象、美观，并正确反映事物特征。在游戏进行中，教师要以极大的兴趣带动幼儿进入游戏，同时要严格要求幼儿遵守游戏规则，以确保幼儿获得正确的练习。

在大班，还可运用纯语言性的教学游戏，即游戏中不出现实物、图片、玩具或其他教具。这类游戏，提问和回答都应是简短扼要、互相连接的，中间不能有长时间的停顿。如"木头能做什么？""什么是甜的？""什么是酸的？"有的是描述性的游戏，有的是猜谜语、编谜语的游戏，或者是词语接龙。

这些游戏应该是以丰富或使用词汇为主要目的，通过游戏不仅使幼儿掌握了大量词语，而且也可以训练思维的敏捷性，激发幼儿的学习兴趣。除通过以上方式以外，其他类型的语言教育活动，如各种讲述活动、谈话活动也可以丰富幼儿的新词，同时练习正确运用新词等。如体育活动中，要教幼儿掌握有关走、跑、跳、钻、爬等动作的名称；美术活动中，要教幼儿说出"蜡笔""铅笔"，各种颜色、线条、形体的名称；科学活动中，幼儿要学到大量的有关动植物的名称、特征、习性及功用方面的词汇，还有关于四季特征和自然科学现象方面的词汇；数学及音乐活动中也要相应地掌握很多相关词汇。

事实上，幼儿学习词汇的途径并不是孤立的。学前儿童的词汇教育，是需要通过日常生活、游戏、语言教育活动及其他教育活动等多种途径共同完成的。

三、幼儿语法发展与教育

掌握大量词汇以后，还必须将这些词汇按一定的语法规则合乎逻辑地组织起来，才能准确表达语言的含义，达到交际目的。换言之，想要表达自己的思想，理解他人的观点，单靠语音和孤立的词汇是无法实现的，只有语句才能真正起到交流的作用。

（一）幼儿语法发展特点

由于所学语言的不同和幼儿学习语言的主客观条件的不同，幼儿语法系统的发展，表现出不同程度的差异，但是都有一个基本相同的发展过程和特点。幼儿语法发展大致呈现出以下特点。

1. 句型从简单句向复合句发展

幼儿最初的句子结构是不完整的，大多发生在2岁之前，主要是单词句和双词句。婴儿一开始只能说一些连主谓语也不分的单词句，句子结构混沌不清，如"狗狗""猫猫"。以后，单词句逐渐分化为只有主谓结构和动宾结构的双词句，如"妈妈抱""坐车车"等。大约2岁以后，句子的结构越来越分明了，复合句逐渐出现。复合句的数量和比例随着年龄的增长而增长。幼儿使用复合句大致有三个特点：① 数量少，比例小。学前初期，复合句在10%以内，随着年龄的增长，复合句的比例也在增长，但5～6岁时，仍然在50%以下。② 结构较为松散，大多是简单句意义上的组合，往往省略关联词。③ 由于幼儿思维水平的限制，在句型中，联合复句出现较早，偏正复句出现较晚。

2. 句式从陈述句到非陈述句

从陈述句发展到多种形式的句子，也是这个时期幼儿语法发展的特点之一。幼儿最初掌握的是陈述句，在学前阶段，陈述句占60%～70%，是幼儿的基本句型；非陈述句中，疑问句产生较早，疑问句的难易程度随着年龄的增长而变化，所占比例不高于15%；祈使句和感叹句一般都在10%以内。

3. 从无修饰句到修饰句

幼儿最初的简单句是没有修饰语的，之后会慢慢出现具有修饰语的句子。据朱曼殊等人的研究：2岁幼儿运用的修饰句仅占20%左右；3～3.5岁是复杂修饰句数量增长最快的时期，3.5岁幼儿运用的修饰句已达50%以上，3～3.5岁时幼儿会使用如"大灰狼""小白兔"等修饰语；4岁以后，有修饰的句子开始占优势，如"熊猫有两只黑色的眼睛"；到6岁时，幼儿运用的修饰句上升至91.3%。

4. 句子结构逐步严谨且灵活

严格地说，最早出现的单词句和双词句还不是真正的句子，只是一个简单的词语链，不是完整的句子结构。幼儿最初的句子不仅简单，而且不完整，漏缺句子成分或句子成分排列不当等现象经常出现。例如，有的3岁儿童把"你用筷子吃饭，我用小勺吃"说成"你吃筷子，我吃勺子"；把"老师，我要出去"，说成"老师出去"。随着年龄的增长，幼儿说的句子日趋完整和严谨。

由于认识的局限性和词汇的贫乏，学前儿童最初说出的语句中只有能表明事情的核心词汇，因此显得内容单调、形式呆板。稍后，能稍微加上一些修饰语，使句子的成分变得复杂起来，表现的内容也逐渐丰富、富有感染力了。学前儿童句法结构的发展在4～4.5岁较为明显，5岁时逐渐完善，6岁时水平显著提高。

5. 从情境性语言到连贯性语言

幼儿在3岁左右虽然能用词语组成简单的句子来表达自己的意思，但此时他们的讲话多是断断续续的，往往需要结合具体的情境，并伴随很多手势和表情来完成。幼儿这种需要在边听边猜的情境中才能懂得的语言，叫情境性语言。

幼儿到4～5岁时，连贯性语言得到发展。连贯性语言是指句子完整、前后连贯、表述明确，听者不必考虑当时情境就能领会幼儿意思的语言。此时幼儿虽能正确运用简单的句子来表述自己的意思或者简单的见闻，也能独立地讲故事，但由于幼儿对关联词语或某些词义不太熟悉，在表述中仍然存在时断时续、用词不当或逻辑混乱的现象。

6岁左右的幼儿语言表达能力有了较大提高，他们的知识经验较为丰富，也掌握了较复杂的语言形式，能用多种复句有感情地描述自己的见闻，不仅可以概括故事或图片的主要意思，还能就他人的发言进行评价或补充。

（二）幼儿语法教育的内容与途径

学前儿童虽然已经能够熟练说出合乎语法的句子，但并不能把语法当作一种认识对象。他们只是从语言习惯上掌握了它，专门语法知识的学习要到小学才能进行。幼儿对语法规则的掌握和获得，主要通过如下五种途径。

1. 对成人言语的模仿

幼儿的语法学习主要是通过对成人或同伴的言语模仿而习得的，这种模仿有三种表现形式。

（1）完全性模仿，即幼儿对成人的语言从内容到形式的完全模仿。

（2）结构性模仿，即幼儿只是模仿成人话语的结构，而不是原话。例如，成人说"爸爸上班"，幼儿学说"爸爸抱我""宝宝吃饭"等。

（3）变通性模仿，即幼儿对成人的话语结构进行变通后，自己尝试说出新的句子。

幼儿会通过换位，颠倒语序来变通成人的语言，如"妈妈，我饿了"变成"我饿了，妈妈"。有些则通过添加，扩展语句，如"我想做游戏"变成"我想和小明一起做游戏"，幼儿还会通过省略、压缩语句来对成人语言进行变通，如"小敏快快乐乐地跟她妈妈去玩了"，变成"小敏去玩了"或"小敏跟妈妈去玩了"等等。

在对成人语言模仿的基础上，幼儿会自发按照交往情境的需要，遵循成人语言结构的组合规则，自己组织语言来表达，尽管幼儿不明确具体的语法规则，但能按一定的规则进行运用。因此也要求成人特别是教师在语言表述时，要做到语言有声有色，生动活泼，形象鲜明，这样幼儿通过模仿获得的语法才更准确规范。

2. 文学作品的学习

文学作品是运用语言的典范，为正在学习说话的幼儿提供了成熟的语言样本，文学作品的学习是幼儿学习语法规则的重要途径。

文学作品之所以能够成为幼儿学习语法的榜样，一是文学作品的语言句式丰富多样，也更准确和规范；二是文学作品的语言较为生动形象，节奏韵律感强，优美动听，符合幼儿的心理特点。因此不同年龄阶段的幼儿都十分喜欢文学作品，他们常常不自觉地重复和记忆着，并尝试在各种场合运用，从中可以反映出幼儿对语法规则的熟悉与掌握。

3. 在日常生活中培养幼儿表达能力

幼儿主要是在运用语言的实际过程中，逐渐学习和掌握语法结构，形成语言习惯的。因此，在日常生活中培养幼儿清楚完整的表达能力，是幼儿语法教育的最主要途径。

学前儿童说话往往层次不清，语不成句，不能按照一定的语法结构清楚表达自己的想法，因此要注重在日常生活中培养他们清楚完整且语义连贯的表达能力。教师和家长在教孩子说话时，首先要教孩子说完整的句子，让孩子按固定的语序说话，从而逐步形成语法关系的意识，如幼儿要吃苹果，对妈妈说"妈妈，苹果"，成人要帮他把话说完整，教会孩子说："妈妈，我要吃苹果。"并让孩子重复一遍。应该让孩子明白，想要知道某事或者得到某物，必须要把话说完整。其次要培养孩子的对话能力和独自讲述的能力，如讲述自己的经历和见闻。教会幼儿在与别人交流时，做到每一句话都说得连贯通顺。最后要逐步要求孩子能够围绕一定的主题，完整、清楚且流畅地讲述某一件事情的经过，表达自己的思想。

4. 用游戏的形式提高表达积极性

游戏是幼儿最喜欢的活动形式，课内外都可进行，且适用于各个年龄班。在游戏中发展幼儿语言，往往能产生事半功倍的效果。例如，学前儿童最常见的听说游戏，目标就是以培养幼儿倾听和表达能力。每一个听说游戏中都包含着语言学习的具体要求，孩子们在游戏的过程中不知不觉地巩固了已学的语言内容，学说完整句的积极性也得到了提高。

5. 用口头造句的形式培养幼儿说完整句

口头造句是培养学前儿童学说完整句的有效形式。实践证明，幼儿园小班是学习完整句的重要阶段，教师经常以一些幼儿易于理解和接受的词为扩散点来进行造句的训练，既可增加幼儿的知识，又起到了提高口语表达能力的作用。如出示"电"字卡片，请小朋友给"电"字找朋友，并进行"看谁找的朋友多"的游戏，幼儿的积极性便会得到充分调动。由"电灯""电话""电影""电脑"到"我家买了一台电脑""妈妈带我看了电影"……口头造句是口语练习最简单的形式，由口头造句开始，逐步引导幼儿用一个完整的语句表达自己的思想。

本章小结

本章我们学习了"0～3岁婴幼儿语言发展与教育"和"3～6岁幼儿语言发展与教育"。其中0～3岁婴幼儿语言发展与教育又分为三个年龄阶段：0～1岁，1～2岁，2～3岁。每个阶段都详细阐述了该阶段婴/幼儿语言发展的特点以及开展语言教育活动的建议，对0～3岁婴幼儿的语言发展与教育有很强的指导意义。

"3～6岁幼儿语言发展与教育"从"幼儿语音发展与教育""幼儿词汇发展与教育""幼儿语法发展与教育"三个方面展开。"幼儿语音发展与教育"阐述了3～4岁、4～5岁、5～6岁幼儿语音的发展特点以及该时期幼儿语音教育的内容和教学建议；"幼儿词汇发展与教育"阐述了幼儿词汇发展的特点以及幼儿词汇教育的内容与途径；"幼儿语法发展与教育"阐述了幼儿语法的发展特点以及幼儿语法教育的内容与途径。作为学前教育工作者，应掌握不同年龄段儿童语音、词汇、语法的发展特点，并选择合适的语言教育内容和途径开展教育活动，以促进学前儿童语言的发展。

思考与练习

1. 简述0～3岁婴幼儿语言发展特点。
2. 简述0～3岁婴幼儿语言教育的方法。
3. 简述3～6岁幼儿语音发展特点及教育建议。
4. 简述3～6岁幼儿词汇发展特点及教育建议。
5. 结合教育见习观察记录幼儿语法的发展特点及对应的教育措施。

习题答案

第三章
学前儿童语言教育的目标和内容

>> 目标导航

PPT 教学课件

1. 理解语言教育目标的层次结构。
2. 把握学前儿童语言教育的总目标。
3. 学习制定学前儿童语言教育的活动目标。
4. 把握确定学前儿童语言教育内容的依据并能够合理选择。

>> 知识导图

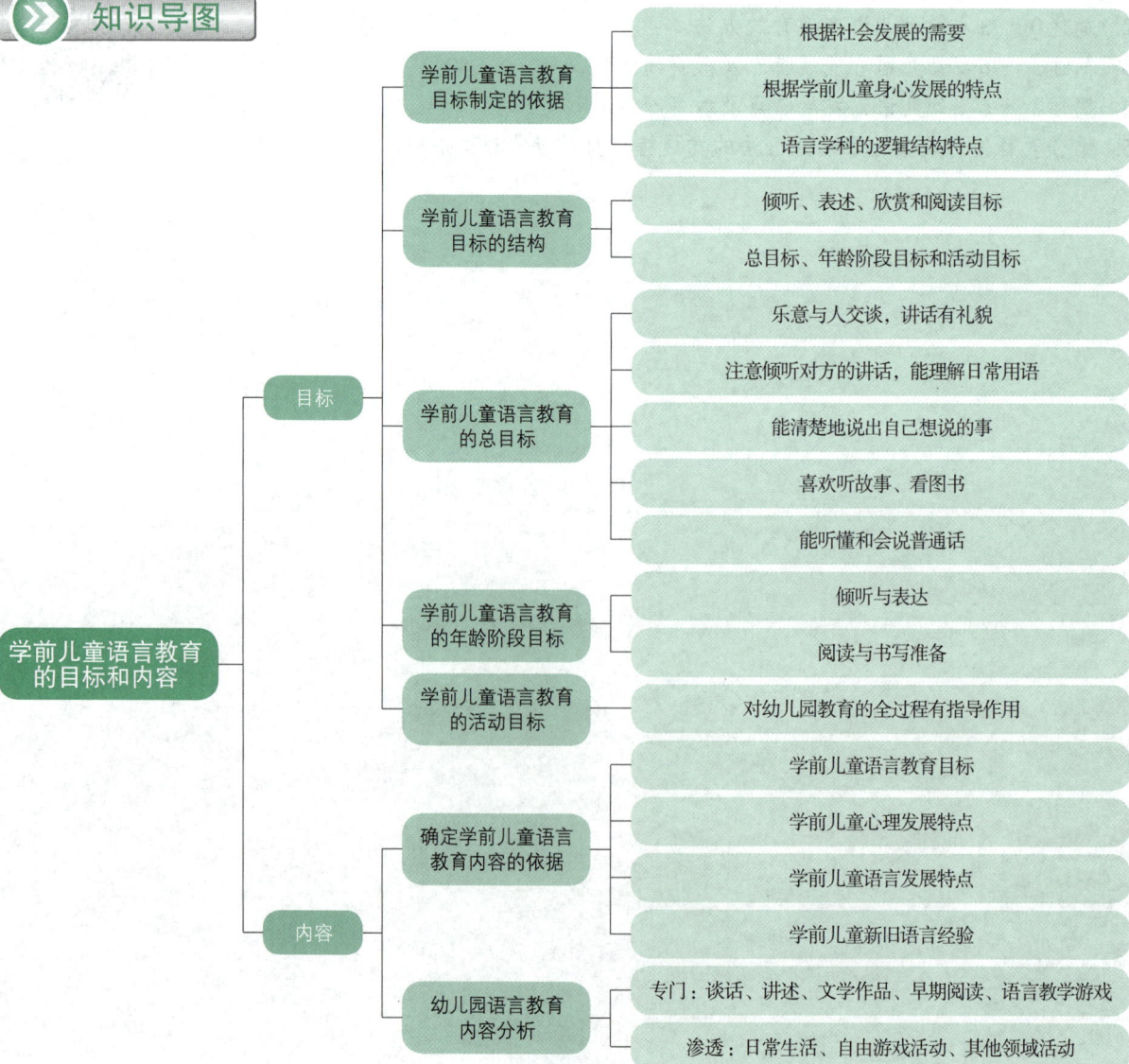

自幼儿进入幼儿园小班开始，老师们就试着引导他们感受一些日常的礼貌用语。早上，当幼儿出现在活动室门口时，老师便主动向幼儿说"早上好"；户外活动时，老师们之间也互相问好；幼儿离园时，老师跟小朋友有礼貌地再见。一段时间后，小朋友们都能够在适宜的场合使用各种礼貌用语。

那么，幼儿园语言教育的目标体系如何？怎样选择有关语言教育的内容？……本章将主要讨论上述问题。

教育是培养人的社会活动，是有目的、有计划地对受教育者施加影响，使他们在认知、情感、行为等方面发生变化的过程。任何一个阶段、任何一个领域的教育都必须首先明确：本阶段要使受教育者在本领域发生哪些变化，获得什么样的发展成果。具体到学前儿童语言领域，教育者必须明确：通过几年的教育，要使学前儿童语言获得怎么样的发展，达到什么样的水平。这一预期的发展成果便是学前儿童语言教育的总目标。为了便于对不同年龄段的学前儿童进行语言教育，教育者还有必要明确学前儿童语言教育的年龄阶段目标，主要是幼儿园小、中、大班的语言教育目标。最后，教师依据年龄阶段目标选择教育内容、确定活动形式，就本次具体语言教育活动设计活动目标，以指导自己有目的、有计划地实施整个活动过程，使每个教育活动都能达到预期的效果。

教育目标是构成教育实践活动的第一要素，没有教育目标的活动是不存在的，教育目标的确定往往会导致与之相应的教育方式和方法的产生，教育目标在教育活动中占有重要地位。在幼儿期，语言教育要达到什么目的，获得什么样的效果，促进幼儿的语言产生什么样的变化，是幼教工作者必须关注的问题，在设计和策划学前儿童的语言教育活动时，更离不开明确的语言教育目标。本章就学前儿童语言教育的目标进行分析，并阐述语言教育的内容。

第一节　学前儿童语言教育的目标

学前儿童语言教育目标是学前儿童教育总目标在语言领域的具体化，它指出了通过学前儿童语言教育所要达到的预期效果。作为幼儿教师，必须明确学前儿童语言教育的目标，这样能很好地确定学前儿童语言教育中的内容，以及所采取的方法和途径。同时它也是语言教育效果的评价标准。

一、学前儿童语言教育目标制定的依据

学前儿童语言教育的目标，是根据学前儿童保育与教育的总体要求确定的，它是学前儿童教育总目标的重要组成部分。任何教育目标都不是凭空产生的，都需要有一定的客观依据。学前儿童语言教育目标制定的主要依据如下。

（一）根据社会发展的需要

首先，在我国社会经济发展的现阶段，语言是儿童全面发展不可缺少的重要组成部分，也是儿童发展水平提高的一种重要标志；同时，中华民族几千年的优秀传统文化也需要通过儿童教育特别是语言教育传承下去。其次，语言教育目标要适应我国生产力发展水平对人才培养的要求。我国教育的目的是"培养德、智、体等方面全面发展的社会主义事业建设者和接班人"，在我国科学技术迅猛发展的今天，语言作为交际工具、思维工具和学习工具，其作用越来越重要，并成为高素质人才不可缺少的基本能力。最后，学前儿童语言教育目标的制定还需要有一定的前瞻性，今天的儿童是祖国未来的栋梁之材，所以，教育要为幼儿终身发展打下良好的基础。

（二）根据学前儿童身心发展的特点

学前儿童语言教育以促进学前儿童身心发展为根本目的，因而必须尊重学前儿童身心发展的规律。尊重学前儿童身心发展的特点，意味着在制定教育目标时，必须注意学前儿童的语言发展特点和需求，根据他们身心发展的客观进程来实施教育。在制定学前儿童语言教育目标时，可以根据学前儿童的实际状况来确立他们语言教育的目标。

（三）语言学科的逻辑结构特点

语言作为一门学科及幼儿教育课程中的一个方面，有其独特的教育功能和逻辑结构，学前儿童语言学习也有其特殊性。所以，在制定学前儿童语言教育目标时必须充分考虑语言的学科性质及其对学前儿童的教育功能和价值，尊重学前儿童语言学习的心理顺序和学习特点，制定符合幼儿语言学习特点的教育目标。

二、学前儿童语言教育目标的结构

学前儿童语言教育目标具有一定的结构性，在不同的分类标准下，学前儿童语言教育目标又有着不同表现形式的分类结构。学前儿童语言教育目标常见的结构表述有以下两种：从学前儿童语言学习的角度看，可分为倾听、表述、欣赏和阅读四个方面的目标；从学前儿童语言培养的目标层次来看，通常包括总目标、年龄阶段目标和活动目标。

（一）学前儿童语言教育目标的分类结构

从学前儿童语言学习的角度来分，又可以分为倾听、表述、欣赏和阅读四个方面的目标。

1. 倾听行为的培养

在学前儿童阶段，培养儿童倾听行为是十分重要的。倾听是儿童感知和理解语言的行为表现，通过教育，可培养他们以下倾听技能：一是有意识倾听，集中注意力的倾听；二是辨析性倾听，分辨不同内容的倾听；三是理解性倾听，掌握倾听主要内容、连接上下文意思的倾听等。

2. 表述行为的培养

表述是儿童语言学习和语言发展的主要表现之一。在学前儿童的语言活动中，表述可以分为个人独白、集体讲述、对话交谈等。对学前儿童表述行为的培养，就成为语言教育目标的重要组成部分。学前儿童表述能力发展的重点在于：学习正确恰当的口语表达，从语音、语法、语义以及语用四个方面掌握母语的表达能力，由简到繁、由短到长地提高表述水平。

3. 欣赏文学作品行为的培养

学前儿童文学作品是由语言艺术构成的，带有口语的特点，却又不同于口语。欣赏文学作品是感知、理解文学作品并尝试操作艺术语言方式的行为。学前儿童在学习文学作品的过程中综合语言能力的养成，可以使学前儿童增强对口头语言和文字的敏感性，较好地学习理解文学作品，初步感知不同类型文学作品的特点和构成。因此，欣赏文学作品行为的培养，也就成了学前儿童语言教育的目标之一。

4. 早期阅读行为的培养

早期阅读行为是指学前儿童从口头语言向书面语言过渡的前阅读准备、前识字准备和前书写准备。其中包括学前儿童知道图书和文字的重要性，愿意阅读图书和辨认汉字，掌握一定的阅读和书写的准备技能等。早期阅读行为的培养主要在于激发学前儿童阅读的兴趣，养成良好的阅读习惯，掌握早期阅读的有关技能。因此，培养学前儿童的早期阅读行为也就成为学前儿童语言教育目标的组成部分之一。

（二）学前儿童语言教育目标的层次结构

学前儿童语言教育目标一般可以分解为语言教育的总目标、年龄阶段目标和具体活动目标三个层次，下面将主要对幼儿期这三个层次目标的相关内容进行介绍。

三、学前儿童语言教育的总目标

学前儿童语言教育的总目标是第一层次上的语言教育目标，是学前儿童教育目标的一部分。在幼儿阶段，教育目标表述为"对幼儿实施德、智、体、美诸方面全面发展的教育，促进其身心和谐发展"。学前儿童语言教育的目标，正是我国学前儿童教育目标在语言这一领域的具体体现，它与总目标是一致的、相辅相成的。同时，学前儿童语言教育目标又是对这一较长时期学前儿童语言发展的任务要求，具有较强的特殊性和相对独立性。正如学前儿童语言在全面发展中有着不可替代的作用一样，学前儿童语言教育目标在学前儿童教育总目标中也具有独特且重要的地位。

改革开放以来，我国各个方面都呈现出翻天覆地的变化，学前教育也同样进行着不断的探索和改革，特别是《幼儿园工作规程》颁布以后，幼儿教育改革进一步深入发展，经过幼教工作者十多年理论与实践上的探索和经验总结，2001年9月，教育部颁布了《幼儿园教育指导纲要（试行）》（以下简称《纲要》）。这是在基础教育的前提下，总结了幼儿教育改革的经验，并借鉴了当今世界的最新教育理念，结合我国的实际情况后制定的。它把幼儿教育的内容划分为五大领域，并对五大领域的教育目标分别作了规定。下面就语言领域的目标与内容要求加以陈述和分析。

（一）幼儿语言教育的目标

（1）乐意与人交谈，讲话有礼貌；
（2）注意倾听对方的讲话，能理解日常用语；
（3）能清楚地说出自己想说的事；
（4）喜欢听故事、看图书；
（5）能听懂和会说普通话。

拓展阅读

幼儿语言教育目标的特点分析

从语言教育的目标、内容和要求来看，与以往制定的语言教育任务相比，该目标有以下三个特点。

1. 把幼儿快乐学习语言放在首位

兴趣是最好的老师，本次目标的确定在引导幼儿快乐学习上更多地使用"喜欢、愿意"等带有浓厚情感色彩的词汇，突出对情感、兴趣、态度、个性的关注，说明幼儿语言教育中把幼儿的兴趣放在了重要位置，明确该领域的教育重点及主要的价值取向，努力培养幼儿学习语言的积极情感和态度，更加突出了人文主义的教育思想。只有调动了幼儿学习的内在动机，才能使学习活动真正落到实处，为幼儿终身学习打下坚实的基础。

2. 强调幼儿语言运用能力的培养

语言作为人类交流信息、情感和思想的工具，思维和学习的工具，在人类社会高度发展的今天，其作用显得越来越重要，成为高素质人才不可缺少的基本能力。因此，具有时代特征的幼儿语言教育，需要将培养幼儿运用语言与人际交往的能力作为一个重要目标。所以，《纲要》中第一次明确地提出重视语言运用的要求，利用幼儿"谈、听、说、看"的机会去发展语言，强调在运用的过程中发展幼儿的语言，适当降低语言形式等知识方面的要求，如对幼儿掌握词汇、句子以及背诵、复述故事等的要求。

3. 重视早期阅读能力的培养

随着时代的发展，早期阅读越来越受到人们的关注，开始重视研究这个课题。现实中的早期阅读存在着很多的问题，从概念界定到方法内容说法不一，出现了早期阅读的读物满天飞的现象，甚至把早期大量识字与书写，看作是幼儿早期阅读的具体贯彻实施方法。而早期阅读并不是在幼儿识字的前提下所进行的读书活动，而是在于培养自主阅读能力，培养幼儿在不同的年龄阶段的看书兴趣和习惯以及对文字符号的敏感性，从幼儿发展的角度看，能使他们在今后的成长过程中保持对书的兴趣和爱好，有利于幼儿观察力、想象力、理解能力的不断发展。

与阅读活动有交叉关系的文学作品学习方面，将欣赏文学作品和感受其语言的丰富和优美作为主要的教育目标，突出文学作品的审美功能。在幼儿文学教育活动中，注重为幼儿提供多样化的学习机会，帮助幼儿理解文学作品的内容，通过表演游戏、改编、仿编等多种形式，使幼儿感受和体验作品中人物的情感变化和情节的发展，陶冶幼儿的情感，培养幼儿感受体验文字美、文学美的能力。

（二）幼儿语言教育的内容与要求

1. 创造一个自由、宽松的语言环境，支持、鼓励、吸引幼儿与教师、同伴或他人交谈，体验语言交流的乐趣，学习使用适当的、礼貌的语言交往

在幼儿语言教育过程中，教师提供支持性教育环境，重视幼儿语言教育环境的创设，有利于幼儿语言能力的迅速发展。这种支持性语言环境包括显性和隐性两种，但与以往相比更加强调了隐性环境的创设，以满足幼儿平等而开放的交往环境的要求和幼儿语言学习的个别需要。幼儿语言发展既有人类语言发展的一般规律，又有非常明显的个别差异，因而就要求给每一个幼儿提供符合个别需要的教育机会。

2. 养成幼儿注意倾听的习惯，发展语言理解能力

所谓倾听就是指幼儿感知和理解语言的行为表现。就幼儿语言学习和发展而言，倾听是一种不可缺少的行为能力。只有懂得倾听、乐于倾听并善于倾听的人，才能真正理解语言的内容、语言的形式和语言运用的方式，从而掌握与人进行语言交流的技巧。这些必须引起我们幼儿教育工作者的重视，在幼儿语言教育目标的制定和实施过程中，把幼儿倾听行为的培养放在重要的位置。

良好倾听行为习惯的养成是从幼儿期开始的。对幼儿倾听行为的培养，从认知的角度，要培养幼儿能够听懂别人对自己的讲话；从情感、态度方面，要培养幼儿喜欢听并积极有礼貌地听别人对自己说的话；从能力和技能方面，要培养幼儿能够集中注意力，有礼貌、安静地倾听，能听懂普通话，能够分辨不同的语调和声音，能理解日常用语。

3. 鼓励幼儿大胆、清楚地表达自己的想法和感受，尝试说明、描述简单的事物或过程，发展思维和语言表达能力

发展幼儿的口语表达能力，是幼儿语言教育的核心目标。因为关于语音方面的教育，只能教会他们掌握语言的物质外壳；丰富幼儿的词汇，是让他们掌握语言的建筑材料，只有教会幼儿按照一定的语法规则排列词汇并用口语表达出来的时候，语音语汇才具有交际工具的作用。对于幼儿来说，语言学习和语言发展的主要表现之一，就是以一定的语言内容、语言形式和语言运用方式表达和交流个人观点。只有懂得表述的作用，愿意向别人表达自己的见解并具备一定表述能力的人，才能真正地与人进行语言交际。因此，表述行为的培养是幼儿语言教育目标的重要组成部分。这就需要幼儿学习在不同的情景场合用语言表达自己的感受和认识，成为流畅的语言使用者。

幼儿表达能力培养的基本内容就是说的能力，包括谈话能力（对话言语）和讲述能力（独白言语）两个方面。谈话是以提出问题及回答问题的方式发展幼儿的对话能力；讲述是运用比较连贯完整的语言表达自己的想法，对幼儿言语的目的性、独立性、连贯性和创造性，以及幼儿的记忆、思维、想象等能力的要求要比谈话高。在幼儿园的实际工作中，对5岁以前的幼儿讲述方面的要求不高，而是通过谈话形式为其讲述能力的发展打好基础。

4.引导幼儿接触优秀的幼儿文学作品，使之感受语言的丰富和优美，并通过多种活动帮助幼儿加深对作品的体验和理解

文学作品是幼儿语言学习的重要内容，这方面需要我们尽可能地给幼儿创造学习童话、故事、儿歌、儿童诗、儿童散文、绕口令、谜语等各种文学作品的机会，帮助幼儿理解文学作品的内容，引导他们想象文学作品创设的丰富情景，感受、理解作品里各种人物的个性和情感特征，并能用叙事性的语言进行表达。

5.培养幼儿对生活中常见的简单标记和文字符号的兴趣

在幼儿阶段，尽管幼儿尚不需要具备文字阅读和书写能力，但他们有必要认识口语与文字的对应关系，并逐渐产生对文字的敏感性；有必要掌握看懂图画书的基本技能，感受文字的功能、作用；有必要初步辨认例如自己的名字等常见的文字；有必要认识生活中常见的一些简单标记。

6.利用图书、绘画和其他多种方式，引发幼儿对书籍、阅读和书写的兴趣，培养前阅读和前书写技能

这种要求绝不等同于一般的认字和写字，针对早期识字方面的种种误区，作为幼儿教育工作者必须明确的是：识字不是此阶段早期阅读的最终目的，而应该是早期阅读的副产品。早期阅读的主要要求是帮助幼儿从口头语言向书面语言过渡的前期阅读和前书写准备，内容包括了解图书和文字的重要性，愿意阅读图书，积极辨认汉字，掌握一定的阅读和书写的准备技能等。

7.提供普通话的语言环境，帮助幼儿熟悉、听懂并且学说普通话

普通话是我国各个不同方言区通用的语言，在早期语言发展关键期让幼儿学好普通话，对他们的一生都有很好的影响。少数民族地区的幼儿在学习本民族语言的同时，从口语角度学会使用普通话，对他们的终身学习和发展都有非常重要的意义。当前幼儿教育机构中普通话的语言氛围差距很大，特别在一些农村和边远地区，创设普通话的环境仍需要幼教工作者的积极创造。

（三）指导要点

在语言领域内，《纲要》还对在语言活动过程中应采取的基本方法和应注意的问题，提出了有关指导要点，具体内容如下。

（1）语言能力是在运用的过程中发展起来的，发展幼儿语言的关键是创设一个能使他们想说、敢说、喜欢说、有机会说并能得到积极应答的环境。

（2）幼儿语言的发展与其情感、经验、思维、社会交往能力等其他方面的发展密切相关，因此，发展幼儿语言的重要途径是通过互相渗透的各领域的教育，在丰富多彩的活动中去扩展幼儿的经验，提供促进语言发展的条件。

（3）幼儿的语言学习具有个别化的特点，如教师与幼儿的个别交流、幼儿之间的自由交谈等，对幼儿语言发展具有特殊意义。

（4）对有语言障碍的幼儿要给予特别关注，教师要与家长及有关方面密切配合，积极地帮助他们提高语言能力。

四、学前儿童语言教育的年龄阶段目标

学前儿童语言教育的年龄阶段目标是第二层次上的语言教育目标，即儿童某一年龄（班）的语言教育目标，是语言教育总目标在各个年龄阶段上的具体体现。从某种意义上讲，幼儿语言教育的总目标规定了幼儿教育结束时，即大班教育结束时，儿童的语言发展应达到何种程度，但这些目标不是在大班一年中实现的。也就是说，幼儿语言教育的年龄阶段目标，分别规定了三个年龄阶段幼儿在语言发展方面应取得的成果，它们将对各年龄阶段语言教育内容和方法的确立提供直接的指导。

学前儿童的语言发展在不同的时期有不同的特点，体现出一定的阶段性和规律性。所以，为了有效地促进学前儿童语言的发展，学前儿童语言培养的目标在不同年龄段（班）的儿童身上应当有不同的体现，这样才能在教育实践中循序渐进地促进儿童的语言发展，使总目标落实到不同年龄的学前儿

童身上。

2012年教育部发布的《3—6岁儿童学习与发展指南》，在语言领域从倾听与表达、阅读与书写准备两个方面提出了六个子目标，并列举了年龄阶段目标，具体如表2所示。

表2 《3—6岁儿童学习与发展指南》(语言领域)

（一）倾听与表达

目　标	3～4岁	4～5岁	5～6岁
目标1：认真听并能听懂常用语言	1. 别人对自己说话时能注意听并做出回应 2. 能听懂日常会话	1. 在群体中能有意识地听与自己有关的信息 2. 能结合情境感受到不同语气、语调所表达的不同意思 3. 方言地区和少数民族幼儿能基本听懂普通话	1. 在集体中能注意听老师或其他人讲话 2. 听不懂或有疑问时能主动提问 3. 能结合情境理解一些表示因果、假设等相对复杂的句子
目标2：愿意讲话并能清楚地表达	1. 愿意在熟悉的人面前说话，能大方地与人打招呼 2. 基本会说本民族或本地区的语言 3. 愿意表达自己的需要和想法，必要时能配以手势动作 4. 能口齿清楚地说儿歌、童谣或复述简短的故事	1. 愿意与他人交谈，喜欢谈论自己感兴趣的话题 2. 会说本民族或本地区的语言，基本会说普通话。少数民族聚居地区幼儿会用普通话进行日常会话 3. 能基本完整地讲述自己的所见所闻和经历的事情 4. 讲述比较连贯	1. 愿意与他人讨论问题，敢在众人面前说话 2. 会说本民族或本地区的语言和普通话，发音正确清晰。少数民族聚居地区幼儿基本会说普通话 3. 能有序、连贯、清楚地讲述一件事情 4. 讲述时能使用常见的形容词、同义词等，语言比较生动
目标3：具有文明的语言习惯	1. 与别人讲话时知道眼睛要看着对方 2. 说话自然，声音大小适中 3. 能在成人的提醒下使用恰当的礼貌用语	1. 别人对自己讲话时能回应 2. 能根据场合调节自己说话声音的大小 3. 能主动使用礼貌用语，不说脏话、粗话	1. 别人讲话时能积极主动地回应 2. 能根据谈话对象和需要，调整说话的语气 3. 懂得按次序轮流讲话，不随意打断别人 4. 能依据所处情境使用恰当的语言。如在别人难过时会用恰当的语言表示安慰

（二）阅读与书写准备

目　标	3～4岁	4～5岁	5～6岁
目标1：喜欢听故事，看图书	1. 主动要求成人讲故事、读图书 2. 喜欢跟读韵律感强的儿歌、童谣 3. 爱护图书，不乱撕、乱扔	1. 反复看自己喜欢的图书 2. 喜欢把听过的故事或看过的图书讲给别人听 3. 对生活中常见的标识、符号感兴趣，知道它们表示一定的意义	1. 专注地阅读图书 2. 喜欢与他人一起谈论图书和故事的有关内容 3. 对图书和生活情境中的文字符号感兴趣，知道文字表示一定的意义
目标2：具有初步的阅读理解能力	1. 能听懂短小的儿歌或故事 2. 会看画面，能根据画面说出图中有什么，发生了什么事等 3. 能理解图书上的文字是和画面对应的，是用来表达画面意义的	1. 能大体讲出所听故事的主要内容 2. 能根据连续画面提供的信息，大致说出故事的情节 3. 能随着作品的展开产生喜悦、担忧等相应的情绪反应，体会作品所表达的情绪情感	1. 能说出所阅读的幼儿文学作品的主要内容 2. 能根据故事的部分情节或图书画面的线索猜想故事情节的发展，或续编、创编故事 3. 对看过的图书、听过的故事能说出自己的看法 4. 能初步感受文学语言的美
目标3：具有书面表达的愿望和初步技能	喜欢用涂涂画画表达一定的意思	1. 愿意用图画和符号表达自己的愿望和想法 2. 在成人提醒下，写写画画时姿势正确	1. 愿意用图画和符号表现事物或故事 2. 会正确书写自己的名字 3. 写画时姿势正确

五、学前儿童语言教育的活动目标

（一）语言教育活动目标的含义

幼儿园教育是一种有目的、有计划的社会实践活动。它的目的性反映在：在幼儿园就是根据社会的希望和要求去塑造幼儿的。这种期望和要求，用概括性语言加以表述，就是教育目标。

学前儿童语言教育活动目标是第三层次上的语言教育目标，它是指在某一具体教育活动中要达到的目的，一般由教师自己制定，相对于语言教育的总目标和年龄阶段目标来说，教师有了很大的自主性。

案例

诗歌《摇篮》（中班）

（黄庆云）

蓝天是摇篮，摇着星宝宝，白云轻轻飘，星宝宝睡着了。

大海是摇篮，摇着鱼宝宝，浪花轻轻翻，鱼宝宝睡着了。

花园是摇篮，摇着花宝宝，风儿轻轻吹，花宝宝睡着了。

妈妈的手是摇篮，摇着小宝宝，歌儿轻轻唱，宝宝睡着了。

活动目标

1. 理解诗歌内容，学习用轻柔、优美的声音朗诵诗歌。

2. 尝试根据诗歌的结构进行仿编，表现诗歌美好的意境。

3. 体验仿编诗歌带来的成就感。

（二）教育活动目标对幼儿园语言教育活动的全过程有指导作用

教育活动目标是教育活动的出发点和归宿，教育方法、教育手段、教育内容的选择，教育环境的设计和教育活动过程的设计，都应围绕教育目标。

1. 教育活动目标决定教育活动内容

从教育活动设计这个角度来说，应该是"教育目标在前，教育内容在后"，而现实中似乎是"教育内容在前，教育目标在后"，其实这是一种错觉。现在幼儿园所教的内容，都应该是有关部门或幼儿园或幼儿教师，按照我国2016年颁布的《幼儿园工作规程》（以下简称《规程》）和《纲要》中所规定的幼儿园教育目标来选定的，而不是有了教育内容之后，才去定教育目标。教育活动目标是相对稳定的，教育活动内容则可以有适当的变化，只有对教育目标的实现有利的，才可能被选作幼儿园教育的内容。但，值得思考的问题是：什么样的内容最有利于幼儿园教育目标的实现？并不是对教育目标的实现有利的内容，都能够成为幼儿园教育的内容；只有那些最有利于教育目标的实现的内容，才能被选为教育的内容。

从上述分析可以知道，全国的幼儿教育目标是基本一致的，但是各地的教育内容可以是多样化的，或者说，只要是能保证幼儿园教育目标全面实现的内容都是可以的。基于这样的认识，就没有必须固守某种教材的教育活动内容，可以根据教育目标的要求以及各地的实际情况，为幼儿选择更加适合他们发展的内容。

2. 教育活动目标影响着教育方法的选择

每一种教育方法都有它的优势和劣势，比如讲授法，它对陈述性知识的教学比较有效，但对技能的教学则效果很差；在进行技能教学时，讲授法只有在初期，即告知操作规则时才是有效的，如果教师一味地依赖讲授法，幼儿就会失去练习的机会，很难获得技能。又如，发现法对幼儿能力的培养很有效，但却十分费时，对于一般的陈述性知识的传授就不合适。所以说，在教育方法的选择方面，一定要考虑教育活动所追求的目标是什么，然后根据不同种类的目标，选择相应的教育方法。

3. 教育活动目标影响着教育活动手段的选择

教具、学具、现代化教育活动手段的使用，都是为教育活动目标的实现服务的，手段本身并不是教育活动的目标。不要为手段而手段，要考虑教育活动手段的经济实用性。如果教育活动手段花钱少，教师和幼儿消耗少，能达到同样的教育活动目标，这样的教育活动即使不够"现代化"，它也是一种好的教育手段——比你花了许多钱去"现代化"才达到教育活动目标的教育手段要好。离开了目标的手段是毫无意义的。

4. 教育活动目标引导着教育活动环境的布置

教育活动环境的布置要为教育活动目标的实现服务，要为幼儿知识的掌握、巩固服务，为幼儿掌握技能、发展能力、培养良好的态度服务，要为幼儿的全面发展服务。我们要根据不同的教育活动目标，创设相应的环境。幼儿教育环境的布置要考虑它的教育价值，不要为布置环境而布置环境。同时，我们还应充分挖掘现有环境的教育价值，使之更好地为教育活动目标的实现服务。

现在幼儿园环境布置方面的问题，一是实现教育目标的意识不强，多是一些点缀，花了不少钱，却创设了些毫无意义的环境；二是挖掘和利用现有的环境为实现教育目标服务的能力不强。

5. 教育活动目标是指导教育活动评价的最重要的标准

如何评价一次教育活动的质量？对于这一问题，有许多争议。有观点认为，一次教育活动的好坏，主要看在这次教育活动里，幼儿是否活跃，教师是否投入，教师的表情是否自然，声音是否响亮，语言是否幽默有趣，思维是否清晰，是否运用了现代化教育活动手段，等等。但这些都不是评价教育活动质量好坏的主要标准，甚至不是评价教育活动质量的标准。评价教育活动质量好坏的最重要的标准就是：这次教育活动在多大程度上达成了教育目标。离开了教育目标的实现，其他一切标准都是多余的、没必要的。当然，这里有一个前提：所制定的教育目标，一定是科学的、合理的和恰当的。

（三）幼儿园语言教育活动目标的设计与表述

有这样一个案例：在一次幼儿园语言教育活动中，教师在前面做各种动作，幼儿用一句话描述教师的动作表演。这次教育活动看似生动活泼、热闹非凡，可是教育活动后，问及组织活动的教师："这次教育活动的目标是什么？"她说："教幼儿学说话。"但实际上幼儿所说的每一句话，都是他们原本就会说的，教师只是以手势、动作作引导，未提供任何语言上的指导，幼儿到底学会了哪几句他们本来不会的话呢？事实上，一句也没有学会，这个教育活动是目标不明确的活动，因而也是效果较差的教育活动。一次好的教育活动，老师制定的教育目标一定是明确、科学、合理的。同时，活动过程紧紧围绕目标的实现而展开。

对于幼儿园教师来说，在理解幼儿语言教育目标结构的基础上，科学设计与表述语言教育活动目标是一项必须掌握的教育技能。为此，本书特将此部分单列出来进行分析，以提高教师的设计与表述水平。

1. 关注社会的培养目标

社会和时代发展对人才培养和教育的要求，体现在国家的教育目的及幼儿园培养目标等表述中，为确立幼儿语言教育活动目标指明了方向。在我国现阶段，要为培养全面发展的高素质人才服务，语言教育目标要有针对性和前瞻性。

2. 具体活动目标与语言教育的总目标、年龄阶段目标应是一致的

具体活动目标是总目标和年龄阶段目标最终的分解和具体化，是为年龄阶段目标和语言教育目标服务的；从另一方面说，在每一个具体活动目标实施的过程中，每一次具体活动目标的实现，都是向完成年龄阶段目标和语言教育的总目标迈进了一步。通过具体活动目标的积累，最终实现学前儿童的语言教育目标。

3. 设计与表述活动目标要适宜、具体、明确，切勿大而空

如一位教师给幼儿园中班故事教学活动"掉进酒桶里的老鼠"制定的活动目标就有一条目标表述

为"幼儿能用连贯的语言大胆讲述，发展幼儿语言能力和想象力"。其实，语言能力的发展是一个日积月累的过程，单凭这一次语言活动，是很难实现的。所以，这个目标表述明显不够合理。

4.活动目标重在指向幼儿，表述从幼儿角度出发

预设幼儿要实现哪些方面的发展，常用"理解、知道、乐意、喜欢、能够"等以幼儿为主语的词汇进行描述，体现"以幼儿为本"的教育理念。当然，也有一些夹杂着幼儿和教师两个主体的目标表述，就显得很不合适。如一位教师给小班《拔萝卜》故事教学活动制定的目标是"① 让幼儿听、讲《拔萝卜》故事；② 能乐意参与扮演《拔萝卜》里的角色"。仔细分析一下，这个活动目标表述上主体不统一、没有体现幼儿为本的理念。

除以上事项之外，在目标的表述方面还要考虑语言教育活动的不同类型，谈话、讲述、文学活动、早期阅读和语言教学游戏各有其侧重的目标；在渗透各领域目标的关系处理方面，也要把握语言核心领域目标和有机渗透其他领域目标的关系，以实现幼儿的综合发展。

总之，落实学前儿童语言教育目标，是一个由高层次目标转化成多个低层次目标的过程，也是一个由抽象到具体的过程。在教育实践过程中，教师应该把握好各个层次教育目标的内涵及相互关系。要根据各层次目标选择相应的教育内容，确定恰当的教育方法，以防不同层次教育目标之间的脱节，更不能忽略教育目标而随意选择内容和方法。只有深入透彻地理解语言教育目标，才能使之落实到每一位儿童身上。

第二节　学前儿童语言教育的内容

学前儿童语言教育的内容，是学前教育机构为儿童提供的语言形式、语言内容和语言运用的基本知识、基本态度和基本行为方式的总和，是儿童学习语言、获得语言经验的载体。在幼儿园中，语言教育内容既包括教师有目的、有计划地组织的专门活动内容，也包括渗透在幼儿入园、进餐、盥洗、游戏、散步、离园等各个环节之中以及其他领域活动中的语言教育内容。学前儿童语言教育内容可分为两个部分：一是帮助儿童学习本民族的语言符号系统，在我国主要指现代汉语（普通话）的语音、词汇、语法及表达方式等；二是帮助儿童学会运用语言，其中既包括语言知识的传授，也包括语言运用能力的实践训练。此外，由艺术语言构成的文学作品，也是学前儿童语言教育的一项重要内容。学前儿童语言教育内容，是实现语言教育目标的手段，是教师设计和实施语言教育活动的主要依据。

一、确定学前儿童语言教育内容的依据

学前儿童语言教育内容的确定，是有一定的依据的，要符合一定的规律。一方面，要体现教育内容是为实现教育目标服务的，因此语言教育内容应该根据教育目标来选择；另一方面，确定语言教育内容的目的是促进儿童的语言发展，因此语言教育内容还应该根据学前儿童心理发展及语言发展的特点及其规律来选择。

1.根据学前儿童语言教育目标确定教育内容

学前儿童语言教育目标分为倾听、表述、欣赏和早期阅读四大块，每个部分都包含认知、情感与态度、能力与技能三个方面，综合培养儿童的语言能力。在确定语言教育内容时，就要依据目标，分析有关活动，突出其中可以作为语言学习内容的因素加以利用。比如"表述"目标方面，有"乐意与人交谈""清楚说出自己想说的事"的要求，教师就要为儿童安排日常生活、学习活动、游戏活动的各个环节，从对话到独白的水平逐步养成。依据学前儿童语言教育的目标确定教育内容，把教育目标中的各部分、各方面要求，转化为儿童语言学习的内容，使儿童通过多种多样的学习获得语言经验，才能有针对性地开展各年龄段的语言教育，使学前儿童的语言更好地得到发展。但是语言教育目标和

语言教育内容并不是一一对应的，一个目标要通过多种内容来达到，一种内容也可以贯彻几项目标的要求。这样就通过确定语言教育内容，把语言教育目标综合起来，还要对语言理解能力和语言表达能力，以及它们在语言形式、语言内容和语言运用过程中如何发展、如何提高进行具体分析，并把它们作为语言教育内容的重点、难点，在教育过程中给予突出与强调。

2. 根据学前儿童心理发展特点选择教育内容

学前儿童心理情绪性的突出特点，要求选择教学活动内容时，应强调趣味性和新颖性；学前儿童模仿性的心理特点，要求教学内容的选择，应考虑便于儿童学习模仿；学前儿童想象力丰富的显著特点，要求教师在选择活动内容时，尽可能为儿童提供充分想象和自由创造的空间。

3. 依据学前儿童语言发展的特点选择教育内容

学前儿童语言发展的特点，是从非语言交际向口语交际转换，再从口语交际向书面语言学习转换的。这两个转换并不是截然分开的三个阶段，而是相互交叉的。因此，在确定语言教育内容时，须针对各年龄段儿童语言发展的特点，既有交叉又有侧重地开展教学活动。

第一个转换，是学前儿童非语言交际向口语交际转换过程，儿童需要学习最基本的听说转换，它包含了对词语的理解和应用、构成词句、表达意思三方面的内容。要运用谈话、讲述、听说游戏、文学作品学习和早期阅读等语言教育活动，让儿童进行这些内容的练习，使儿童获得有关的语言经验。

第二个转换，是在从口语向书面语言学习转换的过程中，同时让儿童逐步接触书面语言，在口语里使用书面语言表达方式，儿童需要学习两方面的内容：口语与文字和图书的对应与转换关系；简单识字。即理解说出的话与写出的字之间的关系，对不同字形的辨认以及对字形结构的分析与书写，为升入小学学习书面语言做好准备。

4. 依据学前儿童新旧语言经验选择活动内容

学前儿童语言学习是不断获得语言经验的过程，语言教育活动也就是不断为学前儿童提供各种新的语言经验的过程。教师在选择语言教育内容时应重视语言教育活动所提供的语言经验，能够为学前儿童所获得，成为他们自身语言经验体系的一部分。因此，着重要考虑的是能否使新旧语言经验间具有内在的联系。否则，语言教育活动所提供的语言经验，将不会对学前儿童产生影响。要做到这一点，就要注意活动内容的连续性，使每一类活动内容，都由具有内在联系的经验组成，每一次获得的语言经验，都能成为以后语言学习的基础。同时，还要注意活动内容的连贯性，使经验与经验之间既有纵向的连续性，又有横向的相关性，从而使儿童获得的新旧语言经验之间真正建立起联系。

二、幼儿园语言教育内容分析

幼儿园语言教育内容可以分为专门的语言教育内容和渗透的语言教育内容两类。

（一）专门的语言教育内容

专门的语言教育内容，是根据既定的语言教育目标，为幼儿提供与语言进行充分互动的环境，使他们有机会对日常生活中获得的零碎语言经验，进行提炼和深化，达到对语言规则的理解和有意识的运用。

专门语言教育内容，是实现语言教育目标的重要手段，是将教育目标转化为语言发展的中间环节，也是语言教育活动设计和组织的主要依据。因此，语言教育内容的选择，是一个完美语言教育活动设计的核心。专门语言教育内容分别蕴含在谈话活动、讲述活动、听说游戏、文学作品欣赏和早期阅读等方面，这也是我国目前学前儿童语言教育中经常采用的、最基本的教育内容。

1. 谈话活动

谈话是人与人之间运用问答、对话的语言手段进行交往的一种基本能力。谈话在培养语言交际意识、情感、能力方面有特别重要的意义。

幼儿园专门的谈话活动与日常谈话是有区别的。日常谈话是幼儿在日常生活中所进行的谈话，是无预期目标和计划的谈话，具有自发性和随意性。从话题上来说，日常谈话是没有目标的，是幼儿随意产生的；从时间上来说，是在自由活动时产生的。幼儿园的谈话活动，是一种有目的、有计划地组织幼儿学习的语言教育活动，这种活动旨在：创造一个宽松、愉快的语言环境，围绕一定的话题进行谈话，帮助幼儿学习倾听别人的谈话，习得与别人交流的方式、规则，培养与人交往的能力。

谈话内容主要有三个方面：①围绕主题交谈；②交流信息谈话；③分享经验谈话。

2. 讲述活动

讲述活动主要为幼儿创设较为正式的口语表达情景，使幼儿有机会在集体面前表达对某一图片、实物或情景的认识、看法等，学习表述的方法和技能。这类活动运用的是独白语言，是比谈话活动更为复杂、周密的一种口语表达形式。这是我国幼儿园语言教育中颇具特色的一种教育内容。

讲述活动主要内容有：①实物讲述；②图片讲述；③情景讲述；④经验讲述。

3. 文学作品学习活动

幼儿文学作品学习活动，是以幼儿文学作品为基本教育内容而设计组织的语言教育活动，它从一个具体的文学作品教学入手，围绕着这个作品展开一系列相关的活动，帮助幼儿理解文学作品所展示的丰富、优美的艺术语言和生动、有趣的情节。它是幼儿园语言教育的重要内容。

具体内容有：①聆听与理解、感受文学作品；②朗诵与表现文学作品；③仿编与创编文学作品。

4. 早期阅读

早期阅读是指幼儿对简单的文字、图画、标记等的阅读活动，其中包括知道图书和文字的重要性，愿意阅读图书和汉字，学习初步的阅读和书写的准备技能等。早期的阅读，是幼儿由口头语言向书面语言过渡的前期阅读准备和前期书写准备，同时有利于理解口语与文字之间的关系。

具体内容有：①前图书阅读经验；②前识字经验；③前书写经验。

5. 语言教学游戏

语言教学游戏为幼儿提供一种游戏情景，使幼儿在游戏中按照一定规则练习口头语言，培养幼儿在口语交往活动中快速、机智、灵活的倾听和表达能力。语言教学游戏涉及以下内容：巩固难发的音和方言干扰音，练习声调和发音用气；练习词的运用，扩展丰富语汇量；在游戏中尝试运用某些结构的句子，锻炼语感。

（二）渗透的语言教育内容

1. 渗透的语言教育内容的价值

渗透的语言教育内容，主要是利用幼儿各种生活和学习经验，在真实的生活情景中，为幼儿提供更加广泛的、多种多样的语言学习的机会，使幼儿更好地运用语言获得新的生活经验和其他方面的学习经验。渗透的语言教育内容，既可以使幼儿更好地学习语言，也可以促进幼儿在日常生活、游戏活动和其他学习活动中的语言交流。

渗透的语言教育内容的核心是：促进幼儿与教师之间、与同伴之间有效的语言交流。在现实的幼儿教育实践中，不少教师缺乏与幼儿沟通的必要技能，缺乏倾听的耐心，普遍存在着幼儿与教师之间的言语交流质量不高、幼儿之间相互交流机会很少等问题。因此，教师要充分认识渗透的语言教育内容和活动对幼儿全面发展的重要性，在组织好专门语言教育活动的同时，向幼儿提供多种学习语言的机会。

在安排渗透的语言教育内容和活动时，有经验的教师总结了一些教师和幼儿之间交流应注意的事项：

（1）童心不泯，关心幼儿感兴趣的话题；

（2）平等交流，注意坐、蹲、弯的姿势；

（3）热心、亲切和耐心，态度诚恳；

（4）认真倾听幼儿表述；

（5）多称呼幼儿的名字；

（6）用目光、语言和动作给幼儿以更多的鼓励；

（7）语言适合幼儿年龄特点，语速较慢；

（8）引导幼儿之间的顺利交流。

2.渗透的语言教育内容的范围

渗透的语言教育内容主要出现于以下三种情景。

（1）日常生活的语言交往

利用日常生活中的各种机会，让幼儿在与同伴和教师的交往中，主动获得语言的发展。例如：利用晨间谈话组织幼儿谈话，让幼儿学会听与说；与幼儿一起看图书，让幼儿根据同样的画面，大胆地发表自己的见解，从而让幼儿互相学习和促进。

具体而言，渗透在幼儿日常生活过程中的语言教育，应帮助幼儿获得以下的语言经验：注意倾听、理解和执行生活常规和成人的指令性语言；学会运用礼貌语言与他人交往；学习运用语言向他人表达自己的需求，对他人的要求做出恰当的应答；学习运用恰当的语言，解决与同伴之间的冲突。

（2）自由游戏活动中的语言交流

在自由游戏中，语言成为幼儿与同伴进行交往、合作、分享的工具，渗透在自由游戏活动中的语言教育，可以帮助幼儿获得以下语言经验：学会运用玩具结合动作自言自语，进行娱乐或练习；学会自己选择游戏的内容、材料、伙伴或其他；在游戏中，学会用恰当的词句或语气，与同伴展开讨论或解决与同伴的冲突。

（3）其他领域活动中的语言交流

渗透在其他领域中的语言教育，可以帮助幼儿获得以下语言经验：注意集中倾听教师布置活动任务；能积极主动地参与互动，提出问题或者解答问题；能连贯完整地讲述所观察到的事物；学习运用语言，促进具体领域知识的掌握和表达能力的提高。

拓展阅读

语言区的功能利用

语言区是幼儿园中一个专门用于引导幼儿发展语言能力的区域，它通常包含图书、故事垫、各种玩具等，为幼儿提供了一个良好的语言环境。在语言区，幼儿可以与教师或家长一起阅读、讲故事，进行角色扮演等活动，从而培养他们的语言表达能力、倾听能力、创造力和想象力。

在指导幼儿学习与语言发展时，需要注意以下要点。

1.丰富词汇

幼儿词汇量的多少直接影响到他们的语言表达能力。因此，家长和教师在与幼儿交流时，应尽可能使用丰富多样的词汇，例如描述食物的颜色、形状、气味、口感等。同时，也可以通过阅读图书、讲故事等方式，让幼儿接触到更多的词汇。

2.故事讲述

故事是幼儿最喜欢的形式之一，通过讲故事，可以培养幼儿的兴趣和注意力，同时也能让他们学习到语言规则和表达方式。家长和教师可以尝试将幼儿熟悉的事物或经历作为故事的主题，或者根据幼儿的兴趣和爱好，创作一些有趣的故事。

3.阅读习惯

阅读是幼儿学习语言的重要途径之一。家长和教师可以为幼儿挑选一些适合他们年龄的图书，让他们通过图画、文字和自己的想象，理解故事的内容。在阅读过程中，可以适当地解释一些生词和语句，帮助幼儿掌握更多的语言规则。

4.语言表达

家长和教师应鼓励幼儿多说话，多表达自己的想法和感受。可以通过问问题、讨论话题、角色扮演等方式，激发幼儿的表达欲望。

5.互动交流

在语言区，家长和教师可以通过与幼儿进行互动交流，引导他们发展语言能力。可以通过问问题、讨论话题、角色扮演等方式，激发幼儿的表达欲望。同时，也要注意倾听幼儿的发言，给予他们充分的肯定和鼓励。

总之，幼儿园语言区是引导幼儿发展语言能力的重要区域。家长和教师在指导幼儿发展语言能力时，需要注意丰富词汇、故事讲述、阅读习惯、语言表达和互动交流等方面的要点。通过这些方法的引导，可以让幼儿在快乐的氛围中不断提高自己的语言表达能力，为将来的学习和生活打下坚实的基础。

本章小结

本章我们学习了"学前儿童语言教育的目标和内容"。"学前儿童语言教育的目标"中包括"幼儿语言教育目标制定的依据"和"幼儿语言教育目标的结构"两块内容，重点阐述的是"幼儿语言教育目标的结构"。幼儿语言教育目标的结构分为"分类结构"和"层次结构"两类，分类结构包括倾听行为的培养、表述行为的培养、欣赏文学作品行为的培养、早期阅读行为的培养；层次结构分为"语言教育的总目标""年龄阶段目标"和"活动目标"三个层次，其中总目标是第一层次目标，年龄阶段目标和具体活动目标都依据总目标来制定，而活动目标由教师依据总目标和年龄阶段目标来制定。

"学前儿童语言教育的内容"中包括"确定学前儿童语言教育的内容的依据"和"幼儿园语言教育内容分析"两块内容。"幼儿园语言教育内容分析"包括"专门的语言教育内容"和"渗透的语言教育内容"。"专门的语言教育内容"包括谈话活动、讲述活动、文学作品学习活动、早期阅读和语言教学游戏五种活动类型，这五种专门的语言教育内容也是我国学前儿童语言教育中最基本的教育内容；"渗透的语言教育内容"包括"渗透的语言教育内容的价值"和"渗透的语言教育内容的范围"两个方面，渗透的语言教育为幼儿提供更加广泛的多种多样的语言学习机会，我们应充分重视和挖掘渗透的语言教育内容的价值。

思考与练习

习题答案

1. 制定幼儿语言教育目标的依据是什么？
2. 幼儿语言教育目标是怎样划分层次的？
3. 幼儿语言教育目标的分类结构是怎样的？
4.《纲要》中提出的语言教育目标是什么？
5. 学前儿童语言教育的内容有哪些？
6. 请运用所学知识，对中班语言活动"蚂蚁飞上天"的活动目标进行评析，并修改。

语言活动"蚂蚁飞上天"（中班）

活动目标

（1）通过讲述，促进幼儿乐意在集体面前表达自己的设想，并能认真倾听同伴的讲述。

（2）激发幼儿好奇心和丰富幼儿想象力，丰富幼儿词汇：飘荡、飞来飞去、叽叽喳喳。

（3）启发其创造性思维、发散性思维和批判性思维。

附故事

蚂蚁飞上天

有一天，一只小蚂蚁来到草地上散步，它慢慢地走着走着，发现了一只长着美丽翅膀的蜻蜓。小蚂蚁说："小蜻蜓你的翅膀真漂亮。"小蜻蜓骄傲地说："那是啊，我的翅膀会帮助我飞上天，飞上天会看到许多好玩的东西。"小蚂蚁说："你能带我飞上天吗？"小蜻蜓不理睬小蚂蚁，自己仰着头飞上了天，在天空中做出各种优美的姿势。小蚂蚁仰着头，看呀看呀，非常羡慕，它想：要是我也有翅膀，那该多好！我就可以飞上天，和小蜻蜓比比谁飞得高。

小蚂蚁低着头正在想办法，周围的小草、花瓣、树叶、蒲公英看见了，一起说："小蚂蚁，别着急，我们来帮助你。"一阵风吹来，蒲公英对小蚂蚁说："快，小蚂蚁，抓住我，我带你上天。"小蚂蚁牢牢地抓住蒲公英。慢慢地，它只觉得自己离开了地面，越来越高，下面的东西越来越小。小蚂蚁高兴极了，它欢呼着："我终于飞上天了，我终于飞上天了！蒲公英姐姐，谢谢你帮助了我。"

7. 请为中班语言活动"请进来"设计活动目标。

附诗歌

请进来

笃笃笃，"谁敲门呀？"

"是我，小白兔。"

"你要真是小白兔，就让我们看看你的耳朵。"

笃笃笃，"谁敲门呀？"

"是我，小鹿。"

"你要真是小鹿，就让我们看看你头上的角。"

笃笃笃，"谁敲门呀？"

"是我，花鸭。"

"你要真是花鸭，就让我们看看你的脚丫。"

笃笃笃，"谁敲门呀？"

"是我，我是风。"

"你果真是风，你就请进来吧。

你自个儿从门缝往里钻。"

第四章
学前儿童语言教育活动设计综述

目标导航

1. 理解学前儿童语言教育活动设计的原则。
2. 掌握学前儿童语言教育活动设计的步骤。
3. 能够独立设计并拟定幼儿园语言教育活动方案。

知识导图

学前儿童语言教育活动设计综述
- 学前儿童语言教育活动设计的原则
  - 发展性原则
  - 交互性原则
  - 渗透性原则
  - 层次性原则
  - 积极活动的原则
    - 选材贴近幼儿生活，具有趣味性
    - 引导幼儿在活动中进行操作
  - 自由与规范相统一的原则
    - 创造让幼儿自由说话的机会
    - 引导幼儿养成规范语言的习惯
- 学前儿童语言教育活动设计的步骤
  - 制定活动目标
    - 着眼于幼儿的发展
    - 内容和要求在方向上与总目标、年龄阶段目标一致
    - 涵盖认知、情感态度和能力三个方面
    - 以幼儿为主体进行表述
    - 考虑活动的不同类型
    - 陈述具体、明确，可观察、可测量
  - 选择活动内容
    - 根据目标，围绕幼儿已有经验、内容有趣选择
  - 拟定活动方案
    - 活动名称、目标、准备、过程、延伸、评价

在目前的幼儿语言教育活动设计中，存在着一些共性的问题，比如：选择的话题内容不符合幼儿的年龄阶段；只重视教师的活动设计，忽视与幼儿语言的互动；不能合理处理语言教育与其他领域教育的相互渗透，缺乏渗透意识；语言教育活动设计缺乏创造性因素，依然是"教师牵着幼儿的鼻子走"。

鉴于此，在幼儿语言教育活动设计时，就要首先把握学前儿童语言教育活动设计的一些基本要求，明确设计的步骤，制订规范的活动方案，并能尝试进行无生（没有幼儿在现场）试讲。

幼儿园对幼儿实施的语言教育活动，是有目的、有计划、有组织地对幼儿进行语言教育的过程，有别于家庭和社会对幼儿的语言教育。语言教育活动是实现语言教育目标的重要途径，是组织和传递语言教育内容的实施环节，也是落实语言教育任务的具体手段。如何具体实施幼儿园语言教育活动，如何有效促进幼儿语言的发展呢？本章从学前儿童语言教育活动设计的原则和学前儿童语言教育活动设计的步骤两个方面进行探讨。

第一节　学前儿童语言教育活动设计的原则

学前儿童语言教育活动设计的原则，是教师在开展幼儿语言教育活动时所遵循的基本要求和准则，是实现语言教育目标的保证。根据有效的组织活动的规律，总结出以下六项原则。

一、发展性原则

苏联心理学家维果茨基的"最近发展区"理论认为，儿童心理发展存在两种水平：一是儿童目前已经达到的心理发展水平，二是儿童在成人或同伴的帮助下可能达到的发展水平。这两种水平之间的差距就是儿童的"最近发展区"。教学应着眼于儿童的最近发展区，为儿童提供有一定难度的内容，调动儿童的积极性，发挥其潜能，超越其最近发展区，从而达到其可能发展到的水平。因此，设计任何一组或一个语言教育活动时，既要符合幼儿现有的语言水平，又要着眼于幼儿语言发展的长远目标，有利于幼儿语言发展的需要。

为此，教师要通过理论学习和实践观察，深入了解全体幼儿的语言发展水平和发展潜力，并对其作出正确的估计；在选择活动内容时，充分考虑幼儿的可接受性，略高于现有发展水平，但又不超过发展的可能性，要求幼儿经过一定的努力才能掌握；由浅入深、由易到难、循序渐进地安排教学内容，要求幼儿不断努力，从而促进幼儿不断发展；综合运用各种教学方法，并不断加以改进；按照知识的逻辑顺序和幼儿认识能力，在发展的最近区域进行教学，使幼儿利用已有的知识去获得更多的新知识，同时发展智力。例如，当设计情景谈话"做客"这个活动时，教师结合幼儿原有的生活经验，引入新的学习内容，使他们进一步理解和掌握"做客"的交往方式和语言应用方式，从而引发幼儿较强烈的学习兴趣，在活动中使幼儿语言获得阶梯式的发展和提高。

二、交互性原则

交互性原则是指语言教育活动要设计充分的交流互动环节，以便更好地发展语言能力。由于幼儿经验不足，以及个体间语言水平的差异，因此在教育活动中，教师的参与是不可缺少的，同时幼儿之间的相互学习，也是非常必要和有效的。教师参与活动，必须以帮助幼儿更积极、主动地学习为目的，充分发挥教师的主导作用，另外也要考虑为幼儿之间的语言交流和学习创造机会。

在设计语言教育活动时，教师需要考虑：幼儿主动活动与教师参与的比例关系，实际上，这是幼儿在活动中的主体地位和教师主导作用的具体化问题。当幼儿需要帮助时，教师在活动中主导作用发挥得多一些；不需要帮助时，教师在活动中的主导作用就发挥得少一些。如何才能做到教师与幼儿相互作用起到"适度"的影响呢？主要应注意以下三点：一要了解每一位幼儿的发展水平，由教师决定自己在活动中参与程度的高低；二要确定语言教育活动中的新知识、新技能以及新的语言要求，由教师策划自己参与指导的重点和难点；三要了解每一位幼儿在活动中操作工具的熟练情况，由教师决定自己参与指导的时间分配等。以上三点决定了教师和幼儿在活动中相互作用的程度，同时也决定了他们相互作用的方式。

拓展阅读

教师对幼儿有效提问的艺术

教师对幼儿提问存在着问题过于笼统、抽象以及拔高的情况，还有一些老师经常提出封闭式问题，如"是不是，好不好"等，这些无效提问不但不利于活动的开展，还限制了孩子思维能力与想象能力的发展。教师如何才能提高问题的有效性呢？

1. 关注幼儿实际情况发问

提问应该根据幼儿身心发展水平和年龄特点，以及本班幼儿的实际经验。例如，对小班的幼儿，语速应慢一些，问题应直白易懂一点。对大班的幼儿则可以用变化的语速来提高他们对问题的注意力与关注度。幼儿园的小朋友以具体形象思维为主，因此提问应该结合具体案例以及实际情况，帮助他们结合已有经验进行思考以及回答。

2. 问题要有吸引力

具有情景性与画面感的问题往往更容易吸引幼儿的注意。例如，"我们怎样来帮助水宝宝搬家？"比"我们怎样运水？"更能吸引幼儿的关注。

3. 问题的提出应该紧扣重点

问题太过笼统和宽泛会导致难以突出重点，幼儿的思维容易转到无关教育活动的内容中去，从而远离了教师提问的初衷。因此，将问题变得具体才能突出重点。如"小雨滴去哪里了"和"小雨滴落在哪里了"这两个问题，第二个问题更加直接有效。

4. 问题也要有一定的挑战性

过于简单的问题可能会使幼儿对活动内容失去兴趣，因此提问应该结合幼儿的最近发展区，为他们提供既有一定挑战，又能通过努力与合作解决的问题。这样更能激发幼儿的探究欲望与活动兴趣。

三、渗透性原则

作为活动的设计者，要把握这样一个原则：语言教育活动应当从语言角度来设计活动，语言活动是主线，其他学科的内容要自然地渗透在活动中。

语言教育活动是以语言教育为主的教育活动，在语言教育活动中，幼儿学习的主要内容是语言信息材料。但在活动中除了语言，还可以有艺术、科学、社会等不同领域的因素并存，体现幼儿教育的整合性和学科间的渗透性特点。

在设计活动时，还应注意下列两点。

一是，活动的要求、内容、形式，都应从语言角度进行思考，为幼儿提供适应其语言发展需要的学习机会。

二是，在语言教育活动中，其他领域活动因素的参与具有辅助的意义。什么时候辅助什么内容，要根据语言活动的需要而定，要有利于更好地完成活动目标。教师在设计活动时，既要将相关学科内容自然渗透到语言活动中去，又要最终落实到语言教育的根本点上来。否则活动将变成"大拼盘"，造成喧宾夺主的结果。

案例分析

谈话活动"品尝大会"

首先，老师与幼儿讨论：你最喜欢吃什么食物？这些食物吃起来有什么感觉？（答案如：味道甜甜的，咬起来脆脆的，吃起来黏黏的，闻起来香香的。）

其次，展示丰富的各式食品，邀请幼儿参加"品尝大会"。请幼儿根据喜好取用，品尝自己喜欢的食物。之后，幼儿以多种形式演唱歌曲《我是小小美食家》。

最后，品尝结束后，请幼儿轮流谈论所吃的食物，以及食用时有哪些感觉。老师记录幼儿谈话的结果，或请幼儿画在图画纸上。为幼儿提供原料，鼓励幼儿自己创作食物。

分析：本活动内容丰富、形式多样，但放在同一个活动里则显得缺乏主线，目标不明确，给人以拼凑杂乱的感觉。如果以食品为主题，分别通过几个不同形式的系列活动来渗透语言教育，就能帮助幼儿丰富语言交流的经验和感受；同时也为幼儿提供了轻松自由的语言交流环境和机会，从而较好地实现语言教育的目标。

四、层次性原则

语言教育活动是一种专门的教育活动，是有目的、有计划的教育过程。在设计这样的活动时，教师应具备正确的儿童观和教育观，了解全体参与幼儿的需求，站在全体教育对象的角度去考虑问题，把握活动设计的尺度。设计的活动既面向全体幼儿，又关注个别差异，使不同发展水平的幼儿都能得到发展。

理论研究成果已经证明，幼儿语言发展不仅存在差异，有些方面的差异甚至还很大。有的孩子喜欢说，有的孩子不乐意讲；有的孩子语言发展得较早，可以很流畅地表达自己的见解、要求和情感，而有的孩子语言发展有些迟缓，不善于表达自己的看法和思想。因此，在面向全体幼儿进行语言教育时，教师必须充分考虑幼儿语言发展上的差异性，关注到不同语言发展层次的需求。如教师在组织大班语言活动"有用的绳子"时，考虑到本班幼儿语言发展水平之间的差异，让幼儿先从看线条图说一句话，到说一段话，再到编出一个故事。在此过程中，教师充分关照了不同发展水平的幼儿，能使幼儿在原有水平上进行提高，让幼儿积极主动、有信心地参与到活动之中，达到预期的目标。

因此，在设计语言教育活动时，教师必须重视幼儿语言发展上的差异，根据本班幼儿语言学习个别化的特点，既要为能力较强的幼儿提供进一步提高水平的机会，也要为语言水平较低的幼儿提供发展的机会，从而为教育对象提供不同发展层次所需要的帮助，使每一个幼儿都能在其原有水平上得到提高。

五、积极活动的原则

幼儿处于人生的早期，幼儿的心理发展水平和认识客观事物的能力较低，不可能像成人那样，借助人类其他成员活动的结果来获得知识，而必须通过自己的活动，才能获得对外界的清晰印象，并将这些印象积累起来，形成知识和能力。由此可以说，幼儿的发展是通过活动而实现的。贯彻让幼儿积极活动的原则时要注意以下两点。

1.选材贴近幼儿生活，具有趣味性

例如中班语言活动"我长大了"，就可以选取小班时幼儿穿过的衣服、鞋子，让幼儿穿一穿、说一说，感受自己身体上、学习的本领等方面的变化，说说自己长大的表现，这样的选材能够调动其参与活动的积极性，增强活动的趣味性。

2. 引导幼儿在活动中进行操作

幼儿的活动是通过一系列的动作实现的，而实现动作的方式就是操作，因此可以说，没有操作就没有活动。但是，在对操作的认识上往往存在偏差，即认为学前儿童动作技能的训练，或学前儿童对某些物体的摆弄才是操作，其他诸如思考、语言交流等不是操作。其实，操作包括动手操作、动脑操作和动口操作等。因此，教师在组织语言教育活动时，要充分创造语言操作的条件，使幼儿在操作中习得和巩固语言。例如，在幼儿完整听完故事《三只蝴蝶》后，师生一起布置故事场景，幼儿在教师的指导下扮演故事中的角色，学说角色间的对话。幼儿活动积极性提高，全身心地融入了故事的情节发展中，故事表演活动在帮助幼儿理解作品内容的同时，也给幼儿提供了操作语言的机会，有助于语言表达能力的提高。

六、自由与规范相统一的原则

幼儿语言教育活动本身，是一种通过规范去学习语言的过程。这就要求：幼儿在规范的情景中，接受规范的语言，练习规范的语言，用规范的语言进行言语交际。但是教育的目的之一，又是让幼儿的个性得到自由发展，在自由中去创造。只有这样，幼儿在语言教育活动中才能主动、活泼地学习，和谐、充分地发展。因此，教师在组织语言教育活动时，应注意将自由与规范有机地结合起来。

在组织教育活动时，一方面，教师要创造让幼儿自由说话的机会。不论哪一种类型的语言教育活动，在幼儿掌握一种新的语言经验之前，都要提供一定的时间和空间，让幼儿运用已有经验自由地交谈。即使在幼儿获得了新的语言经验之后，也要允许他们在一定规范的范围内，自由练习所习得的新的语言经验。另一方面，教师也应引导幼儿养成运用规范语言的习惯。幼儿语言教育的目的，是使幼儿掌握规范的语言，因此，在给幼儿提供自由运用语言的机会的同时，万万不可脱离规范的要求。教师在组织语言教育活动时，要在语言形式、语言内容和语言运用方面，对学前儿童提出规范的要求。例如，要求儿童正确使用动词来说明动作，正确使用形容词来描述事物，正确使用方位词来指出方位，正确使用量词来表示物体的单位等，并且知道在什么样的情境中运用什么样的语言。

以上这些原则，是幼教工作者在长期的教育实践活动中总结出来的，在实践中应将这些原则因人因时相互配合使用，并在这些原则的指导下，设计出各种具体的适宜的教学方案。在这一过程中，主要依靠教师的理论素养，充分发挥教师的创新能力。

第二节　学前儿童语言教育活动设计的步骤

在组织教育活动之前，教师最重要的工作，就是设计教育活动的方案，包括制定活动应达到的目标、选择能实现目标的具体内容、构思活动过程等。学前儿童语言教育活动的设计，就是将一定的目标、内容及活动方式，转化成具体方案的过程，是对受教育者有计划、有组织、有目的地施加教育影响的具体体现。

设计一个完整的教育活动，一般包括制定活动目标、选择活动内容、拟定活动方案等部分。

一、制定活动目标

制定语言教育活动的目标，是语言教育活动设计中最重要的一环。它的恰当与否，将对整个活动设计产生决定性影响，直接影响到活动设计的方向、范围和程度。但是长期以来，幼儿语言教育中普遍存在只有内容没有目标，或者先选择内容后制定目标的现象，使教育出现了极大的盲目性。因此，要使幼儿语言教育活动达到预期的目的，产生良好的效果，就要制定好活动目标。教师在制定活动目标时应做到以下六点。

1. 目标应着眼于幼儿的发展

包含着两层意思：一是目标的制定应适应幼儿已有的发展水平，符合幼儿语言发展的规律；二是目标的制定应将促进幼儿的语言发展作为落脚点，落实到幼儿对语言内容、语言形式和语言技能的掌握上。

2. 活动目标的内容和要求在方向上应与总目标、年龄阶段目标相一致

也就是说，活动目标要为阶段目标和终期目标服务，通过一个个具体的活动目标，能最终达成年龄阶段目标和总目标。要根据幼儿的年龄特征和发展水平，由浅到深、循序渐进地提出目标，使幼儿从具体到抽象、从直接到间接地获得语言经验。

3. 目标应涵盖认知、情感态度和能力三个方面

也就是说，认知方面应涉及知识概念的学习，包括所获得知识的数量和种类，以及操作这些知识的技能。例如：要幼儿掌握多少词汇，掌握多少句式，以及懂得在什么样的语境下运用这些词汇和句式。情感态度方面应涉及情感态度的培养，包括兴趣、态度和价值观等方面的变化。再比如，要使幼儿形成有耐心且礼貌地倾听别人说话的态度，产生在集体面前讲述自己经历的事和图片内容的兴趣，懂得并遵守语言交往中的一般规则。能力方面，应涉及能力的训练，包括组词成句的能力和在具体语境中运用语言的能力。例如，根据不同的听者、不同的情境，恰当地运用有关的词汇、语法和语调；能用连贯的语句说清楚自己所要表达的意思，也能听懂别人所表达的意思。

4. 教育活动目标以幼儿为主体进行表述

活动目标是通过教育活动，实现幼儿在语言等方面的认知、能力、情感态度等方面的变化。教育活动目标不应以陈述"教师做什么"为主，因为教育活动目标预期的是幼儿的学习结果，用"教师应该做什么"的语句陈述，在逻辑上是讲不通的。

5. 考虑语言教育活动的不同类型

在幼儿语言教育中，五种不同类型的教育活动各自所要实现的目标是有所侧重的。譬如，文学作品学习活动主要是向幼儿展示成熟的语言，提高幼儿对语言多样性的认识，通过接触文学语言，鼓励幼儿创造性地运用语言，提高幼儿灵活运用语言的能力；而讲述活动，则偏重培养幼儿感知、理解、讲述对象的能力，独立构思与清楚、完整表述的意识、情感和能力，掌握对语言交流清晰度的调节能力等。

6. 教育活动目标的陈述，要尽量用具体、明确、可观察、可测量的行为术语

陈述幼儿要获得的学习结果预期，应尽量避免使用含糊的和不切实际的语言陈述教育活动目标。因为陈述教育活动目标是以具体明确的表述方式说明幼儿完成学习任务以后要达到的"目的"。目标不明确，对确定教育活动内容，对教育活动过程与教育活动策略的安排，以及对学习结果的评价，都是不利的。比如，早期阅读活动"农场里的叫声"，将目标定为初步了解象声词，就不具体，不便于检测。应避免语言上空洞无物，超越幼儿的实际水平，或概括性太强，用在哪一个活动方案上似乎都可行，缺乏具体的活动目标。制定具体、可测量的教育活动目标的目的：第一，是使整个教育活动过程目标明确，有利于教育活动的开展；第二，是更好地对教育活动的结果进行评价。再者，教育活动目标要有代表性，每一条教育活动目标均是单独的内容，目标内容之间不要有交叉重复。

例如，"有趣的广告"的活动目标为：

1. 结合"广告"创编内容，能用连贯、完整的语句表达自己的想法；

2. 培养耐心专注地倾听同伴谈话的好习惯，能理解别人谈话的主要意图；

3. 通过谈论和创编广告词，增加谈话的兴趣。

这样的活动目标本身，包括了语言认知目标、情感目标和语言行为习惯的培养等方面的内容，能够表明本次活动的具体目标和要求。

二、选择活动内容

语言教育活动的内容，是实现教育目标的手段，是将目标转化为幼儿发展的中间环节，也是设计

和组织活动的主要依据。因此，活动内容的选择是一个完美的语言教育活动设计的核心。要使选择的活动内容，能够真正体现活动目标，能够促进幼儿语言的发展，教师应注意以下方面。

1. 根据目标选择活动内容

教师在选择活动内容时，直接的参照点是活动目标，但需要将总目标和年龄阶段目标作为间接的参照点，否则将有可能偏离总的方向。根据目标选择活动内容，并不是说目标和内容必须要一一对应。实际上，一项目标往往要通过多种内容来达到，一种内容也可以同时体现几项目标的要求。例如，要求幼儿"乐于与人交谈，讲话礼貌"这一目标，就要通过多种活动内容来达到。

2. 围绕幼儿的已有经验选择活动内容

由于幼儿生活及知识经验较少，思维和理解能力受到限制，因此，要选择符合幼儿生活经验实际水平的教材，这样才能充分发挥其作用。为了让幼儿在生活中学习语言和运用语言，教师可以根据幼儿的认知水平和生活经验，从以下三个角度，将幼儿日常生活、周围环境和社会信息中大量的素材加以合理组织。

（1）教师可以大量选择幼儿关于自我的认识及日常生活经验的内容，进行合理组织，从多个角度"广而浅"地选择内容，引导、激发幼儿用语言表达情感和意愿。如小班选择"我的家""扮演爸爸、妈妈""食物宝宝""有趣的声音""我不怕黑"等，中班选择"能干的手""挥动的身体""有趣的书""玩具展览""搬新家"等，大班选择"营养配餐""生活中的数字""钱币""超市购物"等。

（2）教师可以选择幼儿能够理解的社会信息。根据幼儿的认知水平，选择幼儿易理解的周围信息加以组织，引导幼儿积极关注与讨论，为幼儿语言活动提供素材。如"世界杯足球赛事""天气预报""抗洪救灾""交通规则""马路上的标志""动物园游览图""职业服装"等。

（3）教师还可以选择幼儿可接受的科技信息。如"电话""特殊电话号码""桥""高速铁路""智能机器人"等语言教育内容。它们有较大的信息量，不仅使幼儿的语言表述、运用量大大增加，而且对幼儿思维的加工、概括起了积极的作用，使幼儿的语言和思维在相辅相成的过程中得到整合和有效发展。

3. 活动内容要有趣

幼儿年龄小，有意注意和记忆的能力较差，易受情感的影响。因此，选择富有童趣的作品，使他们感到新奇有趣，不仅能吸引幼儿的注意，而且能激发他们的情感，有利于幼儿轻松、愉快、积极、主动地学习。

三、拟定活动方案

为了实现学前儿童语言教育的目标，使语言教育活动更具目的性和计划性，教师在确定活动目标、选择活动内容的基础上，还须认真拟定一份合理的语言教育活动方案。从形式上看，活动方案只是将活动目标、活动内容、活动准备、活动流程，形成书面语言，实质上，它包含着一定的教育指导思想和理论观点，使教育活动实践沿着预定的轨道、朝着预期的目标前进。教师拟定活动方案时，不能使活动方案成为教师具体实施语言教育活动的桎梏，而应该成为教师进行再创造的温床和土壤，使幼儿成为真正的受益者。教育活动方案的写法多种多样，但一般都包含以下六项内容。

1. 活动名称

要写清楚语言教育活动的具体类型，适合的年龄班，具体内容是什么，如"中班文学活动'我是三军总司令'"。活动名称要简洁，并易于幼儿接受。

2. 活动目标

这是通过本次教育活动应该达到的具体目标。活动目标要涵盖认知、情感、能力三个方面。例如，古诗《春晓》的教学活动目标可定为：帮助幼儿理解古诗的内容，从中感受春天；引导幼儿学习朗诵古诗，感受古诗的语言美；培养幼儿对祖国文化遗产的热爱。重点理解字词："春晓""春眠""闻""啼鸟"。正音："春"（chūn）、"声"（shēng）、"知"（zhī）。

3. 活动准备

活动准备是指教师对语言教育活动内容和活动方式进行初步思考后所做的工作，包括相关的物质准备或经验准备。物质准备主要指教具、学具、教学设备及场地的准备，知识准备主要指在活动前丰富幼儿相关的知识、经验或某种技能等。

例如，关于"春天"的讲述活动，讲述前可以带幼儿到田野、草地、小河边感受春天，这样在讲述"春天"时，幼儿就有话可说，表达也丰富了。又如"拼图讲述"活动，幼儿初次往往不会拼图，最好在活动前教会幼儿拼各种图形，这样活动时就顺利了，也不会因此浪费时间。

4. 活动过程

语言活动方案的写法不拘一格，但从总体内容上来分析，一般包括开始部分、基本部分、结束部分。在编写活动方案时，也可以按照教学的环节和步骤，具体地加以设计和编写。

（1）开始部分

主要是组织教学活动，集中幼儿注意力的重要环节。教师需要设计一个新颖的内容，把幼儿的注意力吸引到教学活动中来。开始部分的设计要具有情、新、奇、趣的特点。即要富有感染力，能激起幼儿思考和探究的欲望，富有情趣，使他们感到新奇。在语言教学活动中，一般常采用以下方式导入。

儿歌、谜语导入：以儿歌、谜语引出教学内容。如小班语言活动"小小电话"，就可以这样引入："丁零零，丁零零，这儿说话那儿听，两人不见面，说话听得清。"当幼儿猜出谜底"电话"时，便可以自然地引入教学内容。

演示导入：运用与教学内容密切相关的小教具或道具，加以演示，再巧妙引入课题。如谈话活动"有趣的广告"可以先播放几段广告视频来导入活动。

承接的方式导入：以与本活动相关的小朋友较熟悉的内容，巧妙衔接并导入新内容。如教学散文诗《冬爷爷的胡子》时，可以这样导入："请小朋友告诉老师，你爷爷的胡子是怎样的？谁知道冬爷爷的胡子是什么样的？"

故事导入：通过讲述与活动内容相关的小故事，自然导入。诗歌、古诗常采用这种方式。如学习绕口令《打醋买布》，可以用一则小故事引入内容："有一位姓顾的老爷爷，他到街上去买一瓶醋，还想买一块布……"由于这则故事贴近幼儿生活，幼儿在理解的基础上学习绕口令，就容易多了。

悬念导入：教师通过精心设计的问题，制造悬念，激起幼儿的探索欲望，导入新课。如学习故事《小羊和狼》，教师可以说："狼最喜欢吃羊，是不是羊一遇到狼就会被吃掉呢？小朋友听完故事《小羊和狼》，就知道了。"短短的几句话，激发了幼儿强烈的好奇心，促使幼儿集中注意力听教师讲故事。

歌曲导入：选取与活动内容有密切联系的歌曲，让幼儿在活动开始时吟唱，也是一种好的导入方法。如谈话活动"夸夸我的好妈妈"，开始可组织幼儿演唱歌曲《我的好妈妈》，用歌声感染幼儿，调动幼儿的积极性。又如大班学习诗歌《春天的秘密》前，让幼儿欣赏歌曲《春天在哪里》，使幼儿从歌曲中获取更多的有关春天的知识，为后面的活动做好铺垫，也调动了幼儿的兴趣。

情境表演导入：这种方法是由教师事先排练一段情境表演，活动开始时让幼儿观看，随着情节引发出的问题展开讨论，再进一步引入新内容。如大班语言活动"想办法"，就可以用这种方法来导入。可以设计以下情境让幼儿观看：奶奶戴着眼镜在缝衣服。小明和小伙伴在一旁踢毽子。突然一不小心，奶奶的针掉到地上。奶奶怎么找也找不到。小明和小伙伴一起想办法帮奶奶找针。这时，教师再引导幼儿讨论找到针的办法，鼓励幼儿各抒己见。当幼儿说出某种可行的方法时，教师就给予肯定，并启发他们想出更好、更省力省时的方法。这样的引入，能使幼儿的注意力迅速地集中起来，并将问题自然地呈现在幼儿面前，使幼儿产生解决问题的愿望。

游戏导入：游戏是幼儿最喜爱的活动，因此在活动时可以用游戏的方式来引出活动，激发幼儿的学习兴趣。如看图讲述"捉迷藏"，开始时教师告诉幼儿："今天小动物来和我们一起捉迷藏，你们赶快躲起来。"于是，幼儿纷纷躲藏，教师扮演小动物开始寻找，让被找到的幼儿，用方位语言描述自己刚才躲藏的地方。然后，教师通过游戏性的口吻，自然地引出了"捉迷藏"这一新内容。

值得注意的是，语言教育活动的导入环节不是活动的主体，更不是活动的重点，它所占的时间一般较短。此外，一个活动的导入方式并不是唯一的，而是多种多样的。只要教师时刻站在幼儿的角度，立足于幼儿的身心发展特点，就一定能设计出有吸引力的导入方法，从而使教学收到预期效果，更好地开展语言教育教学活动。

（2）基本部分

这是活动的主体部分。具体如何设计活动，要由内容来定。不同类型的语言教育活动，它的基本部分有自身特定的结构和模式。如果是语言教学游戏，要交代游戏规则，示范参与游戏，再带领幼儿参与游戏，还要进行游戏评价。如果是讲述活动，则要引导幼儿感知理解讲述对象，运用已有经验讲述，然后引进新的讲述经验，最后巩固和迁移新的讲述经验。

这部分是活动方案的主要内容，要写得略详一些。要求步骤清楚、环环相扣、时间分配合理。

（3）结束部分

这是活动的最后环节。一个完美的结束形式，可以对一个活动起到画龙点睛的作用。因此，教师要精心设计结束部分。结束部分有很多形式，常用的有以下三种。

① 总结性结束：教师把活动的主要内容加以总结，加深幼儿对活动的印象，帮助幼儿有重点地记住活动内容。

② 悬念性结束：是指教师的"结尾性"教学用语具有悬念性，能够激发幼儿的想象和探索的欲望，为延伸活动做铺垫，也可为幼儿提供更广阔的空间。如活动"龟兔赛跑"，在结束部分教师设问："如果龟兔举行第二次赛跑，谁会赢呢？为什么？"

③ 活动性结束：可采用和教学内容相关的游戏、表演等活动方式结束活动。如活动"龟兔赛跑"在结束时，教师弹奏乐曲，幼儿学乌龟爬行或小兔子跑跳，在自由表演活动中结束。

活动的结束也要讲究教学艺术，一般要简洁明快、生动有趣，使幼儿有意犹未尽的感觉。具体选用哪一种方式，均须在教案中简练、明确地写出来。

5. 活动延伸

语言教育活动可以围绕几个方面进行拓展和延伸：日常生活、家庭、其他领域（科学、健康、社会、艺术领域）、区角活动、环境创设等。

6. 活动评价

评价是学前儿童语言教育活动整体结构的一个组成部分。活动评价起着反馈、诊断和增效的作用。教师在拟定语言教育活动方案时，就应设计好评价的标准和范围，增加语言教育的科学性和有效性，以便具体的教育活动结束后及时进行评价。

总之，教学活动方案是教师教学活动的理论依据，是教学设计的书面表现形式，无论详略都应当认真规范，条理清楚，表述恰当，美观实用。

使用活动方案时应注意：使用前，进一步熟悉方案内容；活动时能熟练使用，根据活动实际需要，可以灵活调整活动方案；活动后要及时写出教学记录，对活动中的得失进行反思。

拓展阅读

学前儿童语言教学方法

一、示范模仿法

示范模仿法是指教师通过自身的规范化语言为幼儿提供语言学习的样板，让幼儿在良好的语言环境中自然地模仿学习。有时，也可由语言发展较好的幼儿来示范。

案例一

小姑娘和蘑菇

《小姑娘和蘑菇》写的是两个小姑娘采了蘑菇回家，要穿过一条铁路，她们以为火车离得还很远，便爬上了路基，准备穿越轨道，却忽然传来火车的轰隆声。

小姐姐赶快折了回来，小妹妹却跑到铁路那边去了。小姐姐对小妹妹喊道："别往回走！"可是火车已经近了，响声太大，小妹妹没听清楚，以为小姐姐叫她往回走，结果绊倒在轨道上。火车离得更近了，司机拼命鸣笛。因刹不住车，火车呜呜地吼着从小妹妹身上开过去。小姐姐哭啊、喊啊，乘客都从车窗里向外张望。书中小姐姐的焦急万分、小妹妹的幼稚无知，都展现得十分真切，急促的叙述节奏更增添了情节的惊险、紧张，使人几乎要屏住呼吸，为小妹妹的生命安全提心吊胆。所以，教师在为幼儿示范讲故事时，要充分运用悬念，吸引幼儿的兴趣，让幼儿有身临其境的感觉。

二、视听讲结合法

视听讲结合法是以观察法结合幼儿语言学习的特殊性而提出的方法。"视"是指教师提供具体形象的讲述对象，如实物、录像、图片、图书、情景表演等，让幼儿充分地观察；"听"是指教师用语言启发、引导、暗示、示范等，让幼儿充分地领会；"讲"是指幼儿自己讲述。这三方面要有机结合，缺一不可。

"视、听"是为"讲"服务的，在"讲"的过程中，促进幼儿语言能力的发展。这是幼儿学习讲述、发展幼儿连贯性语言的有效方法。

三、游戏法

游戏法是指教师运用有规则的游戏，训练幼儿的正确发音和丰富幼儿词汇、帮助幼儿学习句式的方法。众多的幼儿语言游戏，正是运用游戏法的具体体现。

案例二

熊猫吹泡泡

准备"熊猫吹泡泡"贴图一张，在熊猫的嘴边开一道口子，把一个个写有拼音字母的"泡泡"藏在里面。

游戏开始时，教师对幼儿说："熊猫要吹泡泡了，大家要看清泡泡上写着什么。"

教师然后抽出一个"泡泡"让幼儿朗读。

读好后大家一起念儿歌："小熊猫，吹泡泡，泡圆圆，飞得高；比比谁的本领大，看看谁能读得好。"

教师再抽出一个"泡泡"让幼儿朗读，游戏依次反复进行。

四、表演法

表演法是指在教师的指导下，幼儿学习表演文学作品，以提高口头语言表现力的一种方法。教师必须在幼儿理解诗歌内容，并能熟练朗读的基础上，指导幼儿正确地运用声调、韵律、节奏、速度等进行诗歌朗诵表演。也需要教师在幼儿理解故事内容、熟悉人物对话及体会角色心理的基础上，指导幼儿正确地运用语言、表情、动作等扮演角色，进行故事表演。

案例三

蝴蝶姑娘嫁丈夫

表演《蝴蝶姑娘嫁丈夫》时，可以由一名幼儿扮演蝴蝶姑娘的角色，其余三至四名幼儿扮演相送者。当念诵"哗嘟嘟，哗嘟嘟，蝴蝶姑娘嫁丈夫"时，扮演"蝴蝶姑娘"的幼儿站在中间，大家一起做手拉手的摇摆动作，或者几人并排互相将手搭在对方肩上以示喜庆场面；当念诵"谁奏乐？知了吹笛蛙打鼓"时，可以由"蝴蝶姑娘"念第一句"谁奏乐"，其余幼儿一起念"知了吹笛蛙打鼓"，并做吹笛、打鼓的动作；当念诵"谁提灯？小河边上的萤火虫"时，可以几人一起做提灯动作，注意提灯的手势略微高一点；当念诵"谁搀扶？螳螂来当搀扶婆"时，可以几人上去搀扶"蝴蝶姑娘"，但注意动作要有美感，最好是优美的舞蹈动作，不能显得凌乱；当念诵"谁相送？蚂蚁哥哥带队伍"时，可以几人排着队、唱着歌相送。当然，所有参与表演的幼儿的表情都是欢快、喜庆的，动作设计、歌舞音乐等都可以灵活调整，只要适宜、恰当即可。

五、练习法

练习法是指有意识地让幼儿多次使用同一个语言元素（如语音、词汇、句子等）或训练幼儿某方面语言技能、技巧经常采用的一种方法。练习的方式应生动活泼，形式变换多样，从而调动幼儿练习的积极性。例如，让幼儿练习发准"四"和"十"的音，可以引导幼儿朗诵儿歌《四和十》，采用男孩、女孩对练朗诵、分组接龙、每人读一句等方式进行。《妞妞扭牛》是一首流传很广的儿歌、绕口令，可扫二维码查看。

妞妞扭牛

本章小结

本章我们学习了"学前儿童语言教育活动设计的原则"和"学前儿童语言教育活动设计的步骤"。"学前儿童语言教育活动设计的原则"即发展性原则、交互性原则、渗透性原则、层次性原则、学前儿童积极活动原则和自由与规范相统一原则六项，这些原则是幼儿教师开展语言教育活动时应遵循的基本准则，可结合具体情况灵活运用。"学前儿童语言教育活动设计的步骤"包含"制定活动目标""选择活动内容"和"拟定活动方案"三个步骤，其中"制定活动目标"决定了内容的选择和方案的制定。教学活动方案一般包含活动名称、活动目标、活动准备、活动过程、活动延伸和活动评价等部分。教学活动方案是教师组织教育活动的理论依据，是教学活动设计的书面表现形式，应该认真规范、条理清晰、表述恰当、美观实用。

▶▶ 思考与练习

习题答案

1. 设计幼儿园语言教育活动时应遵循哪些原则？
2. 结合本章案例分析其所包含的教学设计原则。
3. 幼儿园语言教育活动的一般程序有哪些？
4. 幼儿园语言教育活动方案主要包括哪几部分内容？
5. 以中班诗歌《春风》为材料，设计一篇活动方案并进行试讲练习。

附诗歌

春　风

春风一吹，芽儿萌发
吹绿了柳树、吹红了山茶
吹来了燕子、吹醒了青蛙
吹得小雨轻轻地下

▶▶ 案例示范

案例一

语言活动"有趣的线条"（大班）

活动目标

1. 在操作中对线条图展开想象，发展创造性想象能力。

2. 能完整、清楚地表达自己的想法，发展口语表达能力。

3. 进一步学习创编故事。

活动准备

1. 线条图两张，各种颜色的毛线每人一条。

2. 视频转换仪一台。

活动过程

一、看线条图谈话

1. 出示粘在纸上的线条图，激发幼儿想象。

师：昨天老师在织毛衣时，发现毛线可以甩成许多图案。你们看，图上的线条多有趣呀！小朋友，你觉得它像什么呢？

2. 转动线条图，变换线条的方位，激发幼儿新的想象。

师：横着看线条像什么？竖着看线条像什么？倒过来看线条像什么？

师：如果你能用上形容词来说，像什么样的山峰、像什么样的波浪……就更好了！

二、引导幼儿操纵毛线形成线条图，进行想象的发散

1. 教师示范甩毛线的方法。

教师甩动绳子后松开手，让绳子自然落地形成线条图。

2. 引导幼儿采用多种甩绳的方法。

引导幼儿采用多种甩绳的方法，如抓住绳子的一头甩动，或抓住绳子的中间甩动，或将绳子向上抛，或转圈甩动绳子等，形成差异较大的线条图，以促使想象的发散。

师：小朋友们看，线条图现在又像什么呀？

三、分散玩线条游戏

1. 幼儿自主操作讲述，要求幼儿能将线条图编成一段话。

（1）幼儿操纵毛线形成线条图并讲述，教师巡回观察、指导。

（2）请个别幼儿讲述，及时帮助幼儿讲完整语句。

2. 幼儿继续操作讲述，要求幼儿能将线条图编成一个故事。

（1）幼儿继续边操作毛线绳边创编故事，教师巡回观察、指导。

师：小朋友们想一想，我们能不能把我们的线条图编成一个故事？讲清故事发生在什么地方？有谁？它们在干什么？结果怎样？编好后讲给旁边的小伙伴听。

（2）请个别幼儿讲述自己编的故事，要求讲述的幼儿声音响亮，语句、情节讲述完整，其他幼儿能耐心、专注地倾听。

四、教师小结，结束活动，肯定幼儿在活动中的表现

师：今天我们跟毛线做游戏，开心吗？小朋友们都很会动脑筋，编了许多好听的故事。我想小、中班的弟弟妹妹也一定很喜欢听，我们一起去讲给他们听。

案例二

文学活动"快乐的小气球"（中班）

活动目标

1. 理解故事的主要内容，学讲故事中的对话和短句："别着急，我来帮助你""……谁有困难我来帮"。

2. 初步尝试表演故事，体验参与表演的快乐。

3. 懂得当别人有困难时要想办法帮助，感受帮助别人的快乐。

活动准备

1. 小鸟和小鸡的头饰若干。

2. 实物气球数只，纸（一开大小）一张，各种颜色的水彩笔若干支，创设表演情境（树、草地、小河、荷叶、小鸟的家）。

活动过程

一、通过谜语导入活动

教师出谜语——"一物真奇怪，胖也快，瘦也快，胖能天上飞，瘦了落下来"，幼儿猜谜引出故事主角。

二、完整欣赏故事

1. 教师有感情地讲述故事。

2. 教师提问：故事的名字是什么？故事里有谁？谁遇到了困难？谁救了它们？

三、教师分段讲故事，幼儿学讲故事中的对话和短句

1. 教师用边讲边画的形式，帮助幼儿理解第一段故事——小气球帮助小鸟。

（1）老师边讲边画，画至小气球时连忙问："小鸟，小鸟，你为什么哭呀？"

提问：

① 小鸟为什么要哭？（引导幼儿仔细观察图片）

② 小气球看到了，会对小鸟说什么？

③ 小气球会想什么好办法帮助小鸟？

（2）教师继续把第一段故事讲完。

提问：小气球帮助小鸟后心里的感受怎么样？

教师小结：原来帮助别人是一件很快乐的事情，这真是只快乐的小气球。

2. 教师用边讲边画的形式，帮助幼儿理解第二段故事。

（1）老师边讲边画，至小鸡掉到河边的荷叶上了，提问：这可怎么办呀？

（2）"我们来看看小气球是怎么做的。"幼儿学说短句："别着急，我来帮助你！"

（3）"小气球帮助了小鸟，现在又帮助了小鸡，心理感受又是怎样的呢？"

四、讨论交流

说一说自己帮助过谁？帮助别人之后，心情怎么样？

小结：我们要向故事中的小气球学习，当别人遇到困难的时候，我们要主动地去帮助他们，帮助别人过后，我们也会得到快乐。

五、故事表演

1. 个别幼儿表演。

请三位能力较强的幼儿分别扮演小气球、小鸟、小鸡，戴上头饰，进行故事表演，起示范作用。

2. 幼儿集体表演。

请三分之一的幼儿拿着小气球；三分之一的幼儿扮小鸟；三分之一的幼儿扮演小鸡；听录音，集体表演故事。

案例三

文学活动"太阳和月亮"（小班）

活动目标

1. 理解诗歌内容，感受诗歌所表现的"热闹"和"静悄悄"。

2. 在初步掌握诗歌结构的基础上，能根据已有的经验进行创编。

活动准备

1. 白天（图中有太阳）、黑夜（图中有月亮）背景图片各一幅；醒着的小鸟、小花、小朋友，睡着的小鸟、小花、小朋友等小图各一张；课件。

2.热闹的音乐和安静的音乐各一段。

活动过程

一、导入，引起幼儿兴趣

1.今天，老师请来了两位客人，看看是谁呀？（太阳和月亮）

2.太阳是什么时候出来的？月亮是什么时候出来的呢？

3.过渡：太阳和月亮带来了一首好听的诗歌《太阳和月亮》。仔细听听诗歌里有谁。

二、分段欣赏诗歌

（一）学习诗歌第一段

1.教师配乐朗诵诗歌第一段。

2.教师提问：太阳出来了，谁醒来了？白天怎么样？

3.幼儿跟随课件，学习诗歌第一段。

（二）学习诗歌第二段

1.伴随着课件，教师有感情地朗诵诗歌第二段。

2.教师提问：月亮出来了，谁睡着了？黑夜怎么样？

3.幼儿学习朗诵诗歌第二段。

三、完整地欣赏诗歌《太阳和月亮》

1.教师完整朗诵诗歌。

2.幼儿分组朗诵诗歌。

3.幼儿加入动作表现诗歌内容。

四、创编诗歌

1.太阳出来了，小鸟、小花、小朋友醒来了，还会有谁醒来了？晚上，还会有谁睡着了？引导幼儿说：××醒来了，××睡着了。

2.将幼儿创编的内容串联起来形成新的诗歌。

附儿歌

太阳和月亮

太阳出来了，	月亮出来了，
小鸟醒来了，	小鸟睡着了，
小花醒来了，	小花睡着了，
小朋友也醒来了，	小朋友也睡着了，
白天真热闹。	夜晚静悄悄。

第五章

学前儿童谈话活动的设计与指导

>> **目标导航**

PPT 教学课件

1. 了解谈话活动的含义和特点。
2. 把握谈话活动的目标。
3. 掌握谈话活动的基本结构。
4. 能独立设计并组织开展谈话活动。

>> **知识导图**

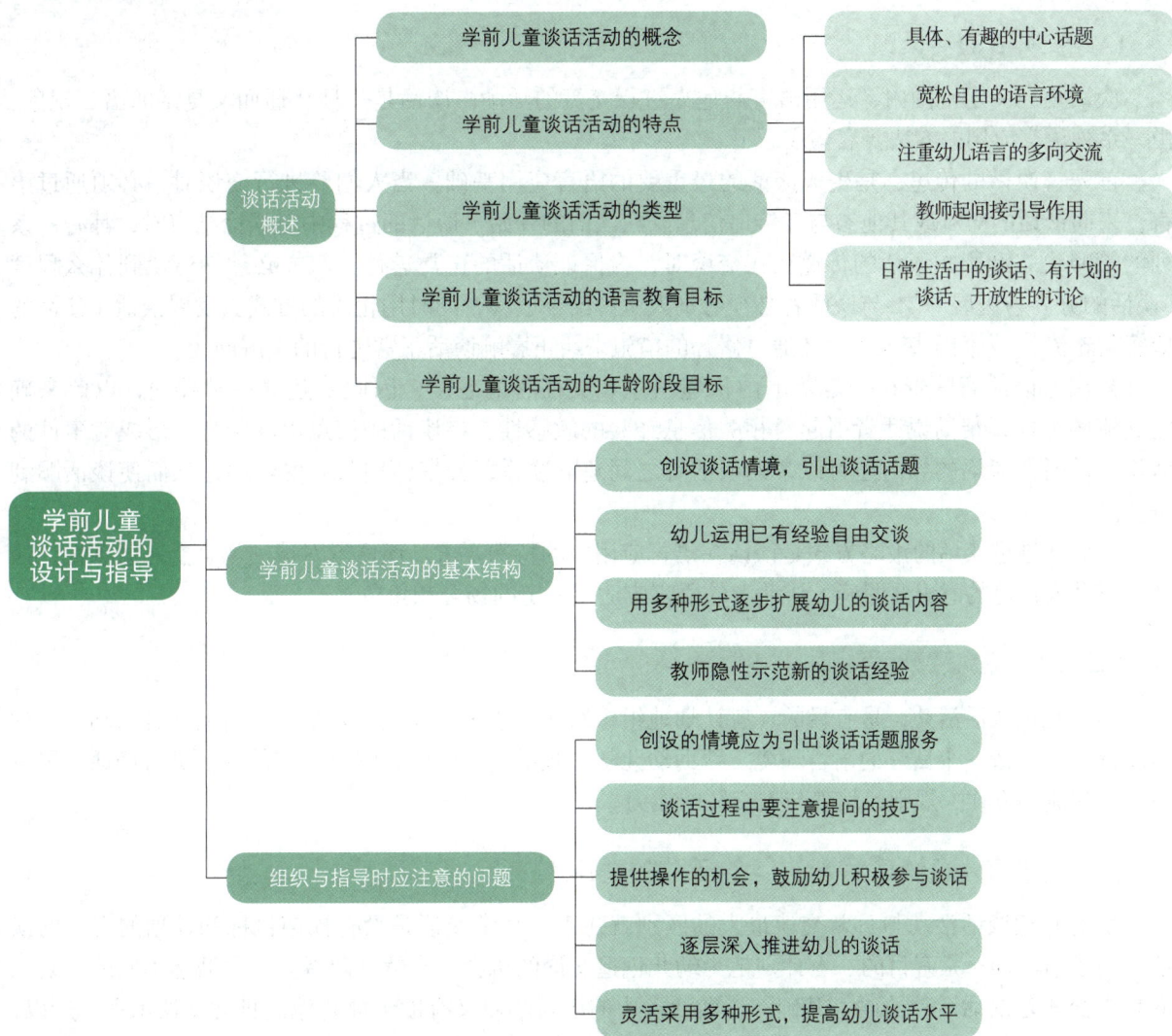

> **教师导学**

一天，明明和其他小朋友在玩游戏时不小心碰伤了鼻子，引发了小朋友们的关注。中班的幼儿对鼻子的功能和保护方法有了一定的生活经验，而且日常生活中也经常遇到鼻子不舒服或受伤流血的情况。围绕幼儿既熟悉又需要进一步了解的掌握保护鼻子经验的话题展开谈话，能够让幼儿愿意讨论这一话题。

在谈话过程中，教师如何避免枯燥、说教，做到吸引幼儿，激发幼儿参与谈话活动的兴趣呢？幼儿园教师在组织幼儿谈话活动时还应注意哪些问题？

谈话是人们日常生活中非常普遍而又极为重要的活动。在学前儿童谈话活动中，教师根据一定的语言教育目标，选择合适的谈话内容，将语言教育的任务付诸实践，对儿童的语言发展产生影响。谈话活动能激发儿童与他人交谈的兴趣，能帮助儿童习得谈话的基本规则，能增强儿童通过交流获取信息的意识，能引导儿童关注周围生活，促进儿童建立良好的同伴关系。在幼儿园各种类型的语言教育活动中，谈话活动具有独特的促进幼儿语言发展的功能。

第一节　学前儿童谈话活动概述

一、学前儿童谈话活动的概念

（一）谈话的要素

谈话是在一定范围内，运用语言与他人进行交流的活动。谈话是一种普通而又复杂的语言现象，由一系列语言应用的方法要素构成。

首先，谈话的传递，是生成谈话的最重要的语言应用基础。当人们要进行交谈时，必须通过语言，来向谈话的对方或其他参与者传递信息。在谈话的开始、谈话的过程中、谈话结束时，都有一系列的策略决定和影响谈话的传递。在交谈时，为保证谈话的正常进行，双方必须知道谈到什么程度（谈话的分界与进展），参与谈话者必须对别人所说给予应答，同时用轮流的方式去发展谈话（谈话的应答与轮流）。人们在交谈中，还通过修补的措施来纠正影响谈话正常进行的误解问题。

其次，谈话意味着在一定范围内传递信息和交往者的态度，因此要建立一种导向，以此来确定交流的方向，帮助说话者引起对相关信息经验的敏感性，将谈话的信息串联起来，形成对事件的认识。同时，谈话的导向还可以帮助谈话者之间建立联系，分享他们共有的经验，从而使谈话顺利进行。

最后，推进谈话的策略方式是谈话在语言应用中的特殊要求。谈话者对谈话场合要有敏感性，谈话者对个人角色的意识要明确，谈话者的语言应适应一定的场合和角色。

（二）学前儿童谈话活动

学前儿童谈话活动，是有目的、有计划地组织幼儿，通过相互交谈来学习语言的教育活动。这种活动旨在：创造一个良好的语言环境，帮助幼儿学习倾听别人谈话，围绕一定的话题进行谈话，习得与别人交流的方式、规则，培养与人交往的能力。

（三）学前儿童谈话活动与其他活动的关系

学前儿童谈话活动与日常交谈最大的区别就在于：日常交谈是没有预期目标和计划的自发的谈话，而谈话活动，是有目的、有计划地为幼儿创造交谈的机会。当然，两者并不是截然不同的。幼儿的日常交谈是谈话活动的语言基础，谈话活动中的语言学习又有助于提高他们日常交谈水平。所以，这两种不同场合的语言形式，对促进幼儿运用口头语言、与他人交往能力的发展，有着相互促进的作用，都是提高幼儿语言能力的好机会。

谈话活动与科学教育的"总结性谈话"之间的区别，主要反映在活动目的和内容两方面。科学教育的"总结性谈话"，目的在于帮助幼儿更好地认识相关的科学教育内容，通过谈论所学对象，来巩固加深幼儿的认识。而谈话活动，主要侧重培养幼儿的语言能力，并不特别考虑话题内容的认识范畴，教师在设计谈话活动时，需要较多地注意让幼儿围绕某一话题"说些什么"和"怎么说"。

幼儿园五大领域的活动内容有着综合渗透的共性特点，是不可截然分开的。科学教育的总结性谈话，渗透着语言教育内容，而语言教育的谈话活动，也有可能综合科学教育的内容。

二、学前儿童谈话活动的特点

（一）具体、有趣的中心话题

谈话活动是教师有目的、有计划组织的一种教育活动。共有的话题限定了幼儿交流的范围，主导了幼儿谈话的方向，使幼儿交谈带有一定的讨论性质，促进幼儿的谈话向纵深发展。以谈话活动"我喜欢的图画书"为例，教师将幼儿的谈话范围限定在每个人喜欢的书的方面，幼儿的交流便随着教师的指导，围绕着"我喜欢的图画书"层层深入，不会使话题游离于"我喜欢的图画书"之外。

在幼儿园的谈话活动中，成功的中心话题，往往必须具备三个特征。

1. 幼儿对中心话题具有一定的经验基础

"生活是语言的源泉。"幼儿的生活经验越多，谈话的素材积累得越多，谈话的内容便越丰富，谈得就越生动、形象。幼儿生活中某些大家共同经历的事，或是电视台新近放映的一部动画片等，能够使幼儿产生交流和分享的愿望，就可成为有趣的中心话题。

2. 幼儿对中心话题要有一定的兴趣

幼儿更多地关注他们感兴趣的事物。若是强迫他们说不感兴趣的事物，不但不能收到预期的效果，有时甚至会适得其反。因此，谈话活动的内容首先应该是幼儿感兴趣的，能够像磁铁一样牢牢吸引幼儿的注意力，让他们想说、愿说、敢说、能说。若谈话主题是幼儿所不熟悉的，比如"糖果原料加工"，幼儿便无法就这一话题进行饶有兴趣的谈话。

3. 中心话题应是幼儿共同的关心点

谈话活动是一个双向或多向的活动，仅有个别幼儿的关注和喜爱还不够，必须是大家共同关心的话题，调动所有幼儿参与到活动中来。

拓展阅读

幼儿园主题谈话内容涉及的主要方面

友善与合作：讨论友情、互助、分享等内容，培养孩子们的友善和合作意识。

健康与安全：谈论营养饮食、健康生活习惯、防火、交通安全等内容，帮助幼儿建立良好的健康与安全意识。

环保与节约：通过讨论培养幼儿的环保意识和节约习惯。

自我服务：鼓励幼儿讲述自己会做的事情，并乐于参与个别交谈与集体交谈。

初心与使命：讨论党的初心和使命，强调忠诚、有担当的重要性。

假如我是……：鼓励幼儿大胆、连贯地讲述自己的愿望，尝试大胆想象。

（二）自由宽松的语言环境

一个自由宽松的语言环境包括物质和心理两方面。教师可以利用墙饰、活动角布置、座位的安排等，为谈话活动创设一个物质上丰富新奇的交谈氛围；在谈话活动中，教师可引导幼儿围绕自己感兴趣的中心话题，自由地表达个人见解，为幼儿谈话创设一个心理上自由宽松的交谈氛围。无论原有经验如何，无论幼儿用什么样的表达方式，都可以让他们把自己想说的话说出来。例如在"我喜爱的糖果"谈话活动中，幼儿根据自己的经验、感受，谈论自己带来的糖果、自己最喜爱的糖果、自己认为最有趣的糖果。有的幼儿认为巧克力是最好吃的糖果，并说出一定的理由；有的幼儿则喜欢"音乐糖"，因为一吃会发出好听的音乐声；还有的幼儿对一种特殊的糖果——"魔怪糖"感兴趣，他们喜欢吃了这种糖果后舌头变色的感觉；等等。

谈话活动宽松自由的气氛主要体现在两个方面。第一，不要求幼儿统一认识，允许幼儿根据个人感受发表见解，针对谈论主题说自己想说的话，说自己的独特经验。第二，不特别强调规范化语言。谈话活动鼓励幼儿愿意交谈，积极说话，善于表达个人想法，但不一定要求他们使用准确无误的句式，完整连贯的语段。实际上，谈话活动重在给幼儿提供说的机会，让幼儿在用语言交流的过程中操练自己的语言，并产生相互影响，发展自己的语言。

（三）注重幼儿语言的多向交流

谈话活动注重幼儿运用语言与同伴、教师等多向的交流。从语言信息量来看，当儿童围绕中心话题进行交谈时，他们的思路是发散的，而不同个体间的经验也多种多样，因此在谈话中，每个幼儿获取的信息量都比较大。从交往的对象来看，幼儿有时在全班面前谈论个人见解，有时在小组里与几个幼儿交谈，有时与邻座幼儿或教师进行个别交谈。

（四）谈话活动中教师起间接引导作用

教师是学前儿童谈话活动的设计组织者，但是在谈话活动中，教师的指导作用，以间接引导的方式出现，他们往往以参与者的身份参加谈话，给幼儿以平等的感觉，这也是创造谈话活动宽松气氛的一个重要因素。

教师在谈话活动中以参与者的角色身份出现，并不表明这场谈话成为任意的、无计划的交谈。教师在设计组织谈话时，仍然需要按照预定的目标内容，紧扣谈话的中心话题，有效地影响谈话活动的进程。在谈话活动中，教师的间接引导往往通过两种主要方式得以体现。第一，用提问的方式引出话题或转换话题，引导幼儿谈话的思路，把握谈话活动的方式。第二，教师用平行谈话的方式，为幼儿做隐性示范。教师通过谈论自己的经验，比如自己喜欢的糖及喜欢的原因等等，向幼儿暗示谈话时组织交流内容的方法。应当说，教师在谈话活动中的指导方法，不同于其他语言教育活动，因而也成为这一类活动的独特之处。

三、学前儿童谈话活动的类型

（一）日常生活中的谈话

这是谈话活动的一种重要形式。日常生活中的谈话带有极大的情境性和感情色彩，交谈的话题极其丰富，交谈的对象经常变化，交谈可以在任何情况下开始或结束，不受时间、空间、年龄、对象的限制。它是发展儿童口语的重要途径，主要有两种形式。

1. 日常个别谈话

教师利用一日生活的各个环节（早晨入园、晨间锻炼、盥洗、活动过渡环节、离园等），与部分幼儿就某个话题进行交谈。但这种交谈并不是随意进行的，而是经过了一定的计划和准备，教师要事先考虑好与哪些儿童交谈，谈什么，在交谈中发展他们的哪些语言技能和态度。教师应该把这部分内容列入一日活动计划中。例如，周一早上入园时，教师计划与班上较内向的、语言能力相对较弱的四名儿童交谈，话题是：快乐的星期天。通过与儿童交谈，培养他们主动、大胆地与人交往的能力，鼓励儿童主动表达的积极性。

2. 日常集体交谈

与个别谈话相比，日常集体谈话的话题更自由，可以同时有多个话题。形式更活泼，可以是师生间的谈话，也可以是同伴间的谈话或是师生、同伴间的讨论等。这种谈话也遵循着"自由参加"的原则，儿童可以参加或不参加谈话活动。例如，每天散步时，教师可以就园内的花草树木或其他的环境变化与儿童进行交谈和讨论。教师可以问"滑梯旁新添的轮胎秋千可以怎么玩？你们猜一猜是谁把它搬到这儿来的？我们要怎样爱护轮胎秋千？"等。通过这样的谈话活动，教师既可以经常为儿童提供机会，锻炼他们的表达能力，又可以培养儿童的观察力和注意力。

（二）有计划的谈话活动

这类活动是教师制订一定的计划和教育活动方案，依据事先确定的话题，有目的地组织儿童进行交谈的活动。谈话的话题可以各式各样，谈话的话题可以由教师拟定，在大班也可以请儿童参与拟定。

（三）开放性的讨论活动

讨论活动是一种特殊的谈话活动形式。说其特殊，是由于它在话题形式、语言交往和教师指导上都有其开放性的特点。

讨论活动的话题，一般都是开放性的问题，同时讨论所涉及的事物，应是与儿童已有生活经验相符合，但对儿童来讲又有一定难度的。例如，讨论话题是："假如你有一盏阿拉丁神灯，你会做什么？"这个话题可以让儿童自由想象，随意发挥，没有固定的答案。

讨论活动是一种开放性的语言交往活动。在讨论中，儿童可以就自己的观点，与他人进行充分的语言交往。儿童既要清晰地向对方表达自己的看法，又要善于倾听他人的见解，并进行分析、反驳或接纳，从而使语言交往延续下去。教师的指导态度要开放。与讨论的问题相对应，教师对儿童提出的看法，也应采用开放的态度。不要一味地从成人的角度，去评判儿童的某些看法合不合理。教师应将指导的重点放在：培养儿童的语言交往能力，对儿童的某些富有想象力和创造力的想法，采取接纳和鼓励的态度。如儿童说："人不会飞是由于人没有翅膀，但人可以从小天使那里借一双翅膀，这样就可以像小鸟一样飞在高高的蓝天上了。"这样的答案，教师不但要接受，还要给予积极的鼓励，引导其他儿童能像这个孩子一样，勇于创新、富于想象，并大胆在集体中表述出来。

四、学前儿童谈话活动的语言教育目标

谈话活动的目标规定了学前儿童谈话活动的方向。通过实施幼儿园谈话活动，要达到以下目标。

（一）帮助幼儿学习倾听他人的谈话，及时捕捉有效的语言信息

在交谈中，倾听是必不可少的。只有懂得倾听、乐于倾听、善于倾听他人的谈话，才能真正理解谈话的内容和方式，掌握与人进行语言交流的技巧，并且由此产生相应的个人交谈的内容。

通过有目的、有计划、有组织的谈话活动，教师可以逐步帮助幼儿建立起三种倾听技能。第一种是有意识倾听能力。在谈话活动中，要求幼儿建立主动倾听别人谈话的愿望、态度和习惯，当别人说话时要集中注意力耐心地去听，通过主动积极地倾听，去感知、接受别人谈话的信息。第二种是辨析性倾听能力。要求幼儿从倾听中分辨出不同的言语声音，包括说话人声音的特点、声音所表现的情绪等。第三种是理解性倾听能力。通过谈话活动时的倾听，提高幼儿理解谈话内容的水平。幼儿能在倾听时迅速掌握别人所说的主要内容，把握一段话的关键信息，连接谈话上文和下文的意思，从而能够获得谈话的中心内容，以便做出反应，交流自己的见解。

（二）帮助幼儿学习围绕一定的话题谈话，充分表达个人见解

人并不是生来就会谈话的。作为运用语言进行交往的一种方式，谈话需要参与者具有某一种特定的有关语言表述的认识、态度、情感和能力。儿童语言发展的相关研究成果指出，幼儿在3岁后已经习得了基本的语音、词汇和句型，并且继续以令人难以置信的速度发展。具备这些语言条件，幼儿就

能够用语言进行交流，也能够逐步学习"谈话"了。

帮助幼儿学习谈话，实际上是指导幼儿在社会交往过程中，按照约定俗成的方式进行交流。指导幼儿谈话时注意要求幼儿学会围绕中心话题谈话，避免出现"跑题"现象。在人们的社会生活中，谈话往往要有一个中心话题，参与谈话的任何一方，都应围绕中心话题交流个人想法，这是谈话最基本的思路及方式方法。谈话可给予幼儿特别的机会，让他们从对方或者公众话题出发来考虑问题，表达个人见解。比如谈论"我最喜欢的玩具"或"有趣的糖果"，幼儿就必须在倾听他人谈话的基础上，围绕话题思考自己的想法，然后说出适合于这一特定场合的话来。因此，在组织幼儿谈话活动时，有必要提供机会，帮助幼儿习得有关语言运用的方式方法。

（三）帮助幼儿学会运用语言进行交谈的基本规则，提高语言交往水平

在幼儿学习谈话时，除了要求幼儿掌握倾听和围绕话题交谈等一些直接与谈话有关的能力外，还要求幼儿懂得人际语言交往的基本规则。这些基本规则可保证幼儿正确地运用语言与人交流，"谈话"水平不断得到提高。

运用语言进行交谈的基本规则，是人们在社会交往过程中，约定俗成的一些方式方法。违背这些谈话的基本规则，便有可能对人际交往造成不利影响，干扰谈话的正常进行。不同的国家、民族和地区，由于文化和习俗的不同，谈话的基本规则也有所差异。因此，在学前阶段，需要帮助幼儿学习通用于一般社会文化背景的与人交谈的最基本规则。概括起来，在组织谈话活动时，应为幼儿创造机会，学习以下谈话规则。

第一，用适合角色的语言进行交谈。谈话是一种多样式的交流途径，每个人在谈话中，都可能处于某一特定的角色地位。比如，幼儿与教师的谈话、与父母的谈话、与同伴的谈话，或是个别交谈、小组交谈、集体交谈等，同一个幼儿会在谈话中有不同的角色，因而也要用不同的方式来交流。这里所说的不同交流方式，包括幼儿使用不同的语音、语调，不同的音量，不同的组词造句方法表达个人见解。尽管这些内容对于幼儿来说显得过于复杂，但幼儿能够把握一段话的关键信息，能通过连接谈话上文和下文的意思，从而获得谈话的中心内容，以便做出反应，交流自己的见解，这是培养幼儿语言交际的要义。

第二，用轮流的方式进行交谈。在谈话过程中，另一基本规则是参与者轮流谈话，要求幼儿逐步学会耐心听别人把话讲完后再发表个人意见。如果是两人交谈，需要一一对应地轮流说话；若是多人交谈，便要求按潜在顺序逐个说话。许多幼儿刚学习谈话时，会抢着讲、乱插嘴或光听不说。据此，教师在组织谈话活动时应有意识地培养幼儿轮流交谈的习惯。

第三，用修补的方法延续谈话。说话不是在瞬间就结束的交流方式，参与者需要就交流内容，进行一定时间长度的交谈。在这样的谈话过程中，有可能出现谈话内容中断的现象，那么交谈的参与者，便应具有修补延续谈话的意识和能力。培养幼儿的这种意识和能力，可以通过教师的示范、提问或引导，使幼儿学习延续谈话的修补方法，增强这方面的敏感性。

五、学前儿童谈话活动的年龄阶段目标

（一）小班

（1）学会安静地听同伴说话，不随便插嘴。

（2）喜欢与同伴交谈，愿意在集体面前讲话。

（3）能够听懂并愿意说普通话。

（4）在教师的引导下，学习围绕主题谈话，能用短句表达自己的意思。

（5）初步学习常见的交往语言和礼貌用语。

（二）中班

（1）能集中注意力，耐心地听别人谈话，不打断别人的话。

（2）乐意与同伴交流，能大方地在集体面前说话。

（3）能说普通话，较连贯地表达自己的意思。

（4）学会围绕一定的话题谈话，不跑题。

（5）学会用轮流的方式谈话，不抢话，不插嘴。

（6）继续学习交往语言，提高语言交往能力。

（三）大班

（1）能主动、积极、专注地倾听别人的谈话，迅速掌握别人谈话的主要内容，并从中获取有用的信息。

（2）能主动用普通话与同伴交流，态度自然大方。

（3）能围绕话题谈话，会用轮流的方式交谈，并能用恰当的语言表达自己的情感，与同伴分享感受。

（4）逐步学习用修补的方法延续谈话，进一步提高语言交往能力。

第二节 学前儿童谈话活动的基本结构

从教育活动研究的角度看，学前儿童谈话活动设计与指导有其特殊的规律。谈话活动的目的、对象、活动方式的独特性，在活动设计与组织的结构中得到充分的反映。谈话活动设计与组织的结构为如下四种。

一、创设谈话情境，引出谈话话题

教师在谈话活动开始前，首先通过创设一定的情境，激发幼儿的兴趣，启发幼儿对话题有关经验的联想，打开谈话的思路，做好谈话的准备。这是谈话活动不可缺少的一个环节。谈话情境的创设，常见的方式主要有两种。

（一）运用语言创设情境

教师运用语言或问题启发幼儿回忆自己的经历，并适时地切入谈话话题。比如，谈话活动"快乐的生日"，教师在引导幼儿回忆过生日的情景时，可以提出一些具有启发或提示性的话题：在家里，爸爸妈妈是怎样为你过生日的？在幼儿园里老师和小朋友又是怎样为你过生日的？大家都为你祝贺生日，你心里有什么感受？再如：谈话活动"我进步了"，教师把某些幼儿的进步表现，以故事形式讲出来，引发幼儿也讲出自己的进步。

（二）运用实物创设情境

教师利用活动角的布置、墙饰、桌面玩具、实物摆设或者图片，向幼儿提供与话题内容有关的可感材料，提高幼儿谈话的兴趣，启发幼儿谈话的思路。如谈话活动"有趣的饼干"，可以提供各式各样的饼干，引起儿童谈论饼干的兴趣；谈话活动"好看的图书"，则可带儿童到图书室（角），观看图书后再引入。

二、幼儿运用已有经验自由交谈

教师向幼儿提供围绕话题自由交谈的机会，目的在于：调动幼儿对谈话中心话题的已有经验，相互交流个人的见解。如在"我喜欢的水果"谈话活动中，教师让幼儿在吃水果的基础上，围绕"你喜欢吃水果吗？你带来的水果是什么颜色、什么形状的？有什么味道？"等问题，引导幼儿手拿水果与旁边的幼儿自由交谈。要尽量使每个幼儿都有充分谈话的机会。

当幼儿围绕话题自由交谈时，教师要专注地倾听幼儿的谈话或参与谈话，增进幼儿谈话的兴趣。还可以观察幼儿的谈话情况，了解他们运用已有经验进行交谈的状况和水平，为下阶段的指导做进一步的准备。

在此环节中，教师应当放手让幼儿围绕话题自由交谈。在幼儿分组或一对一地自由交谈时，允许幼儿说任何与话题有关的想法。教师不需要示范、给幼儿提示、纠正幼儿说话用词造句的错误，可让幼儿充分运用已有经验，说出自己想说的话。另外，鼓励每名幼儿积极参与谈话，真正形成双向或多向的交流。当幼儿分组谈话时，教师可让幼儿自己选择交流的对象。这样更利于发挥每名幼儿的积极性，使他们有更多的机会交谈，也可保证谈话的气氛更加融洽。

当幼儿围绕话题自由交谈时，教师不能袖手旁观，不能将幼儿自由交谈视为一种"放羊"的时机，让幼儿随便谈话，而自己去做与谈话无关的事情。在此环节，教师要仔细倾听幼儿的谈话。倾听是进行指导的前提和基础。教师可以采取巡视的方式，轮流参与各组的谈话。每到一组，都听一听幼儿的谈话，用微笑、点头等体态语言，给幼儿以鼓励，也可用凝视、皱眉等体态语言，暗示那些未能进入谈话的幼儿；教师还可以简单发表个人见解，或是对幼儿说话给予一定应答，或用自己的语言，对各组幼儿的谈话做出反馈。

三、用多种形式逐步扩展幼儿的谈话内容

教师通过逐层深入的谈话，向幼儿展示新的谈话经验，帮助他们逐渐学会一些谈话规则，以及正确的谈话思路和方式。如谈话活动"快乐的生日"，通过提问"爸爸妈妈那么关心你们，你的爸爸妈妈过生日时，你准备怎样表示祝贺？你长大后，想怎样为他们庆祝生日呢？"为幼儿提供了新的谈话经验，通过逐步扩展幼儿的谈话内容，给幼儿提供学习运用新的谈话经验的机会。

每一个谈话活动向幼儿提供的新的语言经验，都应考虑幼儿的年龄特点。此环节应在幼儿原有经验的基础上，进一步扩展他们的经验。例如：培养幼儿倾听谈话的意识、情感和能力，在小班、中班和大班都应有不同的要求，落实到每一次活动中，应逐步加入新的倾听经验要求。

四、教师隐性示范新的谈话经验

教师在此阶段向幼儿展示新的谈话经验，不是用显性示范说给幼儿听，或用明确的指示的方法要求幼儿怎么说，而是通过深入拓展的谈话范围，将这种经验逐步传递给幼儿。教师可以通过提问、平行谈话的方法，将新的谈话经验引入，让幼儿在谈话过程中，不知不觉地沿着新的思路去说，潜移默化地应用新的谈话经验，最终学会这种新的谈话经验，使幼儿的谈话水平进一步提高。如谈话活动"快乐的生日"，教师可以谈一谈自己是怎样为爸爸妈妈过生日的。

作为教师，只有不断学习，不断实践，才能在实践中感悟，在感悟中发展，才能让幼儿在谈话活动中围绕自己感兴趣的中心话题，自由表达个人见解，充分感受交流和分享的快乐。

第三节　学前儿童谈话活动组织与指导时应注意的问题

一、创设的情境应为引出谈话话题服务

在组织谈话活动前创设相关的环境或情境，可以调动儿童的兴趣，提高儿童参与活动的主动性。如围绕动物园的主题谈话，可事先带幼儿集体去参观；或者展示丰富的图片、照片，或者采取建构游

戏的形式，再现动物园的环境，使幼儿有大量的感性认识后再组织谈话，既能调动幼儿参与活动的积极性，也丰富幼儿的经验，为后面的谈话活动做好铺垫。

但是教师必须充分认识到：创设谈话情境，无论是实物的方式，还是语言的方式，必须以有利于开启幼儿谈话内容为原则。既要避免与谈话内容无关的摆设，还要避免过于热闹、喧宾夺主的现象，分散幼儿谈话的注意力。教师应创设简单明了、能够直接连接话题内容的情境。一般来说，对幼儿已经具备比较丰富经验的话题，或幼儿新近关注较多的话题，可以不采用实物方式创设情境；对幼儿谈话难度较大的话题，则应创设具体的谈话情境。

二、谈话过程中要注意提问的技巧

谈话活动中如何提问可以说是一种技巧，它将直接影响着谈话活动的质量。教师应力求使自己的提问符合以下要求。一是问题要尽量具体明确，避免抽象笼统。所提问题的深浅程度要适合本班幼儿的知识经验和思维水平。二是问题要有启发性，能启发幼儿正确理解事物之间的相互关系。三是问题要有趣味性，能调动幼儿谈话的兴趣。如用竞赛的口吻提出问题——"谁知道哪些动物在天上飞？哪些动物在地上爬？"等，有时也可以是议论性、评价性的问题，如"你喜欢吃水果吗？""你最喜欢什么动物？为什么？"等等。

三、提供操作的机会，鼓励幼儿积极参与谈话

谈话活动中，幼儿既动脑又动口，是内外结合的操作活动。所以，教师要尽量为每个幼儿提供动脑动口的机会。根据幼儿活动的特点，在谈话活动中适当增加一些其他方式的操作活动因素，将更有利于提高幼儿的兴趣，调动他们说话的积极性。例如，在"我喜欢的水果"谈话活动中，教师让幼儿在吃水果的基础上自由交谈。这样的安排使幼儿的谈话更加有趣，因此，在各种谈话活动中，均可根据话题的内容，适当增加幼儿操作的机会。

四、逐层深入推进幼儿的谈话

当幼儿围绕中心话题进行交谈时，他们的思路是呈辐射状向外发散的，而不同个体间的经验也是多种多样的。幼儿可以根据自己的意愿和内心感受，将自己的想法，直截了当地表达出来，与大家共享，由此派生出来的子话题也非常丰富。这就给教师组织谈话活动造成了困难。很多教师在组织谈话时，常常感觉：要么话题谈不深，总是简单重复；要么就是话题谈得多，很散乱；有时甚至出现跑题的现象。如何在开启谈话后，引导幼儿围绕话题充分交谈，并学会延续他人的谈话，使得话题的交谈逐层深入？这是当前教师特别关注的问题。

谈话活动具有"话题的导向"和"话题的传递"两个语言应用要素。教师通过递进式提问，巧妙地引导幼儿朝着一定的方向进行交谈，并传递和转换谈话的内容，使话题逐层深入。用这样的逐层推进的方式设计话题，可以帮助幼儿拓展思路、唤起幼儿更多的回忆和内心体验，在此基础上，再帮助幼儿学习新的谈话经验。尤其对中、大班幼儿来说，这种话题拓展模式也给他们提供了一种谈话的思路。这种宝贵思路的习得，无论对他们有条理地讲述还是发展读写能力，都是非常有意义的。

谈话活动中幼儿容易盲从他人的观点，或者一时思路顿塞，不知从何谈起，教师可围绕谈话主题选择适宜的绘本为幼儿打开思路。例如，大班的张老师与孩子们围绕"勇气"这一话题进行了探讨，刚开始时孩子们的讨论有点受限，于是张老师择选绘本《勇气》中的几页与他们分享："勇气是吃蔬菜时不做鬼脸，先尝尝再说""勇气是改掉坏习惯""勇气是和好朋友吵架了你先去讲和"。绘本中有很多内容，但张老师选择的是幼儿有直接经验的，这为幼儿示范了对勇气不同维度的理解，孩子们的思路立刻被打开了，他们谈出了许多对勇气的新鲜看法："勇气是小朋友做一些不好的事时我能大声地说出我不喜欢这样""勇气是我的裤子摔破了，小朋友们笑话我，但我没有哭，回家换一条就行了"。孩

子们借助绘本中的图画，讨论出了更多新的看法，彼此之间受对方观点的启发，产生了更多的新想法，让谈话活动进行得如火如荼。

五、灵活采用多种形式，提高幼儿谈话水平

除了有组织的集体形式外，还可以利用其他形式来提高幼儿的谈话水平。

1. 开展课外语言活动

为了保证幼儿的谈话技能在日常生活中得以巩固和练习，教师有意识地利用幼儿休息或游戏时，组织幼儿听、讲、编故事、组词造句，以不断丰富幼儿的语言经验。

2. 指导幼儿在图书角中的活动

充分发挥图书角的作用，教师注意有计划地指导幼儿在图书角中的活动。在幼儿看书时，引导幼儿相互交谈，讲述书中的故事情节，并对一些词语及时进行解释，帮助幼儿不断地丰富词汇，为开展谈话活动打好基础。

3. 随机教育

教师可经常不失时机地利用日常生活中的各个环节，引导幼儿说出周围一切使他感兴趣的事物的名称、性质和动作，如起床穿衣时，启发幼儿说出身体各部分的名称和衣服名称；游戏时，要求幼儿说出玩具和游戏动作的名称，并鼓励幼儿用语言调节角色间的关系；散步时，启发幼儿讲述观察到的事物和现象，鼓励他们发问、交谈、讨论。

本章小结

　　本章我们学习了"学前儿童谈话活动概述""学前儿童谈话活动的基本结构"和"学前儿童谈话活动组织与指导时应注意的问题"三个小节的内容。"学前儿童谈话活动概述"中讲述了谈话活动的概念、特点、类型、语言教育目标和年龄阶段目标五个方面的内容；"学前儿童谈话活动的基本结构"讲解了组织谈话活动的基本步骤：创设谈话情境，引出谈话话题；幼儿运用已有经验自由交谈；用多种形式逐步扩展幼儿的谈话内容；教师隐性示范新的谈话经验。"学前儿童谈话活动组织与指导时应注意的问题"主要针对谈话活动组织过程中的常见问题给出合理化建议，包括：创设情境应为引出谈话话题服务；谈话过程中要注意提问的技巧；提供操作的机会，鼓励幼儿积极参与谈话；逐层深入推进幼儿的谈话；灵活采用多样的形式，提高幼儿谈话水平；等等。这些建议有助于幼儿教师更好地开展谈话活动。

思考与练习

1. 简述学前儿童谈话活动的含义及特点。
2. 简述学前儿童谈话活动的目标及年龄阶段目标。
3. 记录幼儿教师组织的谈话活动（可以是教学活动课例观摩或幼儿园见实习观摩），并思考：
   （1）教师运用了哪些方法激发幼儿谈话的兴趣？教师使用了哪些谈话材料？
   （2）此次谈话活动有哪些环节？教师提出了哪些问题？
   （3）对你所观摩的谈话活动从活动本身（内容选择、活动准备、活动过程等）、幼儿教师（教学能力、师幼互动等）、幼儿（参与程度、目标达成情况等）三个方面进行评析。
4. 试根据幼儿谈话活动的基本结构设计一个谈话活动教案，并在小组内模拟试教。比如："早餐吃什么""我的新年愿望""我当小老师""假如我是孙悟空"等。
5. 认真阅读中班谈话活动"胆小的老鼠"，结合谈话活动的目标谈谈在这个活动中应如何培养幼儿语言能力，并尝试写一篇活动评价。

谈话活动"胆小的老鼠"（中班）

设计意图

每个人心中都会或多或少有让自己觉得害怕或者担心的事情。而我们在生活当中往往也会发现，孩子们一旦遇到害怕的人或事物，常常会选择放弃或者以哭泣的方式来对待。对于中班孩子，教师在情绪教育上要开始重视。从对情绪的理解和接纳，转化为对情绪的调节，这样更有助于孩子们心理的健康发展。本节活动就是在谈话的过程中，在对主人公小老鼠吱吱了解的基础上，让孩子们能够大胆表达自己"害怕"的事物，知道害怕是很正常的，害怕也是可以调节的。

活动目标

1. 观察画面，感受与体验小老鼠吱吱害怕的情绪。
2. 了解害怕情绪产生的原因并梳理自身有关"害怕"的经验，知道害怕是很正常的。
3. 结合自己的实际情况，说说如何缓解害怕的情绪。

活动准备

PPT课件。

活动重难点

知道害怕是很正常的情绪，害怕的时候可以有很多方法来缓解。

活动过程

一、创设情境，引入主题

师：今天老师带了个朋友来，它的名字叫吱吱，它是一只非常胆小的老鼠，从画面上你觉得谁是吱吱？为什么？

二、通过猜想并观察小老鼠吱吱害怕的东西，说一说自己害怕的事情，更好地理解害怕的情绪

师：你们来猜一猜吱吱最害怕什么？为什么？

师：观察图片说一说吱吱害怕的是什么？吱吱害怕的是大橘猫。你们有没有害怕的东西？来说一说。

小结：其实害怕很正常，我们每个人心里多少都会有让我们害怕的事情或者东西，就好像老鼠吱吱最怕大橘猫。

三、引入情境，小朋友们帮助吱吱找到解决害怕的方法

说说吱吱害怕的时候，有哪些解决方法。

师：有一天吱吱的姐姐在厨房里找到了一块大大的巧克力奶油蛋糕，它赶紧跑回家跟吱吱说：吱吱吱吱，我找到了一块你最最最最最喜欢的巧克力蛋糕，你想去吃吗？你们觉得吱吱想吃吗？

师：吱吱说，我想去，但是我害怕。那么看看它到底害怕什么呢？

师：它说，我最怕家里面那弯弯曲曲绕来绕去的，像迷宫一样的路。你们觉得走迷宫最怕的是什么？（最怕迷路）你们来说一说，怎么解决这个问题？

师：姐姐给吱吱想了一个什么好方法？姐姐把毛线缠在吱吱身上，然后把线的另外一头牵着，这样吱吱就不会乱跑了，不会迷路了。

师：吱吱还害怕什么？大橘猫。怎么解决这个问题？请你们帮忙想想办法。

小结：原来害怕的时候，找个人来陪自己，可能心里就没那么害怕，就敢出去了。

师：观察图片，说说发生了什么？它在干什么？为什么它会逃走？它觉得自己看到了大橘猫，大橘猫在哪里？

师：吱吱说它看到了大橘猫，快逃！它以为围巾是大橘猫，为什么？因为它的纹理很像大

橘猫。

师：吱吱的姐姐逃走了吗？为什么？

师：它们又重新出发，吱吱又看到了什么？你们觉得吱吱这次会逃吗？

小结：原来害怕会让我们更加紧张，如果我们看看清楚的话，有可能就不会害怕了。

四、说一说自己害怕时有没有什么好的解决办法

师：当你自己害怕的时候，有没有什么能够让自己不那么害怕的方法？

小结：我们可以找个人来陪着我们；也可以深吸一口气，让自己的心情平静下来；还可以仔细观察，有些东西可能不是真的，看清楚就不害怕了；还可以想一些快乐的事情，或者是不去看那么恐怖的一些画面。

▶▶ 案例示范

案例一

谈话活动"我爱吃的糖果"（小班）

活动目标

1. 学习安静倾听别人谈话，不随便插嘴，养成良好的倾听习惯。

2. 能够围绕"糖果"进行交谈，能用简短的句子谈论糖果的外形、质感、味道。

3. 乐意参与谈话活动。

活动准备

幼儿自带少量糖果，老师准备多种糖果，不透明布袋。

活动过程

一、摸一摸，猜一猜，引出谈话话题

教师将糖果放入不透明的布袋里，请幼儿把手伸入袋中，摸一摸并猜一猜是什么。

二、幼儿运用已有经验自由交谈

1. 幼儿多感官感知糖果。

幼儿拿出自己喜爱的糖果。教师引导幼儿看一看糖果的颜色，摸一摸糖果的质感，尝一尝糖果的味道。

师：你喜欢吃什么糖果？它是什么颜色？是软的还是硬的？它是什么味道的？

2. 围绕"我爱吃的糖果"交谈。

幼儿自由结伴，和同伴交流自己喜欢的糖果，教师在倾听的基础上指导。

三、运用多种形式逐步扩展幼儿的谈话内容

1. 集体谈论"糖果"。

请在自由交谈中讲得好的幼儿在集体面前介绍自己带来的糖果，教师注意提醒其说话声音要响亮。

2. 观看课件，认识各种各样的糖果。

（1）展示各种糖果的图片，引导幼儿交流。

师：你见过这些糖果吗？你吃过这些糖果吗？你觉得哪些糖果最漂亮？哪些糖果最好吃？

（2）展示奇妙糖果图片，引导幼儿交流。

师：这些糖果有什么特别的地方吗？你最喜欢哪种？猜猜它可能是什么味道的？

（3）观看图片，交流讨论：糖果大变身。

观看民间艺人制作糖画的图片，引导幼儿交流：你见过吗？吃过吗？什么味道的？你最喜欢哪种形状的？

四、观看视频，提供新的谈话经验

1.观看视频：长了虫的牙齿。

师：你还吃过哪些糖果？糖果吃多了好不好？

2.交流讨论。

师：为什么牙齿会长虫？糖能不能多吃？吃了糖以后，我们应该怎么办？

教师小结：多吃糖果对我们的牙齿不好，会长蛀牙的。小朋友们一定要少吃糖果，保护牙齿。

活动延伸

做一张关于如何保护牙齿的小报，在教室展览。

案例二

谈话活动"快乐的生日"（中班）

活动目标

1.能清楚连贯地谈论自己过生日的情景，表达自己愉快的心情。

2.能认真倾听同伴的谈话，会从同伴的话语中学到新的经验和词语。

3.感受大家对自己的关心爱护，有热爱父母的感情。

活动准备

1.班上大部分孩子都在本班庆祝生日。

2.幼儿会唱《生日歌》。

3.用泡沫板、皱纹纸、油泥等材料，制作一个大蛋糕，上面插上四支蜡烛，请幼儿各带一件过生日时父母或同伴送的礼物，围放在"蛋糕"周围。

活动过程

一、创设谈话情境，引出话题

幼儿围坐一个大圆圈，放"蛋糕"及礼物的桌子摆放在中间。

提问：桌子上放的是什么？什么时候才买这种蛋糕？你是什么时候过生日？（让幼儿一一回答）

教师引导幼儿回忆过生日的情景，提出话题：在家里，爸爸妈妈是怎样为你过生日的？在幼儿园里，老师和小朋友又是怎样为你过生日的？大家都为你祝贺生日，你心里有什么想法？

二、引导幼儿围绕话题自由交谈

幼儿自由结伴进行交谈，向同伴清楚地介绍过生日时老师组织了哪些祝贺活动，小朋友说了哪些祝贺的话，送了哪些礼物（并将礼物介绍给同伴）。或者向同伴介绍在家里爸爸妈妈送给自己什么礼物，说了哪些祝贺的话，带自己到什么地方玩过。

教师提醒幼儿：围绕话题相互交流，不随便打断别人的话，并参与幼儿交谈。

三、集中谈话，引导幼儿进一步拓展话题

（1）请几位谈得较好的幼儿在集体面前讲给大家听。要求大家认真倾听同伴的谈话，从中学到新的经验和信息。

重点让幼儿谈谈大家为自己过生日时，自己心里是怎么想的，有什么感觉，帮助幼儿体会大家对自己的关心和爱护。

（2）通过提问，为幼儿提供新的谈话经验。

提问：爸爸妈妈那么关心你们，那么你的爸爸妈妈过生日时，你准备怎样表示祝贺？你长大后想怎样为他们庆祝生日呢？

教师可以通过谈谈自己为爸爸妈妈过生日的经历，来启发幼儿谈话的思路。谈话时，教师和其他幼儿可以通过插话的形式，帮助谈话的幼儿补充、厘清谈话的内容和思路，使谈话符合要求。

四、小结

懂得大家对自己的关心爱护，知道要热爱自己的爸爸妈妈、朋友，报答、感谢他们。

为爸爸妈妈唱《生日歌》，结束谈话活动。

活动延伸

1. 泥工：为爸爸妈妈做生日蛋糕。

2. 手工制作活动：为爸爸妈妈做生日礼物。

3. 在爸爸妈妈过生日时，会说祝贺的话，帮助他们做些事，来表达自己的感激之情。

第六章
学前儿童讲述活动的设计与指导

>> 目标导航

PPT 教学课件

1. 了解讲述活动的特点、作用和类型。
2. 理解讲述活动的教育目标。
3. 掌握各种类型讲述活动设计的组织与指导方法。
4. 懂得讲述活动中应注意的问题。
5. 设计讲述活动方案并进行试教。

>> 知识导图

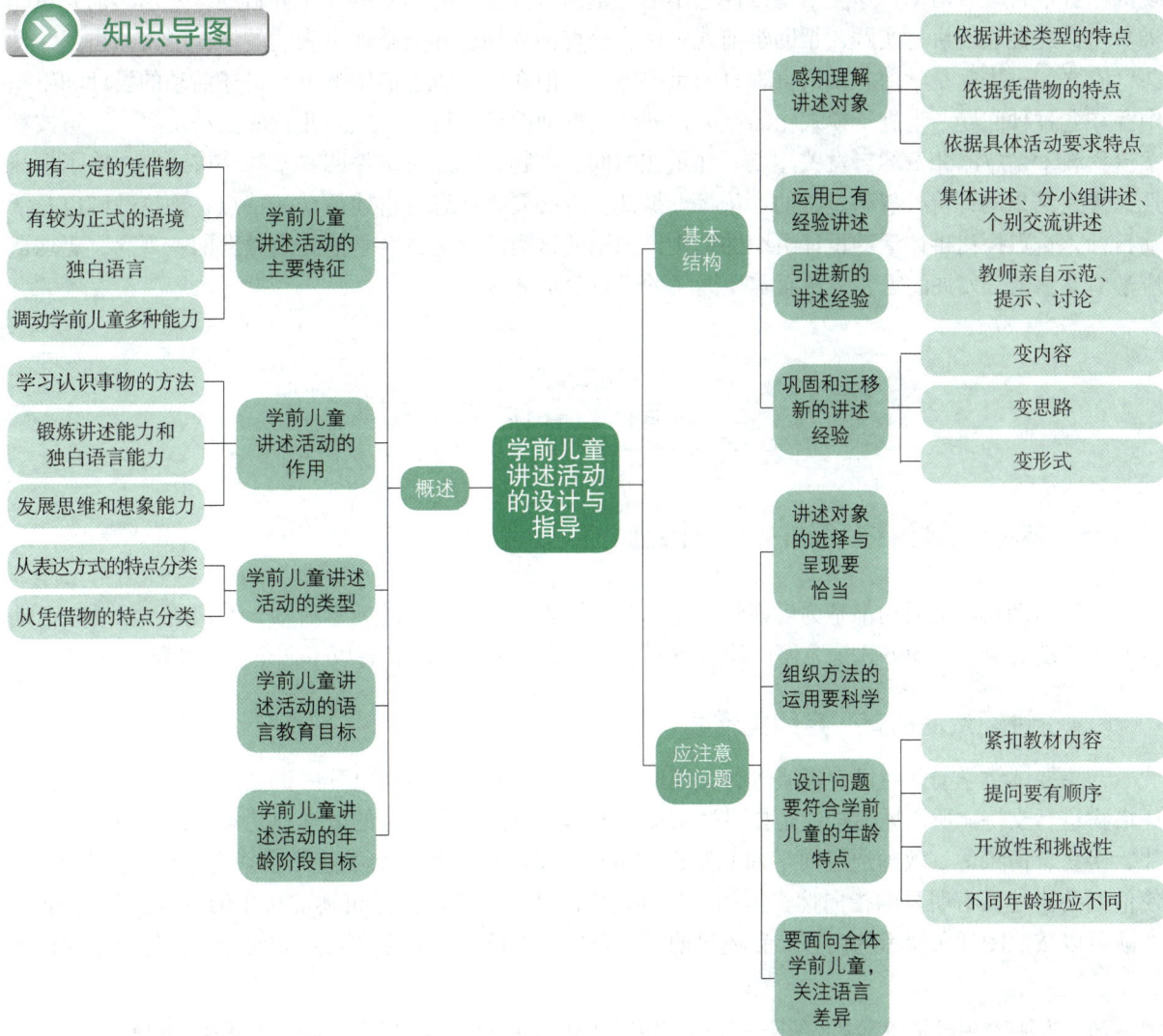

图2　拆桥过河[1]

思考：请仔细观察图2，结合自己的理解和想象完整地讲述图片上的内容，思考如何在幼儿园大班组织此次看图讲述活动。

学前儿童讲述活动是以培养儿童独立思维和独自讲述能力为主要目标，通过适当的形式来组织实现的一种语言教育活动。这类活动以促进学前儿童语言表述行为的发展为主要目的，要求学前儿童积极参与命题性质的讲述实践，帮助学前儿童逐步获得独立构思和完整连贯表述的语言经验。讲述活动久已有之，过去曾是学前儿童语言教育的重要方式，但在传统观念的影响下，讲述活动的设计和组织中存在着种种问题，走进了模式化的误区，即注重教师的显性指导，忽略儿童的主动观察；注重按教案流程教学，忽略儿童的自发关注点；注重按时间、人物、地点及事件四要素顺序讲述，忽略了趣味性；注重结果的评价，忽略过程的评价等。据此，有必要重新思考讲述活动的特点、理论基础以及活动目标，重点探讨讲述活动设计组织的结构，力图使这类活动更符合学前儿童教育的新观念，更加适应学前儿童语言发展的需要，从而实现提高讲述活动质量的目的。

第一节　学前儿童讲述活动概述

一、学前儿童讲述活动的主要特征

讲述活动与谈话活动都是为提高学前儿童口头语言能力而进行的教育活动，但这两类活动在活动目的、活动对象、活动方式等方面，均有较明显的差异。讲述活动具有以下四个主要特征。

（一）讲述活动拥有一定的凭借物

与主要围绕学前儿童已有经验进行交流的谈话活动不同，学前儿童开展讲述活动，需要有一定的凭借物进行支持。所谓凭借物，是指讲述活动中教师为学前儿童准备的或学前儿童自己参与准备的图片、实物、情景等。教师通过向学前儿童提供讲述活动的凭借物，给学前儿童划定讲述的主要内容，使他们的讲述具有明显的指向性。例如，教师提供图片，让学前儿童讲述"快乐的星期天"，学前儿童就可以按照图片所展示的内容，叙述星期天所发生的事情，以及主人公是如何做的，怎样感到快乐

---

[1]　［法］菲利普·柯德雷.大笨熊巴纳比——一切很简单［M］.张婷婷，译.广州：新世纪出版社，2012.

等。因此，在讲述活动中，凭借物往往为学前儿童的讲述提供语言素材，对学前儿童的讲述起着重要的作用。

学前儿童的讲述活动与谈话活动相比，有一定的凭借物。在讲述活动中出现凭借物，基于以下两个方面的原因。

第一，符合学前儿童讲述学习的需要。成人讲述一件事或一个物体，可以凭借当时出现在眼前的实物、情景，也可以凭借脑海中存留的记忆进行。而学前儿童存在着经验和表象积累不足的实际情况，在讲述活动中，学前儿童不可能完全凭借记忆进行讲述。因此，学前儿童在讲述活动中，需要有一定的凭借物。

第二，讲述活动是一种集体参与的活动，学前儿童要在集体面前进行连贯、清楚的讲述。因此，组织学前儿童进行讲述时，需要有一种集体的指向，要求学前儿童就相同的内容构思表述个人的见解。讲述活动中出现的一定凭借物，为学前儿童指出了讲述的中心内容。学前儿童可以根据每个人具体的认识，去讲述相同或相似的内容，并且产生相互交流和影响的作用。

（二）讲述活动有较为正式的语境

所谓语境即言语环境，包括语言因素，也包括非语言因素。上下文、时间、空间、情景、对象、话语前提等与语言表达有关的都是语境因素。从交际场合来讲，言语交际的实质，是利用语言传递信息、交流思想感情。不同的语言环境，要求人们使用不同的语言。在一定场合中说话，说什么和怎样说，不仅与这个场合下所说的内容有关，也与参与说话的人有关，还与这个场合里其他人说话的方式方法有关。在这些因素的影响下，人们在交往中不由自主地调节自己的说话范围、说话方式和说话风格，便于适应这一特定场合的要求。如果是一个相当严肃的交际场合，参与交际的人就应当感受到这一语境的特点，要以相对严肃的内容方式和风格说话。归纳起来说，学前儿童在讲述活动中，不能像在谈话活动中那么宽松自由地交谈，要经过考虑后才能发表个人见解；说话时不能有很大的随意性，要经过较完善的构思，有头有尾地说出一段完整的话来；要尽量注意在用词造句方面的正确性、准确性，合乎规则。

讲述活动为学前儿童提供的是一种学习和运用较正式的语言的场合。这种正式表现在两个方面：一是语言规范，学前儿童需要使用较为完整的连贯句。二是环境规范，一般在专门的教学活动中开展，如看图讲述等。实质上，讲述活动就是要求学前儿童根据讲述的凭借物，在经过精心计划和准备的语言环境中，在运用过去的言语和知识经验基础上，讲述规范性语言，以达到提高口头表达能力的目的。

总之，讲述活动必须针对具体的凭借物，根据语言环境要求，组织口语表达的内容和方式，运用较正规的语言风格说话。为学前儿童提供一种学习运用较正式的语言进行说话的场合，是讲述活动的一个重要特点。

（三）讲述活动的语言是独白语言

独白，需要说话的人独自构思和表达对某一事或物的完整认识。讲述活动是学前儿童语言交际的一个场合，学前儿童要学习的讲述是一种独白语言。如在讲述"树木好处多"图片时，学前儿童要依据图片思考：什么地方？有什么？并且确定先说什么、后说什么，大致要打一个"腹稿"，然后按照图片的顺序，以口头语言的方式将自己构思的讲述内容在集体面前完整清楚地讲述出来。因此，讲述的语言比谈话的语言要求要高，并且是建立在一般交谈的基础之上的。需要注意的是，学前儿童要在谈话活动和日常交谈中发展自己运用语言与人交往的能力，也要逐步具备一定水平的讲述能力。由于讲述活动是培养、锻炼学前儿童独白语言的有效途径，它有别于其他各类语言教育活动，因而有它存在的独特价值。

（四）讲述中需要调动学前儿童的多种能力

除了言语能力外，学前儿童在讲述活动中还需要运用其他的一些能力，如观察力、想象力、记忆力和思维的逻辑性等，否则就很难提高讲述的水平。我们以看图讲述为例，如图片"小蚂蚁和蒲公英"，学前儿童要将图画的内容清楚、有条理地描述出来，首先，要完整地认识图片，了解图片的人物、事件，这就需要学前儿童运用观察力和分析综合能力；其次，要理解画面的表面内容，描述画面中人物的动作和事件的主要内容，这就需要学前儿童凭借过去的生活和知识经验加以联想，综合并得出判断；最后，要深入地反映画面本质、理解深刻的内容，这就要求学前儿童要对画面进行综合性的推想，涉及画面的人物、背景、事件等诸多要素之间的联系，必须具有思维的深刻性和间接性。总之，只有多种综合能力的配合，才能保证讲述活动顺利、有效地开展下去。

从讲述活动的特征可看出，它与谈话活动和日常交谈均有区别。学前儿童讲述活动与学前儿童谈话活动的异同如下：讲述活动是以培养学前儿童语言表达能力为主的活动，其目的在于要求学前儿童积极参与命题性质的讲述活动，帮助学前儿童逐步获得独立构思和完整表述的语言能力。而谈话活动是培养学前儿童学习在一定范围内运用语言与他人进行交流的活动，它在培养学前儿童的倾听行为和表述行为方面具有重要的作用。

讲述活动的教育作用与谈话活动的教育作用不同之处如下：

（1）从活动目标上看，谈话活动注重学前儿童运用语言与他人进行对话交流，而讲述活动则侧重学前儿童清楚连贯表述某一事、某一物的能力。

（2）从活动内容上看，谈话活动往往围绕学前儿童已有经验的话题进行交流，而讲述活动则针对某一学前儿童需要认识的凭借物（如图片、玩具等）进行讲述。

（3）从活动中学前儿童运用语言方式来看，同样是口头语言的表达，谈话的语言却属于对话范畴，正如人们一般交谈那样，不需要正式场合使用的规范严谨的语言，而是宽松自由、不拘形式的语言，以说明白想法为准。讲述不同于谈话，讲述是一种独白，要求类似正式场合的语言，要规范清晰而有条理地表达相对完整的观点。

二、学前儿童讲述活动的作用

讲述活动为学前儿童创设一个相对正式的语言场合，引导学前儿童依据一定的凭借物进行独立构思，并使用比较规范的语言表达自己对某事、某物或某人的认识，能够有效提高学前儿童的语言水平，同时对学前儿童的认知、社会化发展等方面也能产生良好的影响。具体来说，有以下三方面作用。

（一）帮助学前儿童学习认识事物的方法

学前儿童在讲述之前，需要认识所讲的事物或现象，通过讲述活动，学前儿童能够学习认识事物的顺序和方法。以讲述活动"菊花"为例，学前儿童自己先要认识菊花的特征，学习认识花的各个部分，学习讲述的顺序，如名称—颜色—花瓣形状—味道—叶子—用途—开放时间—赞美的话，使自己的讲述给听的人一个完整清楚的印象。学前儿童经过多次的练习，能更好地掌握认识事物的方法。

（二）锻炼学前儿童讲述能力和独白语言能力

在讲述活动中，学前儿童需要独立构思讲述的内容、顺序、重点，考虑怎样让别人理解自己的讲述内容等，因此学前儿童语言教育的意义之一是培养学前儿童的表述能力。例如，在讲述活动"我喜欢的游戏区"中，学前儿童讲述前要思考：讲述哪些自己喜欢的游戏区，先讲述什么，再讲述什么，重点讲述游戏区里的哪些内容或材料是自己最喜欢的，用什么样的词汇和句子来描述。所以，讲述活动能够帮助学前儿童学习连贯、完整、清楚地讲述某一事物，说出自己想说的事。在教师指导下，他们的语言表述能力逐步得到发展。

在讲述活动中，儿童有机会学习在集体面前独立、大胆地表达自己的想法和感受，尝试说明、描述简单的事物或过程，把一事、一物、一人讲清楚，让他们的语言表述能力在这个过程中逐步得到发展。学前儿童讲述活动中着重培养的独白语言，是学前儿童语言表述能力的一部分。例如，学前儿童独立讲出《小兔搬家》的故事，在教师指导下，学前儿童所讲的内容逐渐达到完整、清楚、符合逻辑等要求。

（三）发展学前儿童思维和想象能力

如在看图讲述时，图片中的人、事、物都有一定的因果关系或者前后顺序存在。在讲述活动中，学前儿童只有观察分析事物的特征、事件发生的原因和顺序，才能领会人物在不同状态下的思想感情。学前儿童必须经过一定的推理、判断、分析，才能认识自己所要讲述的内容，然后组织语言连贯地表述出来。此外，在看图讲述中，学前儿童要对画面以外的事物展开丰富联想，这也有助于培养学前儿童的想象力和创造性思维能力。例如，讲述活动"我拼出了什么"，学前儿童用几何图形拼出作品，拼好后充分发挥自己的想象进行讲述。

三、学前儿童讲述活动的类型

（一）从表达方式的特点分类

讲述活动可以按照多种方式进行类型划分，按照讲述内容所采用的表达方式的特点，可以分为以下四类。

1. 叙事性讲述

就是用口头语言，把人物的经历、行为，或事情的发生、发展、变化讲述出来的方式。叙事要求说清楚人物、事件、时间、地点和为什么，并且要求说明事情发生、发展的先后顺序。叙事性讲述有两种形式：一是按照第一人称"我"的语气，把事情经历和个人见闻讲给别人听；二是以第三人称叙事，讲述"他""她"或"他们"经历的事情。在整个学前儿童阶段，学前儿童的叙事性讲述能力总体水平不太高。一般只要求学前儿童能简洁清楚地按顺序讲述事件即可。

2. 描述性讲述

就是用生动形象的语言，把人物的状态、动作或物体及景物的特征、性质具体描述出来的方式。如讲述"一张照片"，要求学前儿童具体描述照片上人物是什么样的，正在干什么，表情如何，自己看了照片之后的感受等。在学前儿童阶段，初步尝试使用具体、生动、形象的词语说话，同时抓住事物的主要特征进行描述，是学前儿童学习描述性讲述的重点。

案例一

大班讲述活动"不同的脸"

师：小朋友们，老师给你们带来了礼物。这个镜子可不是一般的镜子，它叫哈哈镜。拿起哈哈镜，在哈哈镜里仔细观察你自己的脸，看看和平时有什么不同，描述给小朋友们和老师听吧。

幼1：我的脸胖胖的，像一只大皮球。

幼2：我的脸在镜子里瘦瘦的，像个瘦猴儿。我妈妈说我不好好吃饭，就是只瘦猴。

师：哈哈镜是一个很奇怪的东西，是吧？下面，小朋友们按照老师的要求来做表情，并且观察你在镜子里的表情是什么样的，再详细地说给大家听。

幼3：我笑的时候，镜子里的脸更胖了，鼻子变小了，眼睛成了一条缝儿。

---

3. 说明性讲述

就是用简单明了的语言，把事物的形状、特征、功用等解说清楚的讲述方式。如讲述"我喜欢的玩具"，要求学前儿童说明玩具是什么样的，用什么材料做的，怎么玩等。说明性讲述不需要儿童使用生动形象的形容词，而是以表述明白事物的状态，交代清楚它的特点、来源为主。

4. 议论性讲述

议论性讲述就是通过摆观点、摆事实来说明自己赞成什么或者反对什么。在学前儿童阶段，由于学前儿童的逻辑思维水平不高，议论能力还不强，因此只能进行初步的议论性讲述。如讲述"我喜欢夏天还是冬天"，学前儿童可以通过摆观点、举例子来说明，自己到底喜欢什么季节及其原因。这种讲述可以提高学前儿童的语言逻辑水平，对于发展他们的逻辑思维能力颇为有益。

案例二

大班辩论赛"夏天好还是冬天好"

第一回合：立论阶段

幼：我认为冬天好，因为冬天可以打雪仗。

幼：我觉得冬天好，因为冬天可以滑冰。

幼：我觉得冬天好，因为冬天可以堆雪人。

幼：我觉得夏天好，因为夏天可以穿裙子。

幼：我认为夏天好，因为夏天可以吃冰糕。

幼：我觉得夏天好，因为夏天还可以洗澡。

第二回合：驳论阶段

幼：我觉得夏天不好，因为夏天太热啦。

幼：我不喜欢夏天，因为夏天有蚊子。

幼：我觉得冬天不好，因为冬天太冷，容易感冒。

幼：我不喜欢冬天，因为冬天太冷了。

（二）从凭借物的特点分类

依据凭借物的特点可分为以下四种。

1. 看图讲述

这是根据图片内容进行讲述的语言活动。包括单幅图、多幅图讲述，排图讲述，拼图讲述，粘贴图讲述，绘图讲述等多种变化方式。无论用什么方式，提供什么样的图，看图讲述的凭借物都是图片，即平面的形象画面。这类凭借物表现情景静止瞬间的暂停形象，在指导学前儿童观察理解和进行讲述时，需要帮助他们联想图片之外活动的形象和连接的情节。

图片是现实生活中的实物和事件的再现，具有一定的直观性，它色彩鲜艳、形象生动、情节鲜明，能够引起学前儿童的联想和想象，而学前儿童通过观察、联想，必然产生表达的愿望。因此，看图讲述是对学前儿童观察、思维和说话三种能力的综合培养，如看图讲述"小兔过河""小熊赏月"等。

看图讲述，根据图片的运用和对学前儿童讲述的不同要求，还可以分为以下六类。

（1）看图谈话。主要是根据图片内容，在教师的提问和引导下，通过一问一答的方式把图片中所表现的主要内容讲出来。这种形式主要在小班进行，如看图谈话"小红上幼儿园""搭积木"等。

（2）描述性的看图讲述。要求学前儿童不仅能观察到图片上所描绘的对象和现象的主要特征，而且能观察到细节部分，把握事物之间的关系和联系，并且能恰当地运用语言进行细致的描述，讲清图片上表现的是什么内容。这种形式主要在中班进行，如看图讲述"在动物园里"。

（3）创造性看图讲述。不仅要求学前儿童讲出图片的主要和次要内容的特征和相互关系，还要求学前儿童能够在教师的帮助下，讲出那些与图片的内容有必然的联系，但图片上没有直接表现出来的事物或内容，比如事件发生前后的情节、人物的心理活动、人物的对话部分等。这要求学前儿童能充分发挥自己的想象，用连贯的语言讲述出图片体现的故事。这种形式一般在大班进行，如看图讲述

"大象救兔子"。

（4）排图讲述。即为学前儿童提供一组无序号的图片，让学前儿童根据画面的内容，将图片排成一定的顺序，并讲述故事情节的一种活动。一般来说，教师提供的这组图片所反映的内容，必须是学前儿童熟悉的，根据这些图片学前儿童可以按一种思路排序讲述，也可以按多种思路排序讲述。这就要求每幅图片既要有相对的完整性，又要有一定的内在联系和多种排列的可能。这种讲述既培养了学前儿童的讲述能力，也培养了学前儿童的逻辑思维能力和想象能力。这种形式比较适合中、大班学前儿童。

（5）拼图讲述。看图讲述的一种，是看图讲述的拓展，其特点是：教师不直接提供讲述的凭借物，而是向学前儿童提供各种构图材料，如积塑玩具、贴绒图片、磁铁图片、立体图片，其中有人物、动物、花草树木、天气状况及不同的地点等，以及一张大的背景图，学前儿童根据自己的意愿与想象，将这些材料摆放在背景图上，构成一个个完整的、有情节的故事，并将它们清楚地表达出来。在培养学前儿童口语表达能力的同时，也锻炼了他们的创造性思维能力。如立体图片"美丽的花园"，学前儿童选择自己喜爱的动物小鹅、小熊作为主人公，在背景图中摆上各种花草树木，并挑选某一特定的天气状况，如"阴天"。在创造出这样一种场景后，学前儿童可以根据自己的思路讲述与场景相吻合的故事，同一场景编出的故事可以多种多样。这种讲述，可以让学前儿童独立拼出场景、自由讲述，也可以由几个学前儿童联合拼图并创编完整的故事。这种讲述形式灵活、多变，克服了传统的看图讲述中图片完全是教师准备的缺点，发挥学前儿童的主动性，而且图片中形象、场景的设置和故事的构思，完全依照学前儿童的爱好和想象而定，符合学前儿童心理发展的特点，实现了在讲述中动手、动脑、动口的目的，因此深受学前儿童的喜爱。小、中、大班都可以开展这种乐趣多多的活动。

（6）绘图讲述。所谓绘图讲述，从广义上讲，是将绘画、泥工、折纸等手工活动与讲述结合起来的一种活动。由于绘图讲述的材料需由学前儿童自己制作，因此在刚开展这种活动时建议分两次进行：第一次活动绘制材料，如绘画、捏泥等；第二次活动进行讲述。等学前儿童对这种活动形式熟悉后，可将二者有机融合在活动中。因此，绘图讲述保留了拼图讲述"动手、动口、动脑"的优点，又兼具面向全体、因材施教的长处，活动的形式更灵活、内容更丰富，使学前儿童在动手操作和讲述中，体验到自由创造的乐趣。如学前儿童在捏完小猫和鱼后，编出关于它们的故事。但需要注意的是，对不同年龄班的学前儿童，所提的要求应有所不同。小班儿童允许先绘图后讲述，中班儿童可以边绘边说，大班则应培养儿童先讲述后绘图的能力。

案例三

大班幼儿讲述《大象救兔子》

有一天早上，三只小兔子在蘑菇园玩。他们正玩得很开心，有一只大老虎突然来了。三只小兔子就喊着救命。没有人帮忙，他们就自己想办法跑呀跑呀。他们跑到了一条小河边，但过不去河，他们不知道怎么办。有一只大象经过，三只小兔子说："大象伯伯可以帮我们过河吗？"大象伯伯说："可以呀。"三只小兔子一个一个地经过大象桥，过了河。大老虎来了，他也很想过桥，可是大象不愿意。大象伯伯就把河里的水喷到了老虎的身上，大老虎再也不敢伤害小动物了。

---

2. 实物讲述

实物讲述是使用具体的实物作为凭借物，来帮助儿童进行讲述的一种活动，具有真实可感的特点。实物包含真实的物品、教具、玩具、动植物、日常生活用品和自然景物等。指导学前儿童进行实物讲述时，最重要的是把握实物讲述更侧重于描述、倾听等语言方面的目标，而不要把主要时间花在认识这种实物上。如"美丽的菊花"讲述活动，就应该在学前儿童充分了解菊花的多方面特征之后再进行，否则就不得不花大量的时间去认识菊花，从而冲淡语言方面的目标要求。这种讲述活动适用于三个年龄班。

3. 情境讲述

根据学前儿童经验设计情境，由教师或学前儿童扮演角色，表演或操作木偶进行表演，在引导学前儿童观看表演的同时，要求学前儿童凭借对情景表演的理解来进行讲述。这要求他们：在表演时集中注意力和观察力，在讲述中还要有一定的记忆力，不仅要记住人物和情节，还要记住人物的对话、动作、事件的发展过程，另外还要有一定的想象力和思维能力，要能感受人物的内心情绪情感和心理动态，并准确地讲述出来。由于这种讲述难度较大，因此一般在小班后期或中班早期开始进行。类似的讲述活动有"想个好办法""小羊过桥"等。

4. 生活经验讲述

学前儿童在教师指导下，根据已有生活经验，用完整、连贯、有条理的语言，讲述自己生活中所经历的或见过的，具有深刻印象或感兴趣的事情。在讲述中，要求学前儿童将零散、片断的感受，组织成一段有条理的表述，因此对组织和概括能力提出了较高的要求。除了要求学前儿童有较强的表述能力外，还要求学前儿童能正确地感受和理解社会生活，了解人们之间的关系。类似的讲述有"可爱的动物园""庆祝六一儿童节"等。此外，还包括对学前儿童个人经验和感受的讲述，如"今天我最高兴的事""暑假里最好玩的事情"等。这类讲述活动在三个年龄班都适用。

四、学前儿童讲述活动的语言教育目标

根据讲述活动的特点和学前儿童语言发展的需要，在讲述活动中主要考虑以下三方面的目标。

（一）培养学前儿童感知理解讲述对象的能力

在学前儿童语言发展的过程中，有一些教育内容是按照要求开展的。学前儿童不仅需要学会说自己的想法，也要学会按照主题要求去构思和说话。这就需要学前儿童懂得积极地感知理解"要求说"的内容，讲述活动就是提高这方面能力的良好途径。

从语言学习的角度来看，感知理解讲述对象，获得有关讲述内容的要求，是一个对综合信息提取的过程。它不仅要求学前儿童听懂指示，还要观察讲述对象——凭借物，然后通过运用概念、想象、判断、推理等多种思维形式的活动，获得一定的认识。这个过程并非简单地听和说，还有各种语言和语言之外的认知（如社会能力）的参与、加工和协调工作。因此，将活动的目标之一放在培养学前儿童感知理解讲述对象，把握有关讲述内容的要求方面，将有益于学前儿童不断增长这种提取综合信息的能力，这对于学前儿童语言和其他方面的发展，都会产生极大的促进作用。

（二）培养学前儿童独立构思与清楚完整表达的意识、情感和能力

讲述活动，为学前儿童提供了独立构思和清楚完整表述的好时机。通过这类活动可以从三个方面提高学前儿童的语言水平。

第一，在集体场合自然大方地讲话。刚入园的学前儿童，虽然有在集体面前讲话的愿望，但讲话的音量及连贯等方面存在欠缺之处，通过教师指导，学前儿童可以在讲述活动中逐步学会如何在集体面前自然大方地讲话。在集体场合自然大方地讲话，包括这样四点要求：① 勇于在许多人面前说出自己的想法；② 乐于跟别人分享自己的观点，积极地说话；③ 在集体面前说话不扭捏作态，不脸红害羞，不胆怯退缩；④ 用大于平时讲话的音量和正常的语调、节奏，在集体面前说话。

第二，使用正确的语言内容和形式进行讲述。学前儿童处于语言学习过程之中，他们的表达会出现语音、语法、词汇方面的错误。但是通过尝试错误，可以不断纠正错误，一步一步地向正确的方向靠拢。讲述活动要求学前儿童使用规范化的语言，这就要求引导学前儿童不断地纠正错误，提高使用正确语言内容和形式的水平。

第三，有中心、有重点、有顺序地讲述。在讲述活动中，要求学前儿童讲述独白语言，以发展其有中心、有重点、有顺序地说话的意识和能力。有中心地讲述，要求学前儿童敏锐察觉说话范

围，在讲述时不"跑"题，不说与中心内容无关的事；有重点地讲述，要求学前儿童抓住事件或物体的主要特征，传达最重要的信息，而不是讲话时漫无目的，令人厌烦；有顺序地讲述，要求学前儿童学习按照一定的逻辑规律来组织表达自己的口语语言，增强说话的清晰度、条理性。学前儿童在讲述活动中，独立进行构思和清楚完整表达的语言能力，可以提高他们的表述行为水平，促进语言发展。

（三）培养学前儿童掌握对语言交流信息的调节技能

有关研究成果显示，儿童在学习运用语言与人交往的过程中，需要不断增强个体对交流信息清晰度的调节技能。从总体上说，这种调节技能是针对交往场合中各种主客观因素，以及这些因素与个人使用语言关系的敏感性而言。学前儿童有必要通过讲述活动学习获得这种语言运用的技能。在讲述活动时，学前儿童可以从以下三方面提高对交流信息清晰度的调节技能。

第一，增强对听者特征的敏感性。根据听者的特征来调节说话的内容和形式，使听者能理解和接受，这是保证交流信息清晰度的一个方面。

第二，增强对语境变化的敏感性。根据语言环境的变化来调节语言表达方式，也是保证交流信息的清晰度，促使听者理解的一个方面。

第三，增强对听者反馈的敏感性。在运用语言进行交流时，学前儿童需要根据听者所做出的反馈，及时调整自己说话的内容和方式，这是保证语言清晰度和交流效果的又一种语用技能。

讲述活动中要求学前儿童要善于倾听别人的讲述是否与自己相同，是否与讲述内容一致；要求学前儿童根据不同的语境和听者的反应来调节语言表达方式，以保证交流信息的清晰度。可以说，每一次具体的讲述活动，都对学前儿童提出了感知语境变化的具体要求。学前儿童在学习讲述的过程中，逐步锻炼自己对语言变化的敏感性，培养能随语言环境变化而调节自己表述方式的能力。

五、学前儿童讲述活动的年龄阶段目标

（一）小班阶段目标

（1）能有兴趣地运用各种感官，按照要求去感知讲述内容。

（2）理解内容简单、特征鲜明的实物、图片和情境。

（3）愿意在集体面前讲述。

（4）能正确地说出讲述内容的主要特征或主要事件。

（5）能安静地听教师或同伴讲述，并用眼睛注视讲述者。

（二）中班阶段目标

（1）养成先仔细观察、后表达讲述的习惯。

（2）逐步学会理解图片和情境中展示的事件顺序。

（3）能主动地在集体面前讲述，声音响亮，句式完整。

（4）学会按照一定的顺序讲述实物、图片和情境的内容。

（5）能积极倾听别人的讲述内容，发现异同，并从中学习好的讲述方法。

（三）大班阶段目标

（1）通过观察，理解图片、情境中蕴含的主要人物关系和思想情感倾向。

（2）能有重点地讲述实物、图片和情境，突出讲述的中心内容。

（3）在集体面前讲话态度自然大方，能根据场合的需要，调节自己讲述的音量和语速。

（4）讲述时语言表达流畅，不卡顿，用词用句较为准确。

（5）能在集体中专注、长时间地听别人讲述，并能记忆倾听的内容。

讲述活动目标范例

图片讲述活动"大象救小兔"（大班）

活动目标

1. 能仔细观察图片中角色的表情、动作，根据图片提供的线索展开合理的想象。
2. 在符号标记的提示下尝试完整讲述故事内容。
3. 能大方地在集体面前表达自己的感受，并愉快地与同伴分享。

第二节　学前儿童讲述活动的基本结构

　　讲述活动的类型虽然多种多样，但由于其拥有共同的特点，都是要求儿童围绕某一对象连贯、完整、清楚地讲述，重点学习讲述的方式方法。因此在设计、组织讲述活动时，必然存在着一个相对固定的结构，遵循着一个稳定的规律。讲述活动设计的基本结构，由以下四个步骤构成。可结合课例看图讲述《越来越长》理解学习。

一、感知理解讲述对象

　　根据讲述活动的特点，儿童需要首先感知理解讲述对象，然后才能开展讲述。感知理解讲述对象，主要通过观察的途径进行。这里所说的观察，是通过各种感觉获取讲述对象的信息，但大部分是通过视觉汲取信息。许多看图讲述、实物讲述、情境讲述，都是先让学前儿童仔细看图、看实物、看表演理解讲述对象；而实物讲述"神奇的口袋"，则要求学前儿童闭上眼睛，从口袋里摸出一样实物，通过触摸感觉物体的特征，猜出物体名称，并讲述物体的形状与性质。而听录音讲述"夏天的昆虫"，先让学前儿童听一段录音，请学前儿童分辨出录音中各种声响，如知了、蝈蝈、青蛙、蟋蟀的鸣叫声等，通过听录音，将各种声音联系起来，想象出夏天里发生的有趣的事情。这是从听觉途径去感知理解讲述对象。

看图讲述
《越来越长》

　　在讲述活动中，儿童在观察图片的时候，常常只注重对主体物的观察，忽视细节部分，而那些在经意或不经意之间留下的细节，通常与主题息息相关，甚至可以说，如果对其缺少关注，就会妨碍对图片内容的理解。

　　教师可从三个方面指导学前儿童感知理解讲述对象。

　　1. 依据讲述类型的特点，感知理解讲述对象

　　如叙事性讲述，应重点感知、理解事件发生的过程顺序，以及人物在其中的作用。描述性讲述，观察重点则在物体的形态或人物的状态动作、特征等。只有从这些角度把握讲述对象的特征，才能为讲述做好准备。

　　2. 依据凭借物的特点，感知理解讲述对象

　　讲述活动中的凭借物是多种多样的，有的是几幅平面的相互有关系的图片，有的是立体的固定的实物，也有的是活动的连续动作的情景，还有的是听觉信息组成的活动情景，等等。教师在指导学前儿童感知理解讲述对象时，应抓住这类讲述对象的特点，去组织观察活动过程。

　　3. 依据具体活动要求特点，感知理解讲述对象

　　每一次活动的目标要求是不一样的，有时要求学前儿童学习有中心、有重点地讲，有时要求学前儿童有顺序地讲。教师的任务是根据活动的具体要求，指导学前儿童观察，以便为讲述打好坚实的基础。

二、运用已有经验讲述

在学前儿童感知理解讲述对象的前提下，教师应引导学前儿童运用已有的经验进行讲述。这一步骤的活动组织，要求教师尽量放开，让学前儿童自由地讲述，给他们以充分的机会实践，运用已有的经验讲述。

组织学前儿童运用已有经验讲述的方式很多，基本上可以归纳为以下三种。

1. 学前儿童集体讲述

这种方式是给每名学前儿童围绕感知对象充分自由发表个人见解的机会。如中班讲述活动"我喜爱的水果"，教师在活动设计组织时，可让学前儿童根据个人经验，向同伴介绍自己喜爱的水果，教师不作内容方面的规定。

2. 学前儿童分小组讲述

这种形式具有一定的面对面交流的性质，能保证每名学前儿童均有讲述的机会。分小组讲述，一般情况下每组4～6人，学前儿童可有更多机会，围绕同种感知对象，轮流进行讲述。

3. 学前儿童个别交流讲述

个别交流讲述，常常是学前儿童一对一地讲述。教师可让学前儿童就近与邻座同伴结成对子，轮流讲述，也可让学前儿童对着假想角色讲述，如讲述"我们班的小朋友"，学前儿童对着假想角色，讲述自己班的小朋友。这样的讲述方式，对学前儿童具有相当的吸引力。

教师在指导学前儿童运用已有经验进行讲述时，需要注意两点：一是让学前儿童自由讲述前，交代清楚讲述的要求，提醒学前儿童要围绕感知理解的对象进行讲述。二是在学前儿童自由讲述的过程中，注意倾听学前儿童的讲述内容，发现学前儿童讲述中的"闪光点"以及存在的问题。在活动中，教师不要过多指点学前儿童讲述，最多以插问、简单提问，引发学前儿童讲述，以免干扰学前儿童运用已有经验进行讲述。

运用已有经验讲述，是一种放手让学前儿童讲的活动程序，这一开放的步骤对于下一步活动来说十分必要。经实践证明，如缺乏这一步骤，讲述活动的效果会受到影响。

三、引进新的讲述经验

经上一阶段"开放性"的讲述之后，教师应将活动导入"收"的程序，为学前儿童引进新的讲述经验。新的讲述经验，是每次讲述活动的学习重点。在制定活动目标时，教师应考虑活动的重点、解决的问题、达到目的的情况，以便在此基础上向学前儿童提供新的讲述经验。新的讲述经验主要是指讲述的思路和讲述的方式。

教师可以采用多种多样的方式，引进新的讲述经验，归纳起来有以下三种。

1. 教师亲自示范新的讲述经验

教师在学前儿童自己讲的基础上，就同一讲述对象发表个人见解，提出一种新的讲述思路。例如大班讲述活动"变色的房子"，在学前儿童自己观察图片初步讲述之后，教师介绍自己的观察并按照画面顺序，将小猪请来他的几个好朋友刷房子，把房子想搞成五颜六色的内容构成有情节的故事并讲述出来。教师的这种示范，只是讲述思路中的一种类型，绝不是学前儿童复制的模本。如果教师错误看待示范的作用，要求学前儿童照教师讲述的内容一字不漏地模仿，学前儿童的讲述便毫无趣味可言，会极大地影响学前儿童讲述的积极性和创造性。

2. 教师通过提示引进新的讲述经验

在有些活动中，教师可以用提问、插话的方法，引导学前儿童的讲述思路，为他们建构新的讲述经验。在运用这类方法时，教师表面上顺着学前儿童的讲述内容，实际上却通过提问、插问，不断改变学前儿童的讲述思路。例如，在学前儿童选图讲述中，当学前儿童自由讲述后，教师提问："小朋友，你还可以用选图讲出什么故事，给大家讲一讲，好吗？"再如，课例《越来越长》中，老师用了图标提示的方法引进新的讲述经验就取得了很好的效果。

3. 教师与学前儿童一起讨论新的讲述思路

教师可从分析某一位学前儿童的讲述内容入手，与学前儿童一起归纳新的讲述思路。比如，组织讲述"我喜爱的水果"活动时，教师说："刚才××小朋友讲得真好。他在讲述自己喜爱的水果时，先讲了什么？先讲了水果的名称，然后呢？又讲了颜色形状。接下来又说了什么？说了水果的味道，最后又说自己多么喜欢这种水果……"教师讲这段话时，边问边答和学前儿童一起分析讨论，帮助学前儿童厘清讲述的顺序，于是引出了新的讲述经验。

四、巩固和迁移新的讲述经验

讲述活动中，仅仅引进新的讲述经验是不够的，还需要提供学前儿童实际操练新经验的机会，以利他们更好地获得这些经验。因此，讲述活动的最后一个步骤，是巩固迁移新的讲述经验。

在活动中，巩固和迁移新的讲述经验，有一些具体做法。

1. 变内容

当学前儿童学习了一种新的讲述经验后，教师立即提供同类不同内容的机会，让学前儿童用原来的讲述思路讲述新的内容。例如，学前儿童学习讲述一种水果的顺序后，教师可让学前儿童用同样的思路，讲述另一种水果，从而帮助学前儿童巩固新的讲述经验。

2. 变思路

教师在示范新的讲述经验，并帮助学前儿童厘清思路后，让学前儿童尝试用新的讲述方式来讲同一件事、同一情景。例如，学习讲述"秋天的菊花"的思路后，让学前儿童开个小花展，向小班的弟弟妹妹介绍秋天的菊花。值得注意的是，在这种情况下，教师应要求学前儿童创造性地运用新的讲述经验，尽可能地避免绝对模仿和复述别人的话。

3. 变形式——由静到动

在儿童学习了新的讲述经验后，可以引导其将所讲述的内容表演出来。通过表演游戏，一方面调动儿童的兴趣和积极性，另一方面也巩固和迁移已习得的讲述经验。如大班讲述活动"猴子过河"，可以通过集体表演故事《猴子过河》结束。

总之，讲述活动有一个内在的完整的组织程序。可以说，学前儿童每一次学习新的讲述经验，都需要在活动中操练、实践，以利于巩固、迁移，并且在下一次讲述活动中再次尝试运用。通过这种"滚雪球"的积累过程，学前儿童的讲述能力会不断得到发展。

拓展阅读

从中班谈话和讲述教学活动设计看学前儿童谈话活动和讲述活动的不同

案例一

中班谈话活动"我的生日"教学设计

活动目标

1. 积极参与谈话活动，体验语言交流的乐趣。

2. 能认真倾听，并能大胆地用语言表达自己的想法。

3. 进一步丰富有关"生日"的生活经验。

活动准备

物质准备：音乐《祝你生日快乐》，视频剪辑《多种多样的生日》。

经验准备：家长和幼儿一起回忆并谈谈幼儿的生日。

活动过程

一、创设谈话情境，引出谈话话题

1. 师幼同唱歌曲《祝你生日快乐》。

教师播放音乐，师幼一起唱歌曲《祝你生日快乐》。教师提出问题：这首歌曲的名字是什么？我们什么时候唱这首歌曲？

2. 回忆过生日的情境。

教师提问：你什么时候过生日？你和谁一起过生日？你的生日是怎样度过的？过生日时，你的心情怎么样？

二、结伴交流"我的生日"

幼儿自由结伴，围绕生日的时间、地点、人物、事件、心情等方面自由交谈。教师提醒幼儿认真倾听，不要随意打断别人的话。

三、边看边谈，拓展谈话话题

观看多种多样的生日视频，进一步丰富幼儿的生活经验和谈话经验。引导幼儿交谈自己喜欢哪种庆祝生日的方式及下一次想怎么过生日。

四、教师隐性示范新的谈话经验

教师讲述"我的生日"。

案例二

中班讲述活动"我的生日"教学设计（节选）

活动目标

1. 能用完整连贯的语言讲述"我的生日"。

2. 能积极倾听别人的讲述，并学习好的讲述方法。

3. 体验生日的快乐与美好。

活动准备

物质准备：生日蛋糕，音乐《祝你生日快乐》，每名幼儿准备一个生日礼物或者一张生日照片。

经验准备：家长和幼儿一起回忆并谈谈幼儿的生日。

活动过程

一、通过提问，引导幼儿回忆自己的生日

教师提问：小朋友，你的生日是哪天？你的生日是怎样度过的？生日时，你收到什么礼物？心情怎么样？

二、幼儿运用已有经验讲述"我的生日"

1. 幼儿在小组里讲述"我的生日"。

教师提出讲述要求：讲清楚生日的时间、地点、人物、如何过生日。幼儿5人一组，拿着之前带的生日礼物或者生日照片在小组中轮流介绍自己的生日。在幼儿讲述时，教师注意倾听幼儿的讲述，有针对性地指导。

2. 个别幼儿在集体面前讲述"我的生日"。

3. 师幼共同讨论如何讲述"我的生日"。

三、引进新的讲述经验

教师讲述自己的生日。

四、过集体生日，体验集体生日的快乐

五、教师和其他幼儿为班中今天过生日的幼儿过生日，并送上美好的祝福

从中班谈话活动和讲述活动"我的生日"活动过程的对比中，我们可以看出幼儿园谈话活

动和幼儿园讲述活动有以下不同特点。

1. 语言环境的不同

中班谈话活动"我的生日"中，幼儿围绕我的生日自由表达个人见解，教师创设的是相对宽松自由的环境。在交谈中，对幼儿的语言要求不高，不强调语言的规范、完整，只要交谈双方能够理解对方的意思，不影响交谈即可。而在中班讲述活动"我的生日"中，幼儿在小组、集体里讲述"我的生日"，教师创设的是较为正式的语言环境，引导幼儿围绕"我的生日"这一已有生活经验表述自己的观点、看法、认识、见解。幼儿需要用较为完整的连贯句进行讲述。因而幼儿在讲述活动中不像在谈话活动中那么宽松自由地交谈，要经过考虑后才能发表个人见解；讲述时，幼儿要经过较完善的构思，有头有尾地说出一段完整的话来，要尽量注意在用词造句方面的正确性、准确性并合乎规则。

2. 活动侧重点不同，发展幼儿的语言面向不同

在中班谈话活动"我的生日"活动过程中，教师重在引导幼儿围绕"我的生日"这一话题相互交谈；在中班讲述活动"我的生日"活动过程中，教师重在引导围绕"我的生日"这一已有经验讲述。因而幼儿园谈话活动重在引导幼儿交谈，发展幼儿的对话语言；幼儿园讲述活动重在引导幼儿讲述，发展幼儿的独白语言。对话语言是一种双边的活动。如果一个人讲话，另一个人不讲话，或答非所问，对话则无法进行。而独白语言不需要听众作出对话反应，讲述者和听众缺乏紧密联系，彼此所处的情境不同，对主题的理解不一，所以，讲述者必须使言语有严谨的逻辑结构和文法结构，有较丰富的内容；讲述前，要有明确的主题，以丰富的内容充实主题，并结合听众的具体情况做好准备。

3. 发展幼儿的能力面向不同

在中班谈话活动"我的生日"中，幼儿围绕话题相互倾听、轮流交谈，发展了幼儿的倾听能力和围绕话题交谈的能力，提升了幼儿运用语言交往规则进行交往的水平。在中班讲述活动"我的生日"中，幼儿需要自主构思并讲述自己的生日，同时需要根据语境变化、听者反馈等调整自己的讲述，因而发展了幼儿独立构思与清楚完整表达的意识、情感和能力，促使幼儿掌握对语言交流信息的调节技能。

4. 难度不同

中班谈话活动"我的生日"重在引导幼儿相互交谈，在谈话中幼儿相互启发、相互影响，使谈话向纵深发展。当交谈一方不知如何说时，交谈的另一方可以通过提示、提问、补充等化解交谈中的意外情况。而在中班讲述活动中，幼儿需要独立构思、独自讲述，对幼儿要求较高。因此，相对谈话来说，讲述较难。

第三节　学前儿童讲述活动组织与指导时应注意的问题

讲述教学中要遵循讲述活动的基本规律，适应儿童的年龄特征，选择恰当的内容和组织方式，循序渐进地提高学前儿童的讲述水平。在组织与指导讲述活动时，应注意以下四个方面的问题。

一、讲述对象的选择与呈现要恰当

讲述活动必须有一定的讲述对象，而讲述对象即凭借物的选择与运用至关重要。看图讲述是常见的一种讲述类型，在选择图片或自绘图片上，要从学前儿童的身心发展的角度考虑，主要人物或物体要形象鲜明，背景不宜复杂，结构布局要匀称，情节一目了然，篇幅要大，要让每个学前儿童都能清

楚地感知；图片要颜色鲜艳，形象可爱，表现形式上要有艺术性，动作性强，情节生动有趣，是学前儿童较熟悉的，并且是感兴趣的。

另外，也可以利用现代技术，把静止的画变为活动的画：如卡通片中的人物形象，色彩鲜明、造型不拘一格，深受学前儿童喜爱，容易引起学前儿童的注意。教师可以把卡通片中的宠物小精灵、蓝猫、黑猫警长、葫芦娃等形象搬进画面，幼儿注意力马上被吸引，由此而产生了探索的兴趣。教师还可以向学前儿童提供各种构图材料，如积塑玩具、贴绒、磁铁教具、七巧板、泥工等，引导学前儿童根据一定的主题自由构思，拼出各种各样的画面，并进行讲述。由于是学前儿童自己动手构图，在操作的过程中，更加激起了学前儿童对作品探索的兴趣。这样的变化，不仅可以改变单调的呈现方式，发挥学前儿童学习的主动性和创造性，锻炼学前儿童的感知和理解能力，还可以帮助学前儿童掌握观察和讲述的方法，培养他们独立构思与表达的意识、情感和能力，为学前儿童在日常生活中的观察和讲述奠定基础。

二、组织方法的运用要科学

教师设计与组织学前儿童讲述时，选择与采用何种组织方法，要由讲述类型的特点、学前儿童的年龄特点和学前儿童语言的实际水平来决定。如议论性讲述，多用示范模仿的方法；描述性讲述和说明性讲述，多采用提供讲述提纲的方法；看图讲述和实物讲述，多运用示范、提问、集体讲述、分组讲述等多种方法。而每种方法还要根据学前儿童年龄特点和现有水平的不同、具体活动目标和内容的不同，灵活地加以运用。

以看图讲述为例，在设计活动时，可以按一般的方法引导学前儿童进行讲述（即按逐幅出示的顺序），也可以根据不同的活动目标和内容，在实际工作中调整教学方式，在一般的基础上进行变革。如一般讲述与换位讲述相结合、一般讲述形式与其他活动形式相结合等，特别是带有一定故事情节的多幅图，可以采取在开始时出示全部图片，使儿童对画面内容有一个概括的印象，然后再逐幅仔细观察，有利于儿童围绕一个中心观察画面，讲清图意，如讲述"为啥学不会"。有时也可以分步出示，如讲述"哪来的脚印"，第一步同时出示一、二、三幅，第二步再出示第四幅。内容有可比性的图，可一幅或几幅一组组对照出示，或将可比的双方依次出示后再对比。如"一个小宝两个样"的六幅图，分成礼貌、劳动、纪律三组，形成鲜明的对比。也可进行部分图片对比，如"猴子过河"的中间两幅亦可对比。总之，多幅图可以一次出示或逐幅出示，也可分步出示或对比出示相结合，有很多种不同的出示方法。

几种活动形式的交替使用，可以激发学前儿童参与活动的积极性和主动性，始终保持高昂的兴趣，充分发挥学前儿童的想象，提高学前儿童的思维和讲述能力。尽量防止或减少学前儿童在活动中兴趣不浓、注意力集中时间短、参与讲述机会少、等待时间长等问题的发生。

三、设计问题要符合学前儿童的年龄特点

由于学前儿童年龄特点的限制，其观察、想象、思维和口语表达能力有很大的差别。在师幼互动中，提问是教师、学前儿童和活动内容三者间互动的途径，是决定活动是否有效的关键因素。好的提问，可以激发学前儿童的学习兴趣，启发学前儿童的思维，调动学前儿童学习的积极性。在讲述时，教师必须根据不同年龄班的具体情况，设计难度不同的问题，不同程度地帮助学前儿童进行讲述。以看图讲述为例，设计问题时必须注意以下四点。

1. 提问要紧扣讲述内容，简单明了，激发学前儿童讲述的兴趣

在看图讲述活动呈现图片后，可采用直接提问的方式，用最短的时间吸引学前儿童的注意力，获取画面提供的显性信息，为讲述活动的顺利进行做好准备。如讲述活动"捉迷藏"，讲的是小白兔、小猫、小鸭、小鸟、青蛙等小动物在一起玩捉迷藏的游戏。讲述的目标是让学前儿童通过仔细的观察，找到小动物的藏身之处，并用正确的语言表述出来，关键是"上面、下面、里面、外面"等方位

词的运用。图片出示后，教师利用小白兔这一突出的主体形象，提出了这样的问题——"小白兔闭着眼睛干什么呢？""还有别的小动物吗？""它们在哪里呢？"，使学前儿童在观察图片时有比较明确的目标，能抓住主题线索，展开积极的思维。

2. 提问要有顺序

教师应根据画面景物的远近、人物出现的先后、事件发生的前后，来确定提问的顺序，引导学前儿童有目的地感知。一般来说，提问的顺序是从整体到局部，从主要情节到次要情节，从具体到抽象。一个问题与另一个问题之间是互相联系的，下一个问题是上一个问题的发展，每个问题都具有承上启下的作用。这样有助于学前儿童学会按照一定的线索把握事件发生的走向，培养逻辑思维能力。

3. 提问要有开放性和挑战性

教师在组织活动时，要设计具有开放性和挑战性的提问，拓展学前儿童的思维空间，引起学前儿童积极思考和探索，读懂图片的"画外之音"，促进学前儿童想象力的发展。学前儿童观察图片一般比较粗略，容易看到外部明显的动作和表情，而对内容的内在联系不够注意，这就会影响对图片内容的表达。所以教师提的问题必须有开放性，以促使学前儿童积极思考。有时也可以在图片出示前提出问题，让学前儿童能根据图中所提供的线索和自己的生活经验，积极开动脑筋，或者开展讨论，充分表达自己的见解。教师应避免提那些包含答案在内的选择性问题。这样的暗示性的提问，学前儿童只是机械地回答"是"或"不是"，而不用动脑，对思维和语言发展没有明显的促进作用。

4. 不同年龄班，提问的要求应不同

对小班的提问应具体明确（如"有什么"或"是什么""干什么"），儿童看了图就能够回答。问题要一个一个地问，启发儿童讲述图中人和事物的名称以及角色的主要特征、动态等。

对中班，逐渐增加旨在要求儿童对图片内容进行简单描述的提问（如"什么样""怎么做"等），帮助儿童讲清楚人物以及事物之间的关系，鼓励儿童用不同的词语描述图中同样的人或事物。

对大班，教师可提几个连续性的问题，或者设计一些较为概括的问题（如"想什么""为什么""说明了什么"等）；还可以提一些与图片内容有必然联系，但在图片上并没有直接表现出来的事物，让儿童思考和回答。

总之，事先设计问题是为了使讲述能达到预期效果，但在教学时不要死抠准备好的问题，而应根据学前儿童回答的具体情况，有针对性地加以指导，灵活掌握。

四、要面向全体学前儿童，关注语言差异

为了使更多的学前儿童得到讲述锻炼的机会，教师应面向全班设计活动，加强指导，根据不同的对象分别提出不同的要求。对语言发展好的学前儿童，提问可以适当增加些难度，使他们经过一番积极思考能够讲述，或请他们作总结性讲述；对胆小的、语言发展较慢的学前儿童可提简单的问题，或让他们重复回答同一问题，以鼓励他们讲述。这样，使不同发展水平上的学前儿童，通过讲述实践，都能在原来的基础上得到有效发展。

本章小结

本章我们学习了"学前儿童讲述活动概述""学前儿童讲述活动的基本结构"和"学前儿童讲述活动组织与指导时应注意的问题"三节内容。"学前儿童讲述活动概述"阐述了讲述活动的主要特征、学前儿童讲述活动的作用、讲述活动的类型、讲述活动的语言教育目标和讲述活动的年龄阶段目标五个方面的知识；"学前儿童讲述活动的基本结构"讲解了组织讲述活动的四个基本步骤：感知理解讲述对象、运用已有经验讲述、引进新的讲述经验、巩固和迁移新的讲述经验；"学前儿童讲述活动组织与指导时应注意的问题"结合讲述活动组织过程中容易出现的问题给出指导建议，对于新手教师来说很有参考价值。

思考与练习

1. 简述学前儿童讲述活动的含义及主要特征。
2. 简述讲述活动设计的基本结构。
3. 结合实例谈谈学前儿童讲述活动的意义。

实践活动

1. 请你运用所学知识，从活动内容、活动目标、活动准备、活动过程等方面深入评析大班讲述活动"小猪和气球"，并提出修改建议。

讲述活动"小猪和气球"（大班）

活动目标

1. 能细致地观察图片内容，理解图片内容。

2. 能合理地为图片排列顺序，并运用完整连贯的语言生动地讲述故事；丰富词汇"兴高采烈""使劲"等。

3. 对排图讲述活动感兴趣，活动中能积极动脑，大胆与人交流。

活动准备

材料准备：四张大幅挂图，幼儿两人一套小幅图片和一块排序板，以及反映故事要素的小图谱等。

活动过程

1. 信件引入，激发幼儿活动兴趣。

师：昨天小猪给老师寄信了呢！信里有几张小猪的照片，你们想不想看一看呢？

2. 逐步出示四幅图，引导幼儿观察。

师：（出示第一幅图）照片上有谁？在做什么？小猪是怎么吹气球的？

请个别幼儿吹气球，引导幼儿模仿使劲吹气球的样子，丰富幼儿词汇"使劲"。

师：（出示第二幅图）小猪在哪里？小猴穿西装、扎领带，他通常是在什么地方上班？小猪和小猴会说些什么话？

师：小猴在商店里上班，小猪向小猴买气球。

请个别幼儿表演小猪向小猴买气球的情景。

师：（出示第三幅图）发生了什么事？小猪会是什么心情？

师：（出示第四幅图）小猪遇见谁？他在想什么？

引导幼儿模仿小兔和小松鼠高兴的样子，丰富幼儿词汇"兴高采烈"。

3. 结合故事小图谱，师幼一起复述画面内容。

4. 出示排序板，引导幼儿自由排图讲述。

师：这四幅图片其实是一个故事哦。可是老师不小心把顺序打乱了。你们帮帮我，把这四幅图重新排好，编成一个好听的故事，好吗？

（1）提出排图讲述的要求。

师：在排图前要想一想，故事的开头是什么？中间发生了什么事才会有这样的结果？

师：排好图后要把四幅图连起来编成一个故事，要注意把每幅图说清楚说完整。

师：最后帮故事取个名字。

幼儿自由编排图片讲述故事，教师巡视指导，鼓励个别幼儿讲述自己创编的故事。

（2）集体交流。

师：说说你是怎么排的？为什么这么排？

（3）师幼共同梳理故事讲述的要素。

师：无论图片怎么排序，排在最前面的图片讲的是故事的开始，第二、三幅图片讲的是故事里发生了什么事，最后一幅图片讲的是故事的结果。

5. 引导幼儿两两一组，尝试用不同方法排序，合理完整地讲述图片内容并续编故事结尾。

师：现在老师请你们想一想，这四幅图还可以怎么排，也能变成一个好听的故事。

（1）提出两个人交流的要求。

师：编出来的故事要有道理，让小伙伴能听得懂。

师：两个小朋友互相讲故事，一个说，一个指图，要认真听同伴讲故事。

师：你的故事讲完了，还能继续说一说后来怎么样了吗？

幼儿两两交流，教师进行观察指导，引导幼儿合理讲述故事。

（2）集体交流并评价。

请个别幼儿在集体面前重新排图并讲述故事。

师：他的故事讲得完整好听吗？

6. 进行《小猪宝宝》歌曲表演，自然结束活动。

2. 记录幼儿教师组织的讲述活动（可以是教学活动课例观摩或幼儿园见实习观摩），并思考：

（1）此次讲述活动有哪些环节？教师具体是怎样引导的？

（2）对你所观摩的讲述活动从活动本身（内容选择、活动准备、活动过程等）、幼儿教师（教学能力、师幼互动等）、幼儿（参与程度、目标达成情况等）三个方面进行评析。

3. 根据讲述活动的基本结构设计一个幼儿讲述活动，并在小组内模拟试教。

▶▶ 案例示范

案例一

讲述活动"救火"（中班）

活动目标

1. 初步接触幽默画，体验幽默画中所蕴含的趣味，培养对幽默画的兴趣。

2. 仔细观察画面人物的动态，能根据人物动态推测情节的发展，想象出人物的心理活动和对话语言。

活动准备

两组作品图片，一张备用图，父与子的形象，《父与子》的书。

活动过程

一、介绍《父与子》的书，认识父与子的形象

1. 调动经验：你们有没有看过这本书？

2. 理解名称：什么叫"父与子"？

3. 认识形象：爸爸长得怎么样？

二、观察讲述《救火》图片（图3）

1. 出示第一幅图，鼓励幼儿在观察图片的基础上大胆猜测。

师：屋子里怎么会有烟？

师：谁知道这是什么时候？你怎么知道的？

2.观察理解第二幅图。

师：这幅图和第一幅图有什么不一样的地方？你觉得儿子干什么去了？

3.观察理解第三幅图。

师：儿子在干什么？这个动作叫什么？

4.观察理解第四幅图。

师：你们在笑什么？

师：儿子看到爸爸这个样子会怎么想？又会说什么？

5.完整讲述图片内容。

三、引进和迁移新的讲述经验，鼓励幼儿大胆想象和表述儿子的心情及父子之间可能发生的对话

1.出示泡泡框，引导幼儿想象儿子的心情和语言。

师：你们看这是什么？鼓励幼儿自由表述自己对这个图片的理解。

教师小结：这个图片放在谁的上面，就表示他心里有想法和有想说出来的话。

鼓励幼儿大胆想象、猜测和表述第一幅图中儿子的心情和想法。

2.依次鼓励幼儿想象、表述第二至第四幅图中人物的心理和对话。

3.请幼儿完整讲述图片内容。

幼儿拿出小图片自由讲述图片内容，教师巡回指导。

4.请个别幼儿在集体面前讲述。

四、教师总结

师：这个故事的名字是《救火》，真的是救火吗？

附图片

图3　救火①

案例二

讲述活动"我摸到的是……"（中班）

活动目标

1.能通过触觉感知物体的形状特征。

---

① ［德］卜劳恩.父与子［M］.洪佩奇，译.南京：译林出版社，2009.

2. 能用准确的词语来描述物体，并说出物体的主要特征。

3. 能安静地倾听别人描述事物，并据此判断出物体的名称。

活动准备

手感、质地、形状不同的物体，如磁铁、石头、弹子、皮球、易拉罐、玻璃瓶、塑料搓衣板、铃鼓、毛绒小熊、塑料小鸭子等；每名幼儿口袋里放一物品；筐；布。

活动过程

一、感知理解讲述对象

1. 了解讲述对象。

教师将自己带来的所有物品放在桌上让幼儿一一指认，然后将物品按质地、形状、大小有次序地先后放入筐内，蒙上布。

2. 教师示范玩游戏"我来摸，你来猜"。

教师将手伸入筐中，摸到物体后，故作神秘地说："哎呀，我摸到了一样东西。它圆溜溜的、小小的、硬硬的，很光滑，摸上去凉凉的。你们猜猜它是什么呀？"引导幼儿猜出物体的名称。

二、幼儿运用已有经验讲述

1. 玩游戏"我来摸，你来猜"。

请幼儿触摸物品，并请他描述物品的形状、特征等，其他幼儿猜测物品的名称。可以先将磁铁和毛绒小熊放在筐内让幼儿触摸，然后将玻璃弹子和玻璃瓶放入小筐内让幼儿触摸；接着将弹子和皮球放在筐里让幼儿来触摸等。在幼儿感知物品时，教师可以设计这样的提问：这是×× ？为什么？如果是××，摸在手上是什么感觉？在这一环节中教师要引导幼儿仔细倾听讲述者的描述。

2. 结伴触摸讲述。

在活动前，每位幼儿口袋里放一件同伴不知道的物品，然后相互触摸，并描述物品的特征，猜测它是什么。在幼儿结伴进行活动时，教师深入到幼儿身边，引导幼儿不仅注意触摸本身的趣味性，而且要用语言描述出所触摸物品的形状、特征。

三、引进新的讲述经验

请两至三位幼儿共同触摸并描述同一物品。同时，教师引导、启发幼儿讨论：谁讲得最清楚，让大家一猜就知道他说的物品是什么？帮助幼儿归纳这样的讲述思路：这个物品是什么样的？摸在手中有什么感觉？

四、迁移新的讲述经验

1. 玩游戏"教师说，幼儿摸"。

教师描述一个物体触摸时的特征，请幼儿上来摸此物体。找到以后，再由幼儿说说它的特征。让大家仔细听听，这位幼儿找到的东西是不是教师所描述的物体。如果不是，就请其他幼儿说出为什么不对，并帮他改正。

2. 玩游戏"我来说，你来摸"。

请幼儿仿照上述方式，一人描述，一人摸物品。或一一结伴，我描述自己口袋里的物品，你猜猜我口袋里的物品是什么，然后互换角色。

活动延伸

和爸爸妈妈一起玩一玩这些游戏，如"猜猜看""我来说，你来摸"。

案例三

讲述活动"起风了，猫瘦了"[①]（大班）

活动目标

1.感知"起风"和"猫瘦"之间的因果关系，初步了解事物间都有一定的联系。

2.能想象出事物间的联系，并用较完整的语言讲述。

3.体验自由想象和创造性讲述的乐趣。

活动准备

1.盒子六个，盒面上依次贴上六幅故事图片（如图4）。

2.绘有轮船、厨师、打翻了的椅子、汽车、大哭的孩子、鲜花等不同图案的图片若干。

活动过程

一、依次观察、分析六个盒子上的内容，初步感知事物之间千丝万缕的联系

1.感知、理解第一张图片上的内容。

师（出示第一个盒子，如图①）：上面画了什么？

教师将第一个盒子放在桌子的最右边。

2.感知、理解第六张图片上的内容。

师（出示第六个盒子，如图⑥）：这个盒子上画了什么？

师：这只猫原来很胖，现在瘦了。你们觉得"猫瘦了"跟"起风了"有关系吗？

教师将第六个盒子放在桌子的最左边。

师：想想看，起风了，会发生什么事情？

3.感知、理解第二张图片上的内容。

师（出示第二个盒子，如图②）：发生什么事了？

师：窗子被吹开了会怎样？还会怎么样呢？我们来看看。

教师将第二个盒子置于第一个盒子左侧。

4.感知、理解第三张图片上的内容。

师（出示第三个盒子，如图③）：怎么了？

师：水流出来，又会发生什么事情？地板打滑会造成什么后果？

（教师将第三个盒子放在第二个盒子的左侧。）

5.感知、理解第四张图片上的内容。

师（出示第四个盒子，如图④）：谁摔倒了？

师：这下可麻烦了。该怎么办？

师：是啊，老奶奶摔伤了，必须把她送到医院去。

教师将第四个盒子按顺序放在第三个盒子的左侧。

师：现在你们想想，猫为什么瘦了？

6.感知、理解第五张图片上的内容。

教师出示第五个盒子，如图⑤：看看是这样的吗？

7.完整观察六张图片上的内容，初步理解事物之间的联系。

师（将六个盒子依次排好）：看看这六张图片上的内容，现在你们觉得"起风了"和"猫瘦了"有关系吗？

师：我们还可以把这些画面编成一个《起风了，猫瘦了》的故事。

师幼一起指图编讲故事：起风了，窗子被吹开了，花瓶倒在了地上，水流了一地。老奶奶走过来了，滑了一跤。老奶奶住进了医院，没有人喂猫吃东西，猫瘦了。

① 杨方.起风了，猫瘦了（大班）［J］.幼儿教育.2016（Z1）：44-45.

教师小结："起风了"和"猫瘦了"看起来一点关系都没有，但是连续发生了一件又一件的事情后，它们之间就发生了联系。

二、根据图片联想讲述

1. 选择两张图片联想讲述。

师：这里有很多图片，我先选一张，请你选一张和我的这张做朋友，说一段有趣的故事，好吗？

2. 选择多张图片联想讲述。

师：你们还能选出更多的图片讲述一段更长的故事吗？

三、自由选择图片合作讲述故事

师：现在大家自己选择一张图片，和旁边的朋友一起讲述两张图片的故事，然后找更多的朋友把图片加在一起讲更长的故事。活动结束后，再把它装订成故事书，在封面上写上大家的名字和故事的名字，放到阅读区，大家一起来编故事。

活动延伸

在阅读区投放幼儿自制的图书，供幼儿自主阅读讲述。

附图

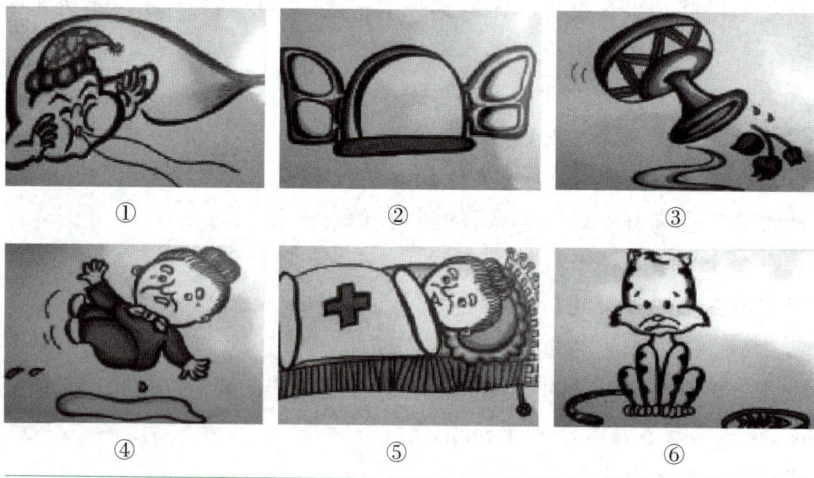

图4　盒面故事图

第七章

学前儿童文学活动的设计与指导

目标导航

PPT 教学课件

1. 了解文学活动的类型、特征和目标。
2. 掌握文学活动的基本结构。
3. 掌握不同类型文学作品活动设计与组织的步骤。
4. 能按照文学活动方案进行模拟教学。

知识导图

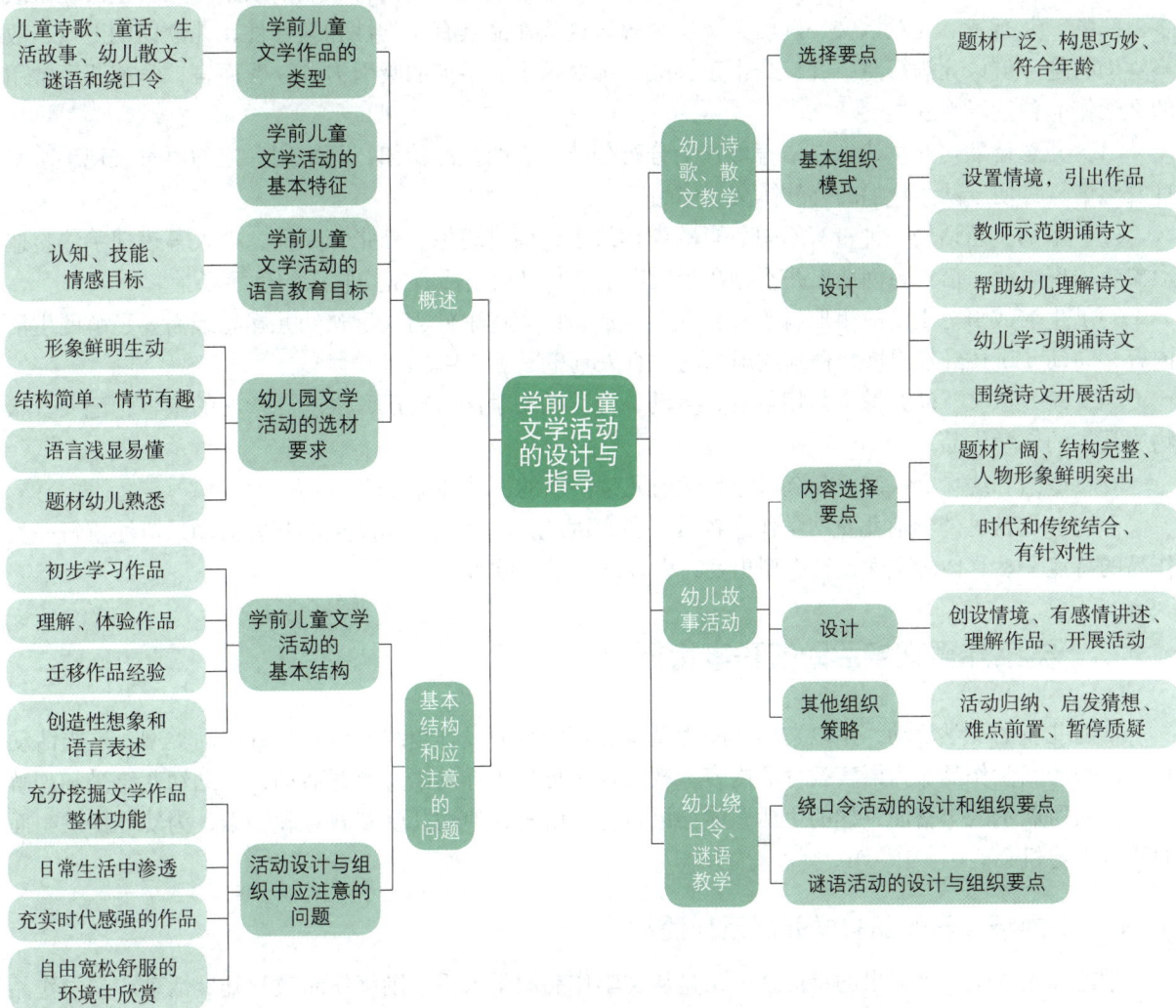

示范课

教师导学

观摩文学活动教学录像《爱唱歌的小麻雀》，思考文学活动和幼儿语言发展的关系。

爱唱歌的
小麻雀

第一节　学前儿童文学活动概述

《纲要》指出："引导幼儿接触优秀的儿童文学作品，使之感受语言的丰富和优美，并通过多种活动帮助幼儿加深对作品的体验和理解。"幼儿文学作品通过艺术的语言和形象来反映现实生活，不仅为幼儿提供了生动有趣、丰富形象的语言学习材料，也有利于幼儿增长知识、陶冶情操、提高审美能力。

学前儿童具有热爱文学作品的天性，他们对童话、故事和儿歌充满浓厚的兴趣。文学作品的学习，是学前儿童语言教育的一项十分重要的内容，以文学作品为基本材料而进行的文学活动，也是幼儿园语言教育一种不可缺少的类型。本节从语言教育的角度来探讨文学活动的特征、目标及选材要求。

一、学前儿童文学作品的类型

学前儿童文学作品，是指适应于0～6岁儿童的心理发展水平、知识经验和阅读能力的各类文学作品的总称。学前儿童文学作品体裁多样，包括童话、神话故事、寓言、成语故事、儿童生活经验故事、儿歌、儿童诗、儿童散文、谜语、绕口令等。这些作品具有文学性和教育性，儿歌朗朗上口，故事生动有趣，谜语充满智慧，绕口令富于挑战，都对孩子有很大的吸引力。一般而言，学前儿童常用的文学作品包括以下五类。

（1）儿童诗歌。儿童诗歌在语言形式上分行分节，有明显的韵律，并采用一定的语言表现手法来抒发感情，是便于幼儿吟唱的诗歌体文学作品。

（2）童话。童话是一种带有幻想色彩的虚构故事，通过幻想、夸张、象征、拟人等表现手法塑造形象、表现生活，借幻想创造出并不存在于现实生活却又与生活有密切联系的生活场景。

（3）生活故事。生活故事取材于社会现实生活，以叙述事件为主反映幼儿熟悉或需要了解的生活内容，向幼儿讲述经过提炼、概括或虚构的"真人真事"。

（4）幼儿散文。幼儿散文是用凝练、生动、优美的文学语言写成，供幼儿学习的叙事、记人、状物或写景的文学作品。

（5）谜语和绕口令。谜语和绕口令是学前儿童诗歌的一种特殊形式。

上述各类常见的学前儿童文学作品各具特色，因此，围绕文学作品教学开展活动，应注重每一类作品的特点，从具体的文学作品类型出发，引导幼儿学习欣赏。

二、学前儿童文学活动的基本特征

学前儿童的文学活动，是以文学作品为基本教育内容而设计组织的语言教育活动类型。这类活动是以优秀的文学作品作为语言教育的内容，教师通过形式多样的语言教育活动，帮助幼儿感受和理解文学作品所展示的丰富而有趣的生活，体会语言艺术的美，使幼儿受到教育和感染，为幼儿提供全面的语言学习机会。

（一）围绕文学作品教学开展系列活动

学前儿童文学活动突出的特征之一，是从文学作品教学入手，围绕作品教学开展活动。文学作品是语言艺术的结晶体，每一篇具体的儿歌或故事，都包含着丰富的语言信息。从具体的文学作品展开的活动，是包含理解美、欣赏美、表现美、创造美的多层次活动。

例如，在大班散文活动"美丽的秋天"中，围绕作品可以设计以下活动：

1. 结合图片，倾听作品；
2. 通过讨论、谈话等方式感知、理解秋天的美丽画面和语言特点；
3. 学习朗读作品，通过朗读感受作品的语言美、意境美；
4. 结合自己的生活经验，通过联想和想象，仿编新的句子，锻炼语言表达能力；
5. 画一画秋天，在活动延伸环节继续感受、表现秋天的美丽。

通过以上活动，幼儿能多感官、多层次地理解作品所表现的内容，感受秋天的美好；同时也丰富了"千姿百态、特别、金灿灿、红彤彤"等词汇，以及练习用优美的句式进行表达。

（二）整合相关领域的学习内容

文学活动从文学作品教学出发，常常需要整合相关领域的内容，开展多种形式的系列活动，使幼儿有更多的机会认识文学作品中表现出来的社会生活内容，促进他们对作品的感知与理解，这是学前儿童文学活动的另一基本特征。例如故事《小水滴历险记》中，小水滴跟着爸爸去探险，在太阳公公的照耀下，小水滴渐渐"飞"了起来，变成天空中的"云"；遇到雪峰，变成一片洁白的雪花飘落下来；在太阳公公的照耀下又变回小水滴，回到大海的怀抱。在这个故事的学习中，要利用图片或视频讲解的方式帮助幼儿了解水的三态变化，帮助幼儿更好地理解故事情节，同时在科学领域也可以带领孩子继续探索水的形态的变化。

需要注意的是，文学活动的突出特点是围绕作品展开活动，文学作品是活动的重心，是活动的主要目标，其他领域的内容自然渗透在语言活动中，不能喧宾夺主。语言活动结束后可围绕相关内容开展其他领域活动。例如，学过散文诗《落叶》之后可以带领幼儿到树林里采集落叶，做树叶粘贴画，画落叶等。学过《洗手歌》后，可带领幼儿按洗手歌的内容练习正确的洗手方法，或者一边洗手一边念《洗手歌》，从而实现语言领域和健康领域目标的融合。

（三）提供多种与文学作品相互作用的途径

幼儿语言的发展是个体通过与外界环境中各种语言和非语言信息交互作用而逐步获得的。因此文学活动应当着重于引导幼儿通过听一听、看一看、想一想、说一说、读一读、做一做、演一演等多种形式参与到对语言的感知、理解和运用中，以发挥幼儿的主动性，提高幼儿参与文学活动的兴趣。

三、学前儿童文学活动的语言教育目标

学前儿童文学作品是儿童语言学习的样本，在文学活动中，要求儿童积极参与，了解文学作品的体裁，感受文学作品的语言艺术，培养他们对文学语言的敏感性；引导儿童通过各种方式理解文学作品的内容，掌握相关的社会知识；结合文学作品提供的语言信息，进行创造性想象和语言表达。文学活动的教育目标与学前儿童语言教育的基本目标紧密相连，学前儿童文学活动的目标主要包括以下三方面。

（一）认知目标

（1）知道文学作品有诗歌、故事、散文、谜语、绕口令等体裁，懂得文学作品是以规范而成熟的语言创作而成的，了解语言的多样性和丰富性。

（2）学会正确发音，扩大词汇量，了解各种句式的表达，提高幼儿对语言多样性的认识。

（3）理解作品内容，丰富作品中相关的社会知识。

（二）技能目标

（1）学会倾听，提高语言的理解能力。

在幼儿语言的发展过程中，学习做一个乐于听并善于听的人，是幼儿运用语言进行交往的重要方面。文学作品活动与幼儿的"听"紧密联系在一起，它给幼儿提供了有意识的、评析性的、欣赏性的倾听机会，并能在实践中培养倾听技能。

（2）提高儿童灵活而富有创造性地运用语言的能力。

（3）会说并说好普通话。

（三）情感目标

（1）对文学作品有浓厚的兴趣，喜欢并乐意欣赏文学作品，积极参加文学活动。

（2）感受文学作品中的情感脉络，体验文学作品中的人物情感，发展学前儿童的艺术想象力和审美能力。

四、幼儿园文学活动的选材要求

首先，要选择符合幼儿天性的文学作品。所谓"符合幼儿天性"，即符合儿童的兴趣、审美特点、认知方式、思维方式等。很多幼儿文学作品，肩负着对幼儿进行知识启蒙、人生启蒙的任务。因此，在选择作品时，更应先把"有意思"放在第一位来考虑，其次才是"有意味"。具体来说，幼儿园文学活动的选材有如下要求。

1. 形象鲜明生动

幼儿文学作品塑造的形象要活灵活现，不论是小朋友还是小动物，都要有鲜明的特征，特别是神态和动作要生动形象，才能增加作品的感染力和表现力。

2. 结构简单，情节有趣

学前儿童对新奇的事物具有很强的好奇心，但是理解能力有限，所以选择的文学作品情节不能太复杂，人物不能太多，人物关系也不要太复杂。情节也不能呆板单调，要单纯而有趣，吸引幼儿欣赏的兴趣。比如童谣《小老鼠》："小老鼠，上灯台，偷油吃，下不来。咪咪咪，猫来了，叽里咕噜滚下来。"采用了拟人和夸张的表现手法，刻画出了小老鼠的滑稽形象，风趣幽默，深受孩子的喜爱。

3. 语言浅显易懂

由于幼儿还不能准确地理解抽象的词汇和复杂的语句，因此作品的语言要浅显易懂，适合幼儿的语言发展水平。所以学前儿童文学作品从语言形式上常常具有生动、形象的特征，作品中的句子多以简单句、主动句和短句来呈现。但这并不意味着要将作品的书面语言全部转化为口头语言，或是把较难理解的新词汇都改为幼儿能接受的词汇。特别是对于中、大班幼儿，教师应注意适当引导幼儿从作品当中获得不同样式和不同风格的语言，感受文学作品的语言美。

4. 题材幼儿熟悉

选择的题材范围还应注意要以幼儿熟悉的生活或有一定经验的生活为主。同时，还应考虑幼儿的年龄特点和语言发展水平，使之符合幼儿的语言发展需要。

第二节　学前儿童文学活动的基本结构和应注意的问题

一、学前儿童文学活动的基本结构

学前儿童文学活动的基本观念是以幼儿为主体，将幼儿置身于教学活动中，引导幼儿积极主动地学习文学作品，感知体验文学作品，并能创造性地运用所学的与文学艺术思维相关联的观点和技术。教师应遵循纲要的理念，结合文学作品本身的丰富性，贯彻文学活动的基本观念，组织好教育过程。学前儿童文学作品活动是系列的、网络状的活动，是从某一作品入手，开展与作品相关的活动，包括儿童初步欣赏接受文学作品，理解体验作品，迁移作品的相关经验，进行扩展想象和语言表述。文学活动具体结构可分为以下四个层次。

（一）初步学习作品

以文学作品作为学习内容的教育活动，首先要将作品传授给幼儿。根据作品内容的难易程度，教师可采用比较直观形象的幻灯片、挂图、桌面教具、木偶、头饰等辅助教具创设情境，引出文学作品。然后，教师有感情地朗诵或者讲述作品，让幼儿通过倾听和观看教具，初步了解作品内容。

在初次朗读或讲述作品前，教师可设计2～3个问题，让幼儿带着目的倾听，以培养幼儿倾听的专注力和学习文学作品的兴趣。例如在散文诗活动"落叶"中，教师在朗读前可设计提问："落叶会落到哪里？会遇到谁呢？"在朗读结束后，请幼儿回答。这样既可以提高幼儿倾听的注意力，也能提高幼儿的理解能力。

（1）不要在第一次教学作品时过多地重复讲述作品，以免幼儿失去对文学作品的兴趣。故事类作品应以讲两遍为宜。

（2）不要让幼儿机械记忆背诵文学作品内容，避免消耗精力，以便他们将注意力更多地投向学习过程的理解与思考。

（3）用提问的方式组织幼儿讨论。教师可通过设计提问，帮助幼儿对作品进行理解和思考。如在活动"小兔找太阳"中，教师不仅让幼儿讨论"小兔先后把哪些东西当作了太阳？"，还引导幼儿思考："这是一只什么样的小兔？你喜欢它吗？""你知道生活中有哪些东西像太阳吗？""如果你是故事中的小兔，你会把哪些东西当作太阳？"这些问题都有助于加深幼儿对文学作品的理解和掌握。

（二）理解、体验作品

理解作品内容是文学活动的重要目标。诗歌和散文里有优美的意境，丰富的词汇、句式和艺术表现手法；叙事类的诗歌和故事里有鲜明的人物形象、有趣的情节、鲜明的主题。幼儿在理解作品内容的过程中，积累知识，陶冶情操，丰富生活经验，为语言表达和运用打好基础。帮助幼儿理解作品通常有以下方式。

1. 结合相关教具理解作品内容

幼儿处在具体形象思维阶段，他们理解、接受新事物往往需要借助生动具体的形象。因此教师在活动准备阶段需要考虑什么样的教具更能帮助幼儿理解作品的内容。例如在故事活动"拔萝卜"中，教师用故事围裙的形式一边讲故事，一边在围裙上表演故事情节，形象、生动、新颖，能很好地吸引幼儿倾听的兴趣，帮助幼儿更好地理解故事情节。

2. 通过三层次提问帮助幼儿理解作品

首先是描述性提问，帮助幼儿了解作品大致内容。描述性提问也叫回忆性提问，提问的目的是帮助幼儿回忆倾听的内容。例如在儿歌活动"小蚱蜢"中，根据诗歌内容依次提问："小蚱蜢在干什么？它跳到了哪里？它跳上狗尾草之后做了什么动作？说了什么？后来发生了什么？"

其次是思考性提问，通过提问启发幼儿思考，帮助幼儿把握作品的重点、难点以及作品的主题等。例如在了解了儿歌《小蚱蜢》内容后，教师提出思考性提问："小蚱蜢为什么会摔跤？"通过思考、分析，启发幼儿明白，小蚱蜢因为太骄傲了，才会从狗尾草上跌下来。

最后是假设性提问。在理解作品内容之后，教师还需要把作品中的经验和幼儿的生活经验结合起来，启发联想和想象，引导幼儿进行创造想象和语言表达。例如在理解作品《落叶》的内容后设计提问："树叶还会落到哪里？会遇到谁？把它当作什么？"在学完故事《小熊的尾巴》之后提问："小熊最喜欢自己的尾巴，你喜欢自己的什么地方呢？"在学完诗歌《家》后提问："还有什么是谁的家呢？"通过假设性提问，为幼儿提供想象和表达的机会。

3. 组织有关活动，帮助幼儿深入理解和体验作品的人物特色、主要情节、重要词语和句式等，进而把握作品的人物、主题、情感、语言美和意境美等

为了帮助幼儿理解、体验作品，教师可以根据作品的具体内容来设计相关活动。例如学习诗歌

《春风》之后，教师重点让幼儿体会诗歌的关键词"吹"的主要含义，可以让幼儿通过制作春天的景物，如各种花、草、植物和动物，感受"吹绿了柳树，吹红了桃花，吹来了燕子，吹醒了青蛙"等词句的含义；还可以让幼儿模仿一下"吹"的动作，模仿得越夸张越好，从中让幼儿体会"吹"字会给人带来什么情绪的联想，并进而帮助幼儿认识到"吹"字中所包含的欣喜、高兴的情感，使幼儿对诗歌《春风》的理解上升到一个新层次，加深对作品的理解。在初步学习了《小蚱蜢》的内容后，可请幼儿学一学小蚱蜢跳上狗尾草后做的"腿一抬，脚一翘"的动作和"哪个有我跳得高"的语气神态，通过语言、动作、神态的模仿，深入理解、体验小蚱蜢骄傲的神态。

（三）迁移作品经验

引导幼儿迁移作品的经验，是在以上两个层次的基础上进行的。因为文学作品向幼儿展示的是建立在幼儿生活经验基础上的间接经验，这种经验常使幼儿感到既熟悉又新奇有趣，迫切地想体验。要使幼儿真正理解作品，就需要进一步组织与作品重点内容有关的活动，让幼儿在活动中将作品各方面内容整合地纳入自己的经验范畴，使得他们的直接经验与文学作品的间接经验实现双向的迁移。

迁移作品经验的活动，往往是围绕作品重点内容开展的可操作的或具有游戏性质的活动。例如在诗歌《春风妈妈》的教育活动中，幼儿学习了作品内容："春风妈妈亲亲树，树儿换上绿衣服；春风妈妈亲亲花，花儿开出一朵朵；春风妈妈亲亲小河，小河笑开小酒窝；春风妈妈亲亲我，我天天长大真快乐。"教师引导幼儿：用诗歌中"春风妈妈"的眼睛，去观察周围环境中，在春风的吹拂下，自然界和社会生活中的各种变化，用口头描述或绘画的方式，来迁移作品的经验，幼儿会说出或画出花草树木以及动物、人们在春天里的许多活动内容。幼儿在类似这样的活动中，不仅进一步加深了对作品的理解，而且还为下一步扩展想象和语言表述，打下了基础。

（四）创造性想象和语言表述

通过前面三个层次的活动，幼儿对文学作品本身的学习、理解和体验，已达到了一定的要求，教师还可以进一步创设机会，让幼儿扩展想象，并创造性地运用语言，去表达自己的认识与想象。创造性想象和语言表述活动仍然立足于原有已学的文学作品内容来进行。在这一层次活动中，教师可以让幼儿续编童话故事，仿编诗歌、散文，进行故事表演，或围绕所学文学作品内容想象讲述。如《快乐的小屋》，教师设计的这一层次活动是：可以让幼儿进行诗歌仿编，创作自己的小诗；也可以让幼儿谈谈自己搭建的快乐的小屋是什么样的；还可以创造性想象讲述"我未来的快乐小屋"等。在这一层次的活动中，启发幼儿进行大胆想象和表达，锻炼口语交际能力，增强艺术思维能力和创造潜能。在实际活动中，主要利用以下三种方式进行培养。

1. 指导幼儿艺术地再现文学作品

可以采取复述、朗诵、表演、绘画及音乐手段，再现文学作品的思想内涵和情感氛围。其中复述、朗诵和表演三种再现方式与语言运用的关系比较大，需要幼儿借助作品中的原词原句，添加自己的解释及表情、动作、声调变化等，根据需要进行一番加工，把作品中的语汇和句子转化为己有，从而提高运用语词进行口语表达的能力。

2. 指导幼儿学习仿编文学作品

这种方式在诗歌和散文学习中尤为常见。幼儿先感知和理解作品中一句话或一段话的结构特点，然后结合已有经验，凭借想象构思出新的内容，再借用原来作品的结构，通过换一个词或换几个词，甚至换一个或几个句子的方式，完成仿编活动。幼儿在仿编活动中，既理解了语言结构形式和语言内容之间的关系，又锻炼了想象能力，还可以体验到仿编作品的成就感，提高了自信心，增加了语言学习的兴趣。

3. 指导幼儿创编文学作品

文学作品创编活动是一种在学习文学作品的基础上，结合个人经验，运用联想和想象，创编出诗歌、散文或故事的活动。在创编活动中，要求幼儿把诸多要素，按一定联系组合成一个新的整体，把事物的某个元素加以更换，从而产生一种崭新的认识和新颖的创造。因此，教师必须精心设计和组织创编活动，在开始创编阶段，利用图片及语言帮助，开阔幼儿的思路，帮助他们冲破习惯性的思维方式，产生灵活变通的思维活动，并获得新的成果，使创编活动成为培育幼儿创新能力的沃土。

综上所述，文学作品的学习，是一个系统的、呈网络状的活动群。这是一个从理解到表达，从模仿到创新，从接受到运用的整合过程。在这样的活动过程中，可以循序渐进地，培养幼儿对语言艺术的敏感性，发展他们的完整语言，锻炼他们的想象力，增长他们的艺术思维能力，同时也促进他们其他方面能力的发展。

案例

诗歌活动"小蚱蜢"（中班）

活动目标

1. 理解诗歌内容，积累词汇"抬、翘、跌"。

2. 模仿小蚱蜢的语气、神态、动作，学习有感情地朗读。

3. 体验诗歌表演的乐趣。

活动重点

1. 理解诗歌内容。

2. 学习有感情地朗读。

活动准备

诗歌挂图，幼儿户外活动场景若干。

活动过程

一、图片导入

出示小蚱蜢图片，提问：你认识它吗？这个新朋友叫小蚱蜢，小蚱蜢今天有点不开心，发生了什么事呢？我们来听一听吧！

二、教师示范朗读诗歌

教师结合挂图，有感情地朗读并提问：你知道它今天为什么不开心了吗？

总结：原来小蚱蜢在学跳高的时候摔倒了，头上还磕了个大青包呀！

三、理解、体验诗歌

小蚱蜢怎么会摔跤呢？我们再来看一看吧！

1. 出示挂图一。

提问：小蚱蜢在干什么？它跳到了哪里？请小朋友学一学小蚱蜢跳的动作。

2. 出示挂图二。

提问：小蚱蜢跳上狗尾草之后做了什么？说了什么？请小朋友学一学小蚱蜢抬、翘的动作，以及得意的神态和语言。

3. 出示挂图三。

提问：后来又发生了什么事？请小朋友学一学小蚱蜢摔跤的动作。

提问：小蚱蜢为什么会摔跤？请小朋友交流讨论。

教师总结：小蚱蜢太骄傲了，得意时没有站稳。

提问：你知道在户外活动时，我们应该怎么做才不会受伤吗？请小朋友看图说一说。

教师总结：在玩攀爬网、过独木桥、骑自行车、踩高跷等游戏时，大家要小心、抓紧、握牢，防止从上面摔下来，即使我们很熟练了，也不能骄傲大意。

四、学习朗读

朗读指导：小蚱蜢的动作"抬、翘、跌"。

教师带领幼儿带动作朗读几遍。然后，请个别幼儿朗读表演。

活动延伸

家园共育：把这首儿歌读给爸妈听。

区角活动：把挂图放表演区，请幼儿在区角活动时自由表演。

附儿歌

小蚱蜢

小蚱蜢，学跳高，

一跳跳上狗尾草。

腿一弹，脚一翘：

"哪个有我跳得高！"

草一摇，摔一跤，

头上跌个大青包。

二、学前儿童文学活动设计与组织中应注意的问题

（一）充分发掘文学作品的整体功能

文学作品具有寓教于乐的风格，对幼儿发展的整体功能可以概括为：知识启蒙、智力启蒙、人生启蒙。知识启蒙是文学作品的表层功能，通常表现为：让幼儿通过文学教育获得某些信息，学习某些知识经验，掌握某些词句，懂得某些道理。因而，幼儿文学作品，首先成为幼儿知识启蒙的重要工具。教师要在文学活动中，充分发掘文学作品知识启蒙的功能，让幼儿获得丰富的自然知识和社会知识。

智力启蒙和人生启蒙则为文学作品的深层功能，是幼儿文学活动的重点功能。实际上，幼儿在接受儿歌、故事等知识启蒙的同时，也在或多或少地接受着智力启蒙和人生启蒙。如谜语歌《月亮》："有时像香蕉，有时像圆盘，白天看不到，晚上才出现。"不仅在传授知识的同时满足了幼儿的好奇心和求知欲，也有助于发展幼儿的推理判断和联想能力。在文学活动中让幼儿学习语言，增强文学理解和文学艺术的想象力，激发其创造性思维和创造性，也就是发掘文学作品的深层功能。如童话《白雪公主》《渔夫和金鱼》等，在丰富幼儿知识的同时，又发挥了巨大的智力启蒙作用。

另外，文学作品中那些栩栩如生的形象、生动有趣的情节，直接展现社会生活，为幼儿展示了一个他们未曾经历过的世界，使他们能够深入细致地了解体验主人公的情感、态度、行为和心理世界等，从而形成一定的认识和生活经验，这对于加速幼儿的社会化进程，有很大的帮助。因此，在文学活动中，既要注意发掘文学作品的表层功能，又要注意深层功能的发掘，让其功能整体发挥，以促进幼儿语言水平的提高。

（二）在日常生活中渗透文学教育

儿童文学作品教育除了正式组织的教育活动之外，在日常生活中，教师可以利用各种条件进行文学作品的渗透。比如：在墙饰布置中安排故事和诗歌的内容，在听觉背景中出现故事和诗歌，使之在不经意中渗入幼儿的大脑，从而使幼儿产生一定的记忆。一些在背景中出现过的作品，出现在正式的学习活动中时，幼儿往往会产生"似曾相识"之感，增加进一步学习和探究的兴趣。教师也可以培养幼儿主动学习的习惯。如让幼儿独立自主地选择图书、磁带、卡通片录像带或光盘等，操作音响设备和电脑，收听或收看文学作品。当然，也可以在其他领域的教育活动中渗透文学教育。如幼儿穿衣时，老师念儿歌："抓领子，盖房子，小老鼠，出洞子，吱溜吱溜上房子。"幼儿一边听，一边学穿衣，

增加生活的情趣，像游戏似的就把衣服穿好了。在刷牙前后也可以加入儿歌，比如《刷牙歌》："小小牙齿用处大，吃饭说话都用它。吃过食物漱漱口，早晚记住把牙刷，天天用它要爱护，少生病来健康佳。"达到生活与文学活动的有机结合。年龄越小的幼儿，越要让作品融入日常生活，使之在幼儿的操作中内化形成文学表象。

（三）不断充实时代感强、符合幼儿欣赏情趣的文学作品

要使选择的文学作品真正体现语言教育的目标，促进幼儿语言的发展，教师必须增强时代意识，不断充实有时代气息的幼儿文学作品，以提高幼儿学习文学作品的兴趣。

从幼儿的情趣出发，就是要选择幼儿感到有趣味的作品，例如，文学作品中的人物形象及其动态，与日常生活中的形象既有联系又有较大的反差，幼儿往往特别感兴趣。如《会动的房子》中，小松鼠错把乌龟背当作大石头，把房子造到乌龟的背上，当出现险情时，才发现自己犯了粗心大意的毛病。幼儿见过许多造房子的情景，但却从未看到过会动的房子，更没有看过乌龟背上造房子，他们就会感到滑稽可笑。

另外还有想象奇特的作品，动作性强、情节和语言循环往复、结局完满的作品，都符合幼儿的情感和期望，教师可以及时选择这一类的作品，增加并补充到语言学习的内容中去，使幼儿已有的经验，在想象中得到整合与创新。在幼儿的经验范围内，教师还要注意充实一些人物、情节、情感变化比较复杂的文学作品。这些对于幼儿更富有挑战性，有助于幼儿全面调动自身的文学心理功能，使学习文学的潜能得到开发。

（四）教师应尽可能让幼儿在自由、宽松、舒服的环境中欣赏文学作品

幼儿欣赏文学作品的效果受环境的影响很大，应注重自由的、宽松的、舒服的环境在文学活动中的重要价值。在文学活动过程中，应该从阅读的物理环境和精神环境两方面提供给幼儿适宜的环境，还要注意阅读活动中的操作性问题，具体方式主要有：重视幼儿的语言表达，引导其运用动作展示对作品的理解，运用音乐绘画等方式加深对文学作品的体验等。

第三节　幼儿诗歌、散文教学

幼儿诗歌是儿童文学作品的重要组成部分，包括儿歌、儿童诗、浅显的古诗等。它们共同的特点是：意境优美、语言精练、想象丰富、有节奏、有韵律、极富童真与童趣，所以深受幼儿喜爱。幼儿散文中充分运用了比喻、排比、拟人、夸张、想象、反复等表现手法，作品的意境和语言优美，每篇散文都为幼儿勾勒出一幅形象逼真、充满童趣的画面。无论是幼儿诗歌还是散文，都会给幼儿带来美的熏陶和感染，丰富幼儿的想象力，发展幼儿的思维和语言表达能力，因此一直是学前儿童文学教育的重要内容。

一、幼儿诗歌、散文作品的选择要点

1. 题材广泛，充满童趣

教师选择作品时应注意题材的多样化，既可以选择生动有趣的叙事诗，如《小弟和小猫》《小猪爱睡觉》等；也可以选择描绘美丽的大自然现象或人们美好心灵和情感世界的抒情诗，如诗歌《春风》《春雨》《落叶》，散文《彩色的雨》《我愿……》《美丽的秋天》等；还可以选择浅显易懂的古诗，让幼儿感受中国传统文化的美，如古诗《悯农》《咏鹅》《春晓》等。再如作品《流星花》，通过花中之皇牡丹和玫瑰与丑小花的行为、语言对比，引导幼儿分美丑，识真假，辨是非，在其心灵中唤起深沉而持久的美感，具有较高的品德教育价值。

2. 构思巧妙，富有想象力

幼儿喜欢的诗文，不仅要朗朗上口，具有语言美和艺术美，更要想象奇妙，生动有趣，能从幼儿的独特的视觉观察世界，充满童真童趣。作品《风和我》捕捉了风在幼儿生活中显示的价值，以丰富的想象和巧妙的构思，描绘出四季的风的特征与功用，有利于帮助幼儿形成正确的概念表征，丰富幼儿的自然知识。作品《绿色的和灰色的》，通过悦耳的音韵、幽默的情趣、紧张的情节，把幼儿带入奇特的境地，使他们沉浸在欢乐之中。再如诗歌《摇篮》《绿色的世界》等，教师要经常选择类似的作品作为教材，并引导幼儿进入到作品的意境中，去领略其巧妙之处。

3. 符合各年龄阶段幼儿已有的经验水平

教师在选择诗歌或散文时，要求语言要浅显、易于幼儿理解，便于记忆；诗歌、散文所反映的主题、情节、内容等方面，应符合幼儿的认知水平，如《小刺猬理发》："小刺猬，去理发，嚓嚓嚓，嚓嚓嚓，理完头发瞧瞧他，不是小刺猬，是个小娃娃。"又如《排排坐》《分苹果》《春天的秘密》等浅显易懂的诗歌。具体各年龄班幼儿选择诗歌、散文的要点，可以做如下考虑。

小班选材应以儿歌为主；要篇幅短小，主题集中，画面单一；语言形象要生动活泼，构思巧妙。如诗歌《落叶》：

> 秋风吹，树枝摇，
> 红叶黄叶往下掉。
> 红树叶，黄树叶，
> 片片飞来像蝴蝶。

中班选材应以儿歌、儿童诗为主；篇幅稍长，画面一个以上；语言要丰富多彩，多采用重复结构。如诗歌《家》：

> 蓝蓝的天空是白云的家，
> 密密的树林是小鸟的家，
> 绿绿的草地是小羊的家，
> 清清的河水是小鱼的家，
> 红红的花儿是蝴蝶的家，
> 快乐的幼儿园是小朋友的家。

大班选材题材可以更加广泛，篇幅可较长，画面丰富，表现形式多样。如诗歌《毕业歌》：

> 今天是我最后一次站在这里，和老师小朋友在一起，我是多么的欢喜！
> 再过几天，我就要进入小学，做一个一年级的小学生，坐在明亮的教室里，读书、写字多么神气！
> 亲爱的老师、阿姨，我有很多话想说给您：三年前我第一次来这里，玩具扔满地，还要发脾气。
> 今天站在这里的还是我自己，脸上再也没有泥，手帕、袜子自己洗，还会唱歌、跳舞、画画、讲故事，懂得了很多道理。
> 亲爱的老师、阿姨，我从心里感谢您！

二、幼儿园诗歌、散文活动的基本组织模式

幼儿园诗歌、散文活动有两种基本组织模式。

第一种模式的主要程序如下：

（1）创设情境；

（2）幼儿欣赏作品；

（3）引导幼儿理解、体验作品；

（4）朗诵、仿编。

案例一

诗歌活动"梦"（中班）

活动目标

1. 感受诗歌的优美意境。

2. 理解诗的内容，能有感情地朗诵。

3. 大胆创编与花色相应的梦，激发幼儿的想象力与创编能力。

活动准备

课件一份，花篮一个，花，钢琴曲《卡农》，图谱。

活动过程

一、回忆经验，直接导入

师：你们做过梦吗？都梦到了什么？

二、欣赏散文

师：今天，老师要请小朋友欣赏一首散文诗，听一听，都是谁做梦了？

三、欣赏第二遍

教师在幼儿讲述的基础上，出示小图片，帮助幼儿进一步理解散文：它们的梦真美啊，让我们再来欣赏一遍吧。

在开放式提问的基础上，教师和幼儿一起对散文进行适时的概括、提炼和总结，使幼儿对散文的内容有进一步的认识、理解和掌握，也使幼儿对颜色的认识得到提高和升华。

四、幼儿创编散文

师：梦可真美啊，老师也想来当一回梦姐姐，送花给你们，让你们也做很美的梦吧！

1. 教师播放音乐并扮演"梦姐姐"，为每个幼儿发放一个小礼物，幼儿自由讨论，大胆构思自己彩色的梦。

2. 教师引导幼儿说一说自己的梦。

师：请小朋友看看梦姐姐送给你一朵什么颜色的花，想一想你会做什么颜色的梦，会梦到些什么呢？请你和旁边的小朋友说一说，看看谁说的梦最美，待会儿请你来跟梦姐姐说一说。

3. 教师鼓励幼儿创编与花色相应的梦，激发幼儿想象与他人不同的内容，引导幼儿用完整的语言回答，用上优美的词汇：梦姐姐送给我一朵××颜色的花，我会做一个××颜色的梦，我梦到了……

五、串联与总结

六、结束活动

附诗歌

梦

小草爱做梦，露珠爱做梦，

梦是绿绿的，梦是圆圆的。

小花爱做梦，小朋友爱做梦，

梦是圆圆的，梦是甜甜的。

第二种模式的主要程序如下：

（1）创设情境；

（2）在游戏中让幼儿感受和寻找诗歌中事物的关系；

（3）将感受的事物编成诗歌；

（4）理解体验作品；

（5）朗诵、仿编。

比如小班儿歌《下雨了》："刮风了，下雨了，幼儿园里放学了，快去看看谁来了，妈妈打着伞来了，回头找，门口站着张小宝，微微笑，把手招，于是伞下多了一双脚。"在学习这首儿歌前设置了一个情境表演：教师拿着一把小花伞扮妈妈去接孩子……然后，张小宝又走进了伞里，于是伞下又多了一双脚。在游戏中理解了诗歌的内容，可以使幼儿更容易了解作品的内容，体验角色的情感特征。情境表演完了，再让孩子们接触儿歌的内容，他们很容易就理解了。

在幼儿诗歌教学活动中，第一种模式运用较广，重点在于让幼儿欣赏和理解作品，幼儿的操作和表达机会相对较少。第二种模式操作性强，强调幼儿的直接感知，引导幼儿通过充分的观察和操作，在理解事物之间关系后自然引出作品，幼儿表达机会多，重视幼儿的主动学习与参与，这种模式适合作品内容操作性比较强，幼儿熟悉内容的作品。

三、幼儿诗歌、散文活动过程的设计

诗歌教学活动中的主要程序包括以下五个方面。

幼儿诗歌活动
的设计与实施

（一）设置情境，引出作品

教师创设一个吸引幼儿的情境，可发挥幼儿文学想象的语和空间，为幼儿准确地理解作品作铺垫。在诗文教学活动中，教师如何引导幼儿理解诗文的意境、情感和主题，是活动设计的关键。

一般而言，教师可以用以下三种方式进行情境创设。

第一，教师可用图片、幻灯片，结合生动的语言描述，将幼儿带入文学作品的意境中。

第二，可以用提问的方法，启发幼儿思考与作品内容相关的问题，激发幼儿学习作品的兴趣。例如大班散文诗《落叶》教学中，教师可以这样提问："秋天到了，一片片树叶飘落到了地上。小朋友们，如果你是小动物，你会拿树叶做什么呢？"教师鼓励幼儿大胆想象。在幼儿回答之后，教师说："秋天天气冷了，聪明的小动物们到底拿树叶做什么呢？我们一起来看看。"这样教师就在不知不觉中带领幼儿进入到文学的优美意境中了。

第三，可以借助美术、音乐等艺术手段，布置一个安静、和谐、优美的环境。例如在儿童诗《我愿……》教学中，教师这样渲染气氛："现在老师要请小朋友跟着音乐，将自己想象成一种动物或一件物品，然后还要想想：如果我是那种动物或物品，我会做什么？比如，听着清脆的音乐，我将自己想象成一只快乐的小鸟，我愿把所有高兴和愉快的事都告诉大家。"当教师播放音乐时，所有的幼儿都会静静地倾听、想象并思考。这就为下一步的理解文学作品打好了坚实的基础。

（二）教师示范朗诵诗文

教师可以在创设好的情境中引出作品，以教师朗读或放录音等形式，声情并茂地示范朗诵。朗诵要求咬字清晰准确，停顿处理恰当，有情感、有节奏、有起伏，能吸引幼儿，打动幼儿。

（三）帮助幼儿理解诗文

在诗歌教学中，引导幼儿理解诗歌是重点环节，教师可以通过以下五种方式来帮助幼儿理解诗歌。

1. 通过观察教具或现实场景，帮助幼儿理解诗文

诗歌的主题是通过其语言所描绘的意境来展示的，教师可以将意境，即画面，做成教学挂图，让幼儿通过观察挂图来理解诗歌的主要内容。例如诗歌《落叶》《春雨》，可以引导幼儿边观察图片，边

理解诗句。诗歌《春天到》，可以结合幼儿观察到的春天的景象，来学习诗歌。

2. 通过三层次的提问，帮助幼儿理解诗歌

教师可以通过提问来帮助幼儿理解诗歌，如儿歌《逗蚂蚁》：

> 蚂蚁来呀来，
> 快快来吃饭，
> 什么饭？黄米饭。
> 什么菜？炒青菜。
> 什么筷？毛竹筷。
> 什么碗？烂泥碗。
> 吃不了，往回搬，
> 哼呀哼呀搬得欢。

首先可以通过描述性提问，帮助幼儿理解诗歌大意，教师可提问："小朋友叫蚂蚁来干什么？小朋友请蚂蚁吃什么饭？什么菜？用什么筷？用什么碗？蚂蚁吃完了吗？怎么吃的？"让幼儿通过回答理解诗歌的基本意思。接着再通过思考性提问，引导幼儿去体会作品主题、情感等。可提问："蚂蚁为什么是哼呀哼呀搬得欢？"最后通过假设性提问，帮助幼儿学以致用，与日常生活结合，达到举一反三的效果，如教师可以提问："你有没有请蚂蚁吃过饭？吃的是什么？如果你请蚂蚁吃饭，想让蚂蚁吃什么？用什么筷子？什么碗？……"

3. 理解难懂的字、词、句

幼儿对诗歌的理解，比较难的是诗歌中一些关键的字、词、句，教师应围绕这些难懂的字词句提问，帮助幼儿理解。如儿歌《小猫咪》：

> 小猫咪，爱梅花，
> 一路走，一路画，
> 朵朵梅花开在它脚下。

教师提问："为什么说小猫咪爱梅花，这个梅花指的是什么？"可以启发幼儿回忆小猫走路的情景，或观察猫的脚印，让幼儿想象朵朵梅花开在小猫脚下的画面，从而帮助幼儿理解诗歌主题、内容。

4. 把诗歌改编成小故事，讲给幼儿听，帮助幼儿理解诗歌的内容

比如诗歌《听雨》：

> 下雨啦，下雨啦，闭上眼睛，静静地听。
> 沙沙沙，沙沙沙，小雨落在树叶上，它和树叶在玩耍。
> 滴滴滴，滴滴滴，小雨落在伞顶上，它在伞顶翻跟斗。
> 滋滋滋，滋滋滋，小雨落在花朵上，花儿乐得张嘴巴。
> 叮叮叮，叮叮叮，小雨落在窗户上，玻璃乐得打招呼。
> 沙沙沙，小雨落在树叶上，它在和树叶玩耍呢。
> 叮叮叮，小雨落在屋顶上，它在屋顶上翻跟斗。
> 滋滋滋，小雨落在花朵上，轻轻地钻进花蕊里。
> 嗒嗒嗒，小雨落在窗户上，拍着窗玻璃在跟自己打招呼呢。

教师可以把这首诗歌改编一下，以一个故事的形式呈现出来，便于幼儿理解。比如，下雨了，小豆豆不能出去玩了，她在屋里走来走去，嘴里嘟哝着："不能出去玩了，真没意思。"妈妈慈爱地看着小豆豆，把她带到窗前："孩子，你来听，小雨正在唱歌呢。""妈妈你说什么呀，小雨怎么会唱歌？"

妈妈说："你闭上眼睛，仔细听。"小豆豆闭上眼睛，侧着耳朵，静静地听。啊！啊！听见了，听见了。

小豆豆高兴地说："小雨在唱一支多么有趣、多么好听的歌啊。"窗外，小雨在轻轻地唱，屋子里，小豆豆在静静地听。

5. 理解诗文的表现形式和情绪情感

诗歌和散文有一些特殊的表现形式，常采用的有重复、比喻、象征、拟人、夸张等表现手法，这些特殊表现手法，往往使作品语言更丰富、更生动感人。例如诗歌《家》用重复结构，《梳子》用比拟的手法等。从诗歌和散文的表现手法入手，帮助幼儿理解作品，不仅有利于幼儿更好地理解作品的内容，也有利于他们了解诗歌和散文的构成方式，从而增强他们对某种艺术性结构语言方式的敏感性。

引导幼儿理解诗歌和散文时，教师不仅要让幼儿理解作品中的语言，还应引导幼儿体验作品的情绪情感，如小班儿歌《美丽的彩泥》，在幼儿基本学会朗诵后，可以让幼儿做一个游戏，全体幼儿跟着老师边朗读儿歌边做各种动作，当念到最后一句儿歌"捏个娃娃笑眯眯，笑眯眯！"时停住不动，脸上还要保留着笑眯眯的神情，看哪个幼儿的表情最逼真。理解作者的感情基调是欢快活泼还是沉郁平静，或者是宁静祥和、充满温馨的，这将有助于幼儿对作品全部内容的把握。

（四）幼儿学习朗诵诗文

朗诵是把文字作品转化为有声语言的创作活动。朗，即声音的清晰、响亮；诵，即背诵。朗诵，就是用清晰、响亮的声音，结合各种语言手段，来完善地表达作品思想感情的一种语言艺术。通过反复诵读，使幼儿不断地品味、领悟作品，使作品内容在幼儿脑海中越来越清晰地浮现出来。

教师应开展形式多样的朗诵，避免机械记忆、枯燥乏味。可以采取师大声、幼小声诵读，或集体、个人、小组诵读，也可分角色诵读或对答式朗读，如《逗蚂蚁》《伞》等，还可以分句朗诵、分段朗诵和整首朗诵。

（五）围绕诗文主题开展相关的活动

在幼儿初步理解诗歌和散文的内容后，教师应围绕诗文主题开展相关的活动，引导幼儿通过自己生动有趣的操作活动，更好地理解和体验作品。常有的活动如下。

1. 配乐朗诵

对于一些意境优美、音韵和谐的抒情诗，教师可以配上合适的音乐，反复诵读。如散文《月亮书》，在幼儿欣赏《渔光曲》的音乐声时以"旁白"插入，声音由轻至响，表示由远及近，从背景中走出来，与音乐换位，把幼儿带进诗情画意的境地。或让幼儿在配乐诗朗诵中，用舞蹈去表现诗歌中的意境，在诵读和舞蹈中掌握诗歌。如儿歌《云》，让幼儿在音乐声中身披薄纱学云跳舞，边跳边听："云儿云儿真美丽，我把云儿摘下地，云儿云儿真听话，我把云儿变小鸡。"

2. 绘画

教师可以鼓励幼儿用画笔画出想象中的作品，如儿歌《云》，当老师念到"摘"时，幼儿伸手上举做摘云状，"云"摘下后，就蹲在地上用粉笔画云，每个幼儿都可以画出不同的形象，为儿歌续编不同的句子，如"我把云儿变小山""我把云儿变飞机"。再如儿歌《伞》：

公路边的大杨树是小喜鹊的伞，
水塘里的大荷叶是小青蛙的伞，
山坡上的大蘑菇是小蚂蚁的伞，
下雨了，大家都有一把伞。

幼儿可以将儿歌的内容绘成一幅画，既可以忠实于原作品，又可以加入自己的想象。

3. 诗歌表演游戏

对于一些内容很有趣、有情节的叙事诗，可以让幼儿通过表演诗歌来体验作品角色的心理及情感，如《狼和小羊》《小猪爱睡觉》《小熊过桥》等。

4. 幼儿诗歌和散文仿编活动

诗歌和散文的仿编活动是幼儿在欣赏、理解作品内容及结构的基础上进行的一种创造性学习活动，要求幼儿仿照诗歌或散文的框架，调动个人经验，扩展想象，编出自己的诗歌或散文段落。这种活动在活动过程中处于最后一个层次，对发展幼儿的想象力及创造性地学习诗歌散文很有益处。

（1）幼儿诗歌和散文仿编活动要点

① 仿编准备

仿编诗歌和散文对幼儿来讲是一种挑战，要求幼儿在活动前，具有良好的准备状态。幼儿参加该项活动的准备，包括以下三个方面：一是对所依照的诗歌或散文要熟悉理解，对要仿编作品的内容、形式都有所认识；二是要有这方面的知识经验，在仿编过程中调动这些已有的知识经验；三要具有一定的想象力和语言表达能力。教师必须注意幼儿在这方面的发展水平，并在仿编前给予一定的练习机会，这将有利于幼儿仿编活动的顺利进行。

② 讨论与示范

在仿编活动开始时，教师可组织幼儿对将要仿编的作品做简单的讨论，引导幼儿注意仿编的关键问题。例如，教师要组织幼儿仿编诗歌《绿色的世界》，就可以让幼儿谈一下"为什么在这个孩子的眼里世界是绿色的？""假如戴上其他颜色的眼镜，世界会变成什么颜色？"接着教师要进行示范，教师的示范在启发幼儿想象的同时，又能帮助幼儿将自己的想象纳入作品的语言结构之中。

③ 幼儿想象与仿编

教师示范之后，开始让幼儿进行想象与仿编。为了帮助幼儿熟练掌握思路，教师可采用直观形象的教具，让幼儿借助于某一图片或实物来仿编。如果是仿编《绿色的世界》，就要向幼儿提供其他各种颜色的眼镜（幼儿在操作活动中自制的玩具眼镜），让幼儿戴上这些眼镜来看周围世界，然后仿编诗歌。等幼儿通过想象熟练地仿编出诗歌后，教师可取消直观教具的使用，再要求幼儿脱离实物或图片去想象与仿编，一步步地引导幼儿掌握仿编诗歌与散文的方法。

④ 串联与总结

在幼儿分别编出自己的诗歌或散文段落后，教师可引导幼儿将原来的诗歌、散文（如果散文较短，容易记的话）复述下来，然后将仿编的段落加上去。如果有的诗歌和散文原文有总结句，那么就仍以总结句来结束全文。这样的串联和总结，要求教师在幼儿仿编时，随时注意记下幼儿仿编的内容。教师可以采用在黑板上或纸上随手画记的方法，比如仿编《红色的世界》，就画下"房子""小朋友""红面孔"；而当幼儿仿编出《黄色的世界》时，也要记下有关的形象。这样总结时，便可指导幼儿，将仿编段落，一段一段地加到原来的诗歌后面去。

（2）不同年龄班幼儿诗歌与散文仿编的重点要求

幼儿仿编诗歌和散文的能力，与他们的认识、想象及语言运用能力关系密切，不同年龄的幼儿仿编能力有差异，仿编的形式也有所不同。在组织仿编活动时，教师必须充分注意不同年龄幼儿的发展水平，对他们提出不同的重点要求。

小班幼儿诗歌和散文欣赏的重点是理解作品的语言和画面，仿编活动的重点则只要求幼儿在原有画面的基础上换词，通过改换某个词来体现诗歌或散文的画面变化。例如引导小班幼儿仿编《水果歌》，儿歌原文："什么水果圆圆的？苹果苹果圆圆的；什么水果弯弯的？香蕉香蕉弯弯的。"可允许幼儿只变动"圆圆、弯弯"等字，换上不同的颜色词而造成画面的变化。

中班幼儿诗歌和散文仿编，可要求幼儿通过变换词句，使诗歌或散文整个画面出现新的内容。比如诗歌《我是三军总司令》："鸟妈妈问我，小鸟哪儿去了？我说：小鸟做了我的飞机。龟妈妈问我，小龟哪儿去了？我说：小龟做了我的坦克。鱼妈妈问我，小鱼哪儿去了？我说：小鱼做了我的军舰。三位妈妈一齐问我：你是谁？我说：我是陆海空三军总司令。"幼儿仿编出："蜻蜓妈妈问我：小蜻蜓哪去了？我说：小蜻蜓做了我的飞机。"仿编后的作品因某些词句的变动，换上了新的形象，于是构成了新的画面。中班幼儿诗歌和散文的仿编重点，应放在画面变化的想象和表现上。

在大班进行的诗歌和散文仿编活动中，可考虑对原有诗歌散文的结构进行部分变动，也可以根据幼儿知识经验，仅向幼儿提供一个开头作为想象线索，引导幼儿自己完成诗歌和散文的创编。例如，幼儿在学习诗歌《我愿……》之后，教师鼓励幼儿在原诗歌主题的基础上，大胆想象创编。例如，有的幼儿这样创编：我愿是一只报春鸟，将春天的消息告诉给人们；我愿是一只和平鸽，让世界充满爱；我还愿化作一片白云，在天上自由自在地飞来飞去……但创编对幼儿各方面的要求很高，因此一般在大班下学期进行。

案例二

诗歌活动"我是三军总司令"（中班）

活动目标

1. 在进一步掌握诗歌的基础上，启发幼儿仿编诗歌《我是三军总司令》。

2. 发展幼儿的想象力、创造力。

3. 培养幼儿对学习语言文学作品的兴趣。

活动准备

表现诗歌内容的图片，活动室布置各种动物图片，每组一套动物小卡片，音乐，歌曲《长大要当解放军》。

活动过程

一、欣赏学习诗歌《我是三军总司令》

教师配乐朗诵，幼儿欣赏。

师：小朋友，让我们复习一首前几天学过的诗歌，然后告诉大家，你听到了什么？（教师配乐朗诵）

师：我们一起看着诗，随着音乐朗诵诗歌《我是三军总司令》。看谁朗诵得最美，最动听！

二、讨论与示范

师：小朋友，如果你也是一名三军总司令，你想让谁来当你的飞机、军舰、坦克呢？看！老师还给小朋友们提供了许多图片、卡片，你们可以边观察边选出自己的飞机、军舰、坦克，告诉给周围的好朋友。"（幼儿欣赏各种图片，教师巡回指导）

师：小朋友都选出了自己喜欢的飞机、军舰和坦克。现在看，谁能用诗一样的语言，把它告诉大家？比如，你想让蜻蜓做你的飞机，就可以用诗里的语言来说："蜻蜓妈妈问我：小蜻蜓哪去了？"我说："小蜻蜓做了我的飞机。"（幼儿接龙发言仿编诗歌）

三、幼儿仿编诗歌

1. 引起幼儿仿编兴趣。

师：小朋友你想当小诗人吗？把你选的飞机、军舰、坦克编进诗里，用诗一样的语言朗诵出来，你就能成为小诗人了。

2. 分组仿编诗歌。

师：现在小朋友可以把自己编出的诗，朗诵给周围的小朋友听，我们再选出一位小诗人朗诵。（幼儿仿编诗歌，教师巡回指导）

每组请一名幼儿，随音乐朗诵自己仿编的诗歌。

四、串联与总结

师：刚才小朋友都运用你们聪明的头脑，编出了一首最好听的诗。现在让我们一起放松一下，跳一支愉快的舞。（随《长大要当解放军》的音乐律动，走出活动室）

五、活动延伸

可以把小卡片提供到语言角，让幼儿在自选活动中继续仿编诗歌。

活动评析

　　本活动根据中班幼儿的年龄特点，在欣赏和理解诗歌的基础上，学习仿编诗歌。在活动的开始部分，首先欣赏配乐诗朗诵，让幼儿在优美的旋律及教师生动丰富的肢体动作带动下，再次感受诗歌，在轻松愉快的氛围中，自然感知诗歌的优美韵律，并且通过幼儿配乐朗诵诗歌，让幼儿充分体会和进一步理解诗歌。

　　学习仿编是诗歌活动的重点也是难点，为了突破这个难点，教师在活动前创设了与活动相适宜的环境，布置了许多动物图片，引导幼儿观察认识了很多动物，并开展了为小动物找家的活动，让幼儿知道燕子、老鹰、猫头鹰等喜欢在天空翱翔，鲨鱼、海豹、鲸鱼等喜欢在水中嬉戏，狮子、老虎、大象等喜欢在陆地狩猎……这些知识的积累，为幼儿仿编诗歌提供了大量素材，为仿编诗歌做好了知识准备。在教育活动中，首先引起幼儿仿编诗歌的兴趣："如果你是一名三军总司令，想让谁做你的飞机、军舰、坦克呢？"结合幼儿思维具有形象性的特点，为幼儿提供可以在桌面上操作的小动物卡片，让幼儿在宽松、和谐、自由的氛围下观察，把自己的选择与同伴、教师交流，让幼儿在活动中主动建构知识，此时教师只是一位引导者、观察者与合作者。幼儿结合图片的暗示，自主学习仿编诗歌。在宽松、自主、愉快的学习氛围下，幼儿越编越自信，内容越编越多，为不同能力水平的幼儿，提供了大胆创造并体验成功与快乐的机会。孩子们通过与同伴的交流，增进了相互之间的友谊，分享了创新的快乐。

　　文学作品对幼儿有极大的感染力。通过活动，幼儿尽情地用自己的方式，大胆表现情感，感受作品的快乐与美好。在使幼儿获得愉悦的同时，通过探索、感知、想象等方法，提高幼儿对文学作品的感知、理解能力，丰富他们的审美经验，提高他们在感知语言文学作品的基础上，创造性地表达表现的能力。

第四节　幼儿故事活动

　　幼儿童话、故事是幼儿文学的重要组成部分，具有主题明确、单纯，内容浅显，情节曲折，语言优美，人物形象鲜明生动，富有童趣等诸多特点，并融教育于娱乐之中，使幼儿在理解、欣赏之后能受到感染和教育。故事活动，一直是幼儿语言活动中的重要内容。

一、内容选择要点

　　什么样的童话、故事适合于幼儿阶段的教学，这个问题教师需要认真地加以思考。所选的童话、故事，除了要遵循文学作品的文学性、教育性等一般特点以外，还要考虑其本身的一些条件，幼儿可以理解和欣赏的童话、故事，应具有以下特点。

（一）题材广阔、主题鲜明而有教育价值

　　题材广阔是指童话、故事中除了有反映幼儿所熟悉的生活的题材外，还应该有反映幼儿生活之外的、他们能理解的社会生活方面的内容。当然，不同的年龄班所选择的童话、故事的题材，可以有所区别。小班一般选择能反映幼儿生活中发生的事情，内容与他们的生活经历、生活体验息息相关的题材，因此很容易引起共鸣，激发兴趣。如故事《下雨的时候》《美丽的气球》等。而中、大班，可以选择那些反映一定社会生活题材的童话、故事，如故事《狼来了》、童话《三只小猪》，这些作品内容健康明朗，可使幼儿从中受到教育。

此外，童话、故事还应该明确而有教育价值，使幼儿在文学活动中接受真善美的熏陶，获得教育和启迪。如诚实、分享、勇敢、自信、助人等主题，对幼儿良好品格的养成都有很好的教育价值。

（二）结构完整、情节曲折，按一般顺序记叙

童话、故事的选择要符合幼儿的年龄特点。一般来说，作品不能过长，语言要生动、活泼、形象，要有一个完整的结构，情节曲折有趣，脉络清晰，人物对话不可以过多、过长，并尽量避免倒叙、插叙等手法的出现。如《小羊和狼》，一开头就写双方的冲突："一只小羊在河边喝水，一只狼走过来说：这河里的水是我的，你为什么喝我的水？"这样，一下子就把幼儿吸引到故事的情节中去了。

（三）人物形象鲜明突出、易于理解

童话、故事中所塑造的形象要活灵活现，不论主人公是小朋友还是小动物，都要抓住其外部特征，写出其神态和动作。如《小兔乖乖》中慈爱的妈妈，狡猾的大灰狼，三只长耳朵、短尾巴、红眼睛的可爱小兔们。

（四）时代气息和传统内容相结合

在选择童话、故事时，我们要关注那些具有时代气息的内容。教师平时多阅读有关的幼儿文学，从中发现并挖掘出能反映时代特点、幼儿日常生活以及为他们所喜闻乐见的内容。如童话《电脑城奇遇记》等，还有一些反映自然规律和科学幻想的作品，如《葫芦娃》《七色花》等。

此外，教师还要选择一些传统的著名作品。如《西游记》《小红帽》《白雪公主》等。这些神话、童话作品，人物形象生动、逼真，情节极富想象力，历来深受幼儿喜爱。

（五）要有针对性，富有想象力

在选择童话、故事时，要针对幼儿的实际情况，关注幼儿的思想状况，及时选择相关主题的童话、故事进行教育，如发现幼儿不会分享玩具，可选择童话《小铃铛》《金色的房子》等；如看见幼儿做事不专心，可选择童话《小猫钓鱼》；幼儿吃饭需要家长喂，可选择故事《小河马吃饭》等。另外，选材要考虑季节、地区等因素，如春天南方可选择童话《小蝌蚪找妈妈》，北方可选择童话《春天的电话》等。

有些童话、故事虽然自身没有明确的教育意义，但所反映的是纯洁童趣，加上合理的想象，给人一种非常清新、可爱、活泼的感觉，有助于幼儿展开想象的翅膀，以一种积极、健康的心态看待周围的一切。因此，也应成为教师选择的对象，如《会动的房子》《会爆炸的苹果》等。

二、幼儿童话、故事活动过程的设计

（一）创设情境，引出童话、故事

教师在进行故事教学时，要先创设一个童话或故事的氛围，引起幼儿急于了解故事的浓厚兴趣，从而引出童话、故事。教师常见的导入手段有：提问引入，猜谜引入，表演引入，直观教具引入等。例如，教师在教大班故事《美丽的流星花》时，就要先用语言或图片、幻灯片勾勒出一幅美丽的流星图，让幼儿对流星产生遐想，引起兴趣；再如，童话《会动的房子》，教师首先可提问："房子会动吗？"引起幼儿兴趣，导入故事。

（二）生动有感情地讲述童话、故事

教师要表现出对故事极大的兴趣，辅以适当的直观教具，如幻灯片、木偶表演等形式，用生动有感情的语言完整讲述，口语亲切，声情并茂，态势得体。教师生动有感情地讲述故事，一方面可以吸引幼儿的注意力，另一方面有助于幼儿理解故事内容。教师在讲述时可采取不同的方式，如把故事分

段落讲述后再整体讲述，或整体讲述两三遍等。可以在情节发展的高潮处，适当运用"关键中断法"。在能激发幼儿想象的地方，可以通过提问或讨论的方式，激发幼儿的想象和表达。几遍讲述的语言要一致，便于幼儿完整记忆，讲述的方式不应雷同，以避免让幼儿觉得枯燥。

（三）理解作品的主要内容和主要特色

1. 理解作品的主要情节和内容

通过提问、讲解、挂图、故事表演等方式，帮助幼儿理解故事的主题、主要情节。对情节较复杂的故事，教师可以讲述两遍，讲述前、后要向幼儿提一些问题，以便幼儿有目的地带着问题听故事。

第一遍讲完后，教师可进行描述性提问：人物（故事里有哪些人物？）、情节（故事的主人公做了什么事情？这件事是怎么发生的、演变成什么情况，最后怎么样了？）、重要对话（主人公说了什么话？），是什么？通过这类具体明确的问题，首先帮助幼儿了解故事的内容大意。

第二遍讲述后，教师可进行思考性提问。如幼儿对主人公及其行为的态度和评价（喜欢谁，为什么？主人公最后干什么了？），这类问题需要幼儿思考后再回答，从而帮助幼儿理解故事主题、人物性格和心理特征。

接着提出假设性问题，如幼儿对故事主题的把握（你从故事中学到了什么？你会怎么做？）等。回答这类问题时，可以鼓励幼儿大胆想象，扩展思路，使故事与现实生活结合起来，充分满足幼儿语言表达的需要。通过以上这些活动，幼儿既理解了故事的主要内容和主题，又学会了欣赏、理解故事的基本方法和技能：故事的发生—故事的高潮—故事的结束，这种技能的习得，有助于幼儿独自阅读图书、欣赏文学作品。

📷 拓展阅读

在故事教学中，经常使用的教具形式主要有以下四种。

1. 故事围裙

采用平常所见的围裙，可以在上面缝上一些便于粘贴的子母扣。将故事人物角色与场景用布或纸张制成卡片，并按轮廓线剪出，在人物或场景背后粘上或缝上子母扣即可。教师或幼儿讲述故事时，可身穿故事围裙，随着情节的发展，粘贴不同的角色和场景，使幼儿有身临其境的感觉。这种材料重复使用率高，操作简便，直观形象，既可以作为教师的教具，又可以作为幼儿自主操作的学具。

2. 翻页教具

教师在故事背景图上，将故事中的景色或人物随故事情节的发展逐一备好，随着故事情节的展开翻动教具，景物或角色可以迅速转换，能很好地配合故事内容，制作便捷，可重复使用。

3. 插入式教具

教师可利用废弃的透明可乐瓶，制作故事教具，如在制作插入式教具时，先将可乐瓶剪成细长条、两端剪圆备用，再把画有小动物的卡片按轮廓剪下来后，用白乳胶或双面胶将可乐瓶条粘在其背面作插条，这样做好了的人物或景物的卡片，就成了插入式教具的插件，可以根据故事内容，插在切了或做了插口的背景图的相应位置。这种教具制作简单，人物或景物的移动自然真实，使用方便，便于收藏，透明的插条不妨碍幼儿的视线，还便于幼儿操作。

4. 纸轴教具

纸轴是人们日常生活中的废旧材料，易于收集。教师将做好了的人物或景物的双面卡片上端粘牢，下端分粘在立起的纸轴上，这样就可制成故事纸轴教具。此类教具有立体效果，教师和幼儿在操作时可随故事内容移动教具，不仅可上下移动，还可前后移动，甚至表现跳跃等内容，因此，此类教具实用性强，表现的故事内容逼真、生动。

2. 体验作品所特有的艺术感染力

让幼儿体验作品所特有的艺术魅力和情感特征，是指让幼儿理解并抓住作品中所表达出来的情绪情感。例如，作品表达的是悲伤的还是喜悦的情感？此外，还要让幼儿产生与故事主人公相一致的情感，即随主人公的高兴而高兴，随主人公的难过而难过。只有做到这样，幼儿才会真正理解作品的主题和深层次的艺术魅力。

要做到这一点，教师在教学过程中就要注意如下两点。

一是用极具感染力的语言来讲述故事，为幼儿描述出一幅逼真的图景。教师在讲述时要投入一定的感情，要语言抑扬顿挫，声音高低起伏，以不同的表达方式表现作品中不同人物的年龄和性格特点，并伴随着丰富的表情和动作。要做到这些都有一个必要的前提，即教师自己已被童话、故事的情节所感动，并已融入作品中去了。有时，一些有经验的教师在讲到一个故事高潮时，往往会引起幼儿的情绪情感共鸣，或鼓掌，或高兴地大笑，或伤心地流泪，完全被故事所吸引。幼儿的这种表现，表明教师已经成功地带领幼儿领略了作品的深层含义。例如，在小班童话《美丽的小船》中，教师可以这样描述："在一片大森林里，一群小动物们比赛看谁的小船最漂亮。看，有的小船是香蕉做的，弯弯的香蕉船又黄又香；有的小船是大鞋子做的，坐在里面又稳又舒服；还有的小船谁也猜不出它是什么做的，小朋友们，你们想知道吗？让我们一起到比赛现场看看精彩的小船大赛。"这段短短的话语，充分调动了幼儿的想象力和积极性，幼儿仿佛已置身于充满梦幻和多彩想象的童话世界中。有了身临其境的倾听体验，理解作品就不是一件很难的事了。

二是教师要充分利用表演、绘画、动手操作、复述故事等多种形式，让幼儿通过动手、动口、动脑的方式去表现童话故事中的人物、动作和情节，加深幼儿对人物性格特征、故事情节以及故事所蕴含的情感特征的理解。例如中班故事《三只蝴蝶》活动中，在幼儿理解了故事的基本内容后，让幼儿分组制作蝴蝶和花朵的头饰，可以边制作边模仿蝴蝶们的对话，并尽可能地想象蝴蝶们的动作表现。之后，戴上亲手制作的头饰，跟随录音，将故事的主要情节用动作表演出来，并学说其中的一些对话。表演两三遍后，幼儿在每次讲到关键词句"我们三个好朋友，相亲相爱不分离"时，都会相互牵着手大声地朗读，脸上充满笑容，说明幼儿已经开始体验和理解故事所蕴含的情感特征。

（四）围绕童话、故事开展系列创造性的语言活动

为帮助幼儿理解童话、故事提高幼儿的想象力和语言表达能力，教师可以在理解或延伸环节安排活动，如复述故事、故事表演游戏、编构故事、画故事等围绕故事相关主题开展的活动。这些都是对幼儿具有积极意义的创造性活动。

1. 复述故事可以采取对话复述、分段复述、分角色复述和全文复述等形式

前两种形式难度较小，适合于小中班的幼儿，后两种难度较大，适合于中班后期和大班幼儿。复述故事应注意发挥幼儿的积极性和创造性，采用循序渐进的方法，保护幼儿复述的愿望和自信心，利用集体教学活动、日常生活、区角活动等多种形式，提供多种机会，促进幼儿复述能力的提高。

2. 故事表演游戏

即幼儿扮演儿童文学作品中的角色，用对话、动作、表情等富有创造性的表演，再现文学作品。故事表演游戏允许幼儿根据作品提供的想象线索，通过角色扮演开展游戏活动。因此故事表演游戏突出了游戏和活动的特点，在语言教育的同时，尊重幼儿大胆的想象和创新，尊重幼儿喜爱娱乐和活动的特点。由于表演游戏是通过表演来创造性地再现文学作品，所以也是一种创造性游戏。在表演过程中，教师可用旁白或串联情节的方式，来帮助幼儿推动游戏进程，不再要求幼儿记忆复述故事，重点集中在：理解作品内容，体验角色心理，并用适当的语言、动作、表情，再现人物形象及情节发展。

故事表演游戏可分为三种类型，分别采用不同的组织方式。

（1）整体表演型

即要求幼儿在理解文学作品的基础上，按照故事的情节发展，连贯完整地表演故事。在表演活动时，幼儿一对一地扮演角色，即故事中的个体角色分别由一名幼儿表演，群体角色则不作严格限制，

可由若干幼儿同时担任。例如《拔萝卜》《小兔乖乖》，在表演过程中，教师在旁领诵故事，串联情节，扮演角色的幼儿在角色台词需要时参与对话或对白，其余幼儿可随教师朗诵故事。

教师组织指导幼儿表演游戏时应注意：第一，教师讲一两遍故事后，要帮助幼儿分析作品中人物形象的特征。第二，让幼儿自己讨论如何用动作、语言表现角色的特征，讨论需要什么道具，用什么东西来代替（充分发挥讨论在表演游戏中的作用）。第三，在表演过程中，不严格要求幼儿复述故事，而是由教师串联情节，导引故事。第四，提供的道具要简单，且易于操作，可以虚代实，不要装饰性过强或过实的道具，以免幼儿注意力集中在道具上，忽略了角色动作和情感体验。

（2）分段表演型

即将整个故事切割成若干段落，讲一段故事，进行一段表演。这种类型的表演游戏可以由多人扮演同一角色，例如中班《三只蝴蝶》中的红蝴蝶、白蝴蝶、黄蝴蝶、红花、白花、黄花、太阳公公、雨，都可以根据需要，让若干幼儿扮演，解决了角色少、观众多的矛盾，每个幼儿都扮演一定的角色，没有台上台下的感觉，幼儿能够比较轻松地进入角色。

教师组织指导应注意：第一，故事虽然被分割成几个段落进行，教师仍要注意引导幼儿讨论，体验角色的心理发展变化。第二，如果若干幼儿表演同一角色，可提示幼儿一起商量角色的动作，同时鼓励幼儿做出与同伴不一样的动作，尤其是每一段结尾的造型动作。第三，参加表演的人较多，教师的指导有难度，教师一方面不要控制干预太多，另一方面又要防止乱糟糟的失控局面。第四，道具同样要求简单、方便，能帮助幼儿进入角色。

（3）区域活动型（表演区）

即在活动区（或者表演区，或者语言区，或者角色表演区）开展的故事表演游戏。特点是自主性强，游戏成分多。这类游戏兼有表演游戏和角色游戏的双重特点。在组织指导时，应注意以下三点：第一，根据文学作品中的主要活动来设置场景，布置游戏区角；第二，在每个游戏区角投放一定数量的玩具和材料，让扮演角色的幼儿去选择和使用；第三，角色的扮演以幼儿自己的选择为主。

3. 编构故事

幼儿编构故事就是要尝试运用语言来编出符合结构规则的故事，分为扩编和续编等形式。幼儿编构故事既需要一定的生活知识经验作基础，又要依赖于自身的语言表达能力、充分的想象力和思维能力以及幼儿对故事结构的理解。幼儿编构故事能力的差异，对不同年龄幼儿的故事编构提出了不同的要求。

（1）幼儿编构故事活动组织的基本思路

在幼儿感受理解故事类文学作品的前提下，不断提高幼儿对故事类文学作品内容与结构的敏感性，使幼儿逐步学会编构出完整的故事。幼儿编构故事活动的组织应当遵循以下两个顺序。

第一，从理解到表达的顺序。要在理解故事的基础上编构故事，组织编构活动应从理解故事、提高对故事类文学作品构成的敏感性入手，帮助幼儿逐渐把握编构故事的要求。随幼儿年龄的增长及编构故事经验的增加，逐渐提高编构的难度。

第二，按照故事类文学作品构成因素，发展幼儿编构故事能力的顺序。故事类文学作品总是包含语言、情节、人物、主题四个基本组成部分。在这些构成因素中，各个因素从理解到掌握、运用的过程是不一样的，难度也不同。因此，在组织幼儿编构故事时，需要根据故事类文学作品构成因素的难度顺序，制定幼儿编构故事活动的目标要求。

（2）不同年龄幼儿编构故事活动的组织要点

小班编构故事的重点是编构故事结局，即幼儿根据个人对故事情节、人物、主题的理解，在故事行将结束时，为故事编构一个结局。如故事《三只小白兔的故事》，只需要幼儿根据故事情节发展，结合个人经验编出"三只小白兔赶快回家"即可。

中班编构故事的重点是编构故事"有趣情节"。这里所说的"有趣情节"，是指故事情节的高潮部分。教师在讲述故事时到高潮部分突然停止，让幼儿积极想象，编构出可能出现的发展进程。如故事《老虎来了》，要求幼儿认真倾听故事，根据故事提供的线索，创造性地、合理地续编故事情节。教师讲述故事前半部分，要求幼儿认真倾听，加深对故事中所提供线索的理解。"老虎来了，接下来会发生什么事呢？小动物们会怎么样呢？故事又会有怎样的结局呢？"幼儿自主合作创编故事情节，并能大胆地将故事讲述出来。

大班编构故事的重点是编完整故事。由于大班幼儿已经比较普遍地掌握了故事编构的要点，所以大班的重点应放在编构完整的故事上，要求幼儿编出时间、地点、人物、情节、主题等构成要素。教师应给幼儿提供一些背景材料，帮助编构故事。教师应逐步提高对故事结构上的要求，比如人物个性鲜明、情节发展合理、主题明确等。

三、幼儿园故事教学的其他组织策略

不同的故事具有不同的情节和结构，因而在故事教学中，教师应根据不同的故事采取不同的组织策略，以帮助幼儿理解故事的内容，使幼儿与故事在情感上产生共鸣。前面已经介绍了幼儿园故事教学最常规的组织策略：初步欣赏文学作品—理解体验作品—创造性活动。除此，还有一些策略也可以作有效的尝试。

（一）活动归纳法

有些故事连贯性强，往往能通过游戏的方式来呈现。对这类故事进行教学时，教师可依据故事内容布置环境，准备活动材料，把幼儿引入到故事情境之中，以游戏的方式，一步一步地体验故事情节，让幼儿在亲身体验中理解故事内容。在此基础上，师幼共同归纳故事内容。

比如，在故事《小猴摘桃子》教学活动中，教师事先创设了"山洞""独木桥""花果山"等活动环境，准备了头饰、桃子等活动材料。活动开始后，教师先让幼儿戴上猴子头饰，并运用游戏化的语言，激起幼儿上花果山摘桃子的愿望。在欢快音乐的伴奏下，幼儿先"钻山洞"后"过小桥"，教师则适时引导幼儿学说句子"你不推，我不挤，一个挨着一个过"。到达花果山之后，幼儿一个挨着一个"摘桃子"，并回到原位"吃桃子"。最后教师和幼儿一起，把猴妈妈带领小猴上花果山摘桃子的活动编成故事，从而自然地再现了《小猴摘桃子》的故事。

（二）启发猜想法

有些故事上下句或上下段之间，有某种程度上的逻辑推理关系，或者是段落内容及结构较为类似。在对这类故事进行教学时，教师可只提供给幼儿故事的部分情节，启发、鼓励幼儿积极猜想故事下面的情节，这往往能收到事半功倍的效果。

比如，故事《小鸭找朋友》的段落内容及结构就较为类似。教师先重点讲述故事的第一段，并结合图片帮助幼儿理解故事内容，让幼儿学说故事中的重点句子和礼貌用语。接着，教师用拖动图片的方式出示小白兔和小乌龟。然后，教师引导幼儿根据上面的故事情节，猜想和小白兔、小乌龟有关的故事情节和语言。这给了幼儿较大的猜想空间，既调动了幼儿学习故事的积极性，又发展了幼儿的想象力。

（三）难点前置法

有些需要经过多层次分析推理的故事，幼儿一时半刻难以理解。因此在故事教学开展之前，教师可将难点提炼出来，通过实验或其他辅助手段，引导幼儿主动去探索和交流。

比如，在进行故事《包公审石头》教学之前，教师考虑到幼儿难以理解包公通过铜钱入水来判断小偷的方法，便准备了一些沾油及没沾油的硬币，让幼儿分组将两种硬币分批投入清水中。通过观察实验现象，幼儿很快就明白了故事中的道理。然后教师再进行故事教学，由于难点已被事先解决，因而教学进展相当顺利。

（四）暂停质疑法

有些故事悬念迭出，可质疑的角度多。在对这类故事进行教学时，教师可在故事讲述中间，作有意义的暂停、中断，提出疑问引导幼儿进行分析讨论和探究。

比如，在故事《司马光砸缸》教学中，当讲到一幼童跌入水缸时，教师暂停提问"司马光会怎样救同伴呢？"，从而引导幼儿思考对策。又如，在故事《小猪和靴子》教学中，当讲到小猪发现树边有一样红红的东西，口小底大，摸上去很光滑时，教师暂停并提问"小朋友们，请猜猜这会是什么呢？"，从而引导幼儿根据已有生活经验和知识，进行各种可能的猜测。

案例一

故事活动"微笑"（小班）

活动目标

1.感受朋友之间的友谊是相互帮助、相互鼓励，了解真正的快乐源于共同分享。

2.通过区别不同的角色，熟悉并初步掌握故事内容。

3.理解词汇：微笑、友好的、孤单的，并尝试着在讲述中运用。

活动准备

故事图片，故事录音磁带，绘画工具。

活动过程

一、引入主题，了解微笑的感觉

1.教师出示"微笑"表情卡，请幼儿使用微笑的表情。

2.引导幼儿感受微笑时的心情：

"当你微笑时，你的心里是什么样的感觉？"

"当你看到别人向你微笑时，你又是什么样的感觉呢？"

故事 微笑

二、完整欣赏故事一次

1."在这个故事里，你最喜欢谁？为什么？"

2."小鸟、大象、小兔，它们能为朋友干什么？"

3."小蜗牛看到朋友们都友好地帮助别人，它却很着急，为什么？"

三、分段欣赏故事，鼓励幼儿分段讲述

1.第一部分：小鸟、大象、小兔的有关内容。教师出示图片，带领幼儿共同讲述。

2.第二部分：小蜗牛的改变。教师出示图片，带领幼儿共同讲述。

3.第三部分：小蜗牛的信。教师引导幼儿理解"友好的""孤单的"等词汇，并运用到故事的讲述中。

活动延伸

美工活动：幼儿自制一封关于微笑的信，送给自己爱的人。

家园共育：把故事讲给爸妈听。

案例二

故事活动"爱唱歌的小麻雀"（中班）

活动目标

1.感受故事中关爱朋友的美好情感，懂得别人睡觉时不要吵醒他。

2.愿意在集体面前大胆表达自己的想法。

3.理解故事内容，乐于模仿故事中的角色对话。

活动准备

1.可操作的动物卡片及毛绒玩具。

2.事先布置好准备进行情境表演的活动场地。

故事 爱唱歌的 小麻雀

活动过程

1. 在情景表演中导入活动，引起幼儿兴趣。

教师扮演"麻雀妈妈"，幼儿扮演"麻雀宝宝"，教师带领幼儿边唱歌边进入活动室。

2. 引导幼儿在情境中学习并初步欣赏故事。

教师创设情境，幼儿扮演小麻雀并尝试猜测故事结尾。

提问：为什么小松鼠不要我们唱歌？

3. 教师完整地讲述故事，帮助幼儿理解故事内容。

提问：故事里有哪些小动物？小麻雀分别是怎么问它们的？（按故事顺序逐个问）是谁不要小麻雀唱歌了？为什么？你喜欢小麻雀吗？为什么？

4. 教师以小狗的口吻感谢懂得关心别人的小麻雀和小朋友。

提问：小狗宝宝醒来后会说些什么呢？你们觉得别人在睡觉的时候应该怎样做？

5. 教师与幼儿一起等待小狗醒来，并带领幼儿和小麻雀一起为醒来的小狗唱歌、跳舞，结束活动。

案例三

故事活动"空气变新鲜了"（大班）

活动目标

1. 理解故事内容。

2. 了解一些城市空气净化的粗浅知识，并初步激发幼儿保护环境的意识。

3. 大胆地用较清楚的语言表达自己的想法。

活动准备

1. 大森林与城市的背景图，小猴子图片。

2. 多媒体幻灯片、故事录音磁带。

3. 绿色环保小卫士的标记。

空气变新鲜了

活动过程

一、创设情境，引出故事

教师出示城市背景图，提问："有一只小猴，从森林来到大城市，小猴非常开心，我们来猜猜它为什么很开心？"运用提问方式引出故事。

二、欣赏、理解故事内容

1. 教师讲述第一、二段。

师：我们来听听故事里小猴为什么开心，后来又怎么样？

提问：小猴为什么会得这种病？（辅：小猴在大森林里从来不生这种病）

师：城市里的空气为什么会受到污染？

师：小猴又该怎么办？（请幼儿讨论）

2. "好！我们来听听医生是怎么说的？小猴又是怎么做的？"

师：你有没有好的办法让城市里的空气不受污染？

（启发幼儿讨论，想各种办法）

（辅：大烟囱冒烟怎么办？汽车后面排出的尾气有毒怎么办？城市里还是这么拥挤怎么办？）

3. 继续讲述。

师：好！我们来听听小猴是用什么办法，让城市里的人也能吸到新鲜的空气？

三、完整讲述

师：这故事真好听，它使我们知道了让空气新鲜的办法。好，我们来完整地听一遍，好吗？

四、延伸活动：人人争做环保小卫士，让我们的家乡更美丽

师：城里的空气变得甜甜的、香香的，大家生活在那里，觉得很开心，身体也很好。现在，我们的家乡也想成为大家心目中最美、最文明的城市，小朋友们愿不愿意为它出一份力？想想你们能做些什么？（幼儿讨论，想各种办法）

教师出示标记，告诉它的用处：督促与提醒一切违反环保规则的人。

第五节 幼儿绕口令、谜语教学

绕口令是一种训练幼儿发音的游戏儿歌，谜语是一种丰富幼儿认知、训练他们思维的智力儿歌。它们都属于幼儿诗歌的独特形式，不仅具有诗歌句式对仗工整、音韵和谐等特点，同时又具有自身的特色，因而教学中既应体现诗歌教学的特点，又有其特殊性。

一、幼儿绕口令活动的设计和组织要点

（一）绕口令的特点

绕口令是把声母、韵母、声调等容易混同的字，组成反复、重叠、绕口的句子，要求一口气快速而准确地念出来，形成一种读起来很绕口但又妙趣横生之感的语言形式。它的有趣之处就在于绕口。它不但内容丰富，数量众多，而且十分精巧，有的本身就是一首优美的诗歌，使人乐于诵读。它又叫急口令、拗口令。

绕口令
《虎鹿猪鼠兔》[1]

（1）内容和形式都比较生动活泼，诙谐幽默，形象有趣。如《鹅和河》：

> 坡上立着一只鹅，
> 坡下就是一条河。
> 宽宽的河，肥肥的鹅，
> 鹅要过河，河要渡鹅，
> 不知是鹅过河，还是河渡鹅。

（2）由语音相近或容易混淆的字构成，且句式工整，符合儿歌特点。如：

> 小猪扛锄头，吭哧吭哧走。
> 小鸟唱枝头，小猪扭头瞅，
> 锄头撞石头，石头砸猪头。
> 小猪怨锄头，锄头怨猪头。

（3）朗读要求快速、准确、流畅。

（二）绕口令教学对幼儿语言发展的积极意义

"绕口令"节奏明快，内容有趣，是很受幼儿喜爱的一种文学形式，也是教师训练幼儿发音准确、

---

① 郑州幼儿师范高等专科学校学生示范。

说话流畅的一种行之有效的方法。作为一种独特的语言艺术，绕口令对幼儿的语言及思维发展，具有极大的促进作用。

（1）帮助幼儿练习正确发音，训练幼儿辨别汉字读音、区别近似音和吐字清晰的技能和技巧。练习绕口令最好从儿童时期开始，尤其是方言地区。

（2）帮助幼儿矫正唇、齿、喉等发音部位和口型，锻炼幼儿"舌""唇""齿"相互配合的技巧，被形象地称为"口腔体操"，可矫正幼儿口吃等语言障碍。

（3）训练幼儿思维的敏捷性和语言表达能力。经常教幼儿学说绕口令，无疑会大大提高他们的语言表达能力，同时使他们的思维更具有敏捷性、灵活性和准确性；口齿更加伶俐、反应更加敏捷。结合绕口令进行语言基本功的训练，不失为一种有趣、奏效的途径。

（三）幼儿绕口令活动设计和组织要点

1. 选材要点

（1）根据地域特色选取相应的绕口令，以纠正幼儿的方言发音。例如，一些地区语音平翘舌音和前后鼻音不易分清，可多选择练习这方面发音的绕口令。

训练幼儿平翘舌音的绕口令举例如下。

A. 天上有个日头，地下有块石头，嘴里有个舌头，手上有五个指头。不管是天上的热日头，地下的硬石头，嘴里的软舌头，手上的手指头，还是热日头、硬石头、软舌头、手指头，反正都是练舌头。

B. 四和十，十和四，十四和四十，四十和十四。说好四和十，得靠舌头和牙齿，谁说四十是"细席"，他的舌头没用力；谁说十四是"适时"，他的舌头没伸直。认真学，常练习，十四、四十、四十四。

C. 八百标兵奔北坡，炮兵并排北边跑。炮兵怕把标兵碰，标兵怕碰炮兵炮。

以下为训练幼儿前后鼻音的绕口令。

A. 扁担长，板凳宽，扁担没有板凳宽，板凳没有扁担长。扁担绑在板凳上，板凳不让扁担绑在板凳上。

B. 一平盆面，烙一平盆饼，饼碰盆，盆碰饼。

还有的地方f、h不分，下面两首绕口令就很适合做这方面的练习。

A. 粉红墙上画凤凰，凤凰画在粉红墙，红凤凰，粉凤凰，粉红凤凰花凤凰。
B. 黑化肥发灰，灰化肥发黑。黑化肥发灰不发黑，灰化肥发黑不发灰。

（2）根据幼儿的年龄段特色和本班幼儿的实际情况选材。由于绕口令语言要求高，所以主要在中大班开展绕口令的教学活动，而且应注意幼儿的语音状况和选材趣味性，教师应选择合适的绕口令给幼儿练习。下面举例两则。

收 瓜 瓜

妈妈收瓜瓜，
花花捧瓜瓜。
瓜瓜滚下坡，
花花追瓜瓜。
花花抱着瓜瓜给妈妈，
妈妈抱着花花笑哈哈。

山羊上山

山羊上山，山碰山羊角，

水牛下水，水没水牛腰。

2. 幼儿绕口令教学环节

（1）做好相应的准备工作。教师应将自己所选的绕口令事先背熟，并录好快速念的音，以备教学时给幼儿欣赏。同时，准备好相应的教玩具。

（2）创设情景导入，如绕口令《拦兔追鹿》内容如下。

老虎拦鹿和兔的路，

张着嘴巴要吃兔。

兔子捂着嘴巴独自呜呜哭，

说是吃草中了毒。

老虎放开兔子去追鹿，

左找右找找不着鹿。

回头再来抓小兔，

没了兔，没了鹿，

气得老虎直发怒。

教师可以通过播放动画片的形式，生动直观地展示给幼儿，从而导入绕口令活动。

（3）教师先用正常语速示范朗诵，读准相似音，吐字清楚，富有情感。

（4）帮助幼儿理解绕口令。方法基本同诗歌教学的理解方法一样。

（5）教师再次示范朗诵，引导幼儿记诵绕口令。可以通过实物或图片，引导幼儿练习发准相似音，可采取多种形式的练习：跟读、集体、个人、小组、性别、接龙等形式，由慢到快，逐步提高要求，逐渐加快速度，达到又快又准确。

（6）围绕绕口令开展相应的游戏活动，例如：边朗诵边表演，朗诵比赛，接龙游戏，朗读练习，看"节奏图"快速练习，等等。

案例一

绕口令活动"一面小花鼓"（中班）

活动目标

1. 练习发清"鼓""虎""补"等音。

2. 丰富词汇。

3. 在游戏中学习朗诵绕口令。

活动准备

鼓一面、老虎图片一张、鼓槌一副、"妈妈"面具一副。

活动过程

1. 出示"鼓"引起幼儿兴趣。引导幼儿说说鼓是什么样。引出："一面小花鼓"。

2. 出示老虎图片，请幼儿贴在鼓上，使幼儿说出："鼓上画老虎。"

3. 请幼儿敲鼓，可反复几次（教师悄悄把鼓上的老虎撕破），以引出"宝宝敲破鼓"。

4. 教师扮妈妈来补鼓，边补边说："妈妈拿布补。不知是布补鼓，还是布补虎。"

5. 完整地边示范边朗诵绕口令。根据幼儿兴趣反复学习。

6. 游戏：幼儿以小椅子为道具"小鼓"，边玩边朗诵绕口令。

活动延伸

把教具放在表演区，请幼儿在区角游戏时表演朗诵。

附绕口令

一面小花鼓

墙上有只鼓，

鼓上画老虎。

老虎抓破了鼓，

拿块布来补。

不知是布补虎，

还是布补鼓？

案例二

绕口令活动"打醋买布"（大班）

活动目标

1. 初步学会朗诵绕口令《打醋买布》，理解绕口令的主要内容。

2. 练习发准易混淆的字音：顾（gù）、醋（cù）、布（bù）、兔（tù）。

3. 在游戏表演中体验绕口令的趣味性。

活动准备

1. 幼儿人手一份绕口令《打醋买布》的图夹文，教师使用的图夹文一份。

2. 图片道具：老爷爷、鹰、兔；实物道具：醋、布。

3. 字卡：顾、醋、布、兔。

4. 小鼓一只；幼儿已会做"百家姓"的游戏。

活动过程

一、游戏"百家姓"

师：喂喂喂！你姓啥？（幼儿回答：喂喂喂！我姓×）

师：喂喂喂！姓张的在哪里？（所有姓张的幼儿起立回答：喂喂喂！姓张的在这里）

游戏中，幼儿的左手放在耳边做打电话动作。

二、出示图片"老爷爷"、字卡"顾"，学习朗诵绕口令的第一、二、三句

1. 师：小朋友，百家姓的游戏玩得开心吗？（开心）你们的笑声引来了一位老爷爷，大家看一看、猜一猜，老爷爷姓什么呢？（顾爷爷）

2. 展示第一句的字卡，幼儿跟念："有位爷爷他姓顾。"

3. 师：顾爷爷今天要上街去买些东西，如果你是顾爷爷，会买些什么呢？

（表演游戏：幼儿扮作老爷爷，教师扮作小朋友，两人在路上相遇，互相说对话。）

4. （出示实物道具：醋、布）师：看！顾爷爷到底买了什么？（引导幼儿通过"闻""看"，说出物品的名称，并与相应的字卡对上号）

5. （出示绕口令的第二、三句以及第四句的前半部分）引导幼儿采用多种形式学习，并在第四句的末尾加上"思考"的动作。

三、猜想活动：老爷爷回头看见了什么？看见的是开心的事情还是危险的事情呢？

1. 鼓励幼儿大胆猜想并说出自己的想法。

2. （出示图片"鹰""兔"以及相应的字卡）揭示绕口令中顾爷爷看见的事情，并朗诵第四句。

3. 讨论：如果你是顾爷爷，回头看见"鹰抓兔"，你会怎么做呢？

4. 出示第五、第六句，集体完整朗诵。

四、辩论活动：你认为顾爷爷能抓到鹰和兔吗？为什么？

五、出示绕口令第七句，以此宣布最后的结果

1. 师：飞了鹰，跑了兔，顾爷爷什么也没有抓到，反而还发生了一件倒霉的事，是什么倒霉的事呢？

（教师用手指向放在地上的醋和布，再无声地演示"鹰飞""兔跑"的动作，引导幼儿猜想"醋瓶子倒了、破了，瓶子里的醋流了出来，把布给弄湿了"。）

2. 出示绕口令最后一句："打翻醋、醋湿布。"

六、小结"什么叫绕口令？"

1. 师：这几句话真好听！猜猜看，你觉得今天我们学的本领是故事、谜语还是绕口令呢？（绕口令）对了，这个本领就是绕口令《打醋买布》。绕口令就是把一些发音差不多的字放在一起，考考你念得是不是清楚、准确。

2. 师：现在请小朋友做评委，老师先来念一遍，如果你觉得老师念得还不错，就给点掌声好不好？（好）

3. 倾听老师朗诵一遍绕口令。

七、多种形式完整地朗诵绕口令《打醋买布》

1. 集体朗诵一遍。

2. 对白轮流朗诵——老师念前半句，幼儿念后半句。

3. 快速念、慢速念（老师使用小鼓打节奏）。

4. 竞赛活动"我是绕口令大王"。鼓励幼儿自己单独朗诵这首绕口令，比一比谁读得又快又准。

延伸活动

为幼儿提供纸张和彩色笔，引导幼儿为绕口令配上好看的图画。

附绕口令

打醋买布

有位爷爷他姓顾，

上街打醋又买布，

打了醋、买了布，

回头看见鹰抓兔。

放下醋，搁下布，

上前去抓鹰和兔。

飞了鹰、跑了兔，

打翻醋、醋湿布。

二、幼儿谜语活动的设计与组织要点

（一）谜语的特点

谜语既是一种特殊的诗歌，又是有趣的智力游戏材料。它通常运用比拟的手法，描绘某种事物、现象的各方面特征，而不说出事物或现象的名称，让猜谜者根据描述的特征猜出来是什么事物或现象。其中给出的描述语句称为"谜面"，猜出来的事物或现象叫"谜底"。谜面通常是五字句或七字句

构成的四句儿歌，具有诗歌语言通俗简练、韵律自然和谐的特点，念起来像儿歌一样顺口，同时又具有开启幼儿心智、训练幼儿思维的意义，所以，深受幼儿喜爱。下面就是一组谜语。

（1）一个小小游泳家，说起话来呱呱呱，小时有尾巴没有脚，大了有脚没尾巴。（打一动物）

（2）红红眼睛白白毛，长长耳朵短尾巴，身披一件白皮袄，走起路来轻轻跳。（打一动物）

（3）平日不见，中秋想你，有方有圆，又甜又蜜。（打一食品）

（4）身穿绿衣裳，肚里水汪汪，生的儿子多，个个黑脸膛。（打一水果）

（5）长长一铁龙，首尾节节通，一日行千里，次次立大功。（打一交通工具）

（6）有种小鹅生得怪，雪地里面把家安。身上穿件黑棉袄，胸前却系白肚兜。（打一动物）

（7）有个美丽小姑娘，身上穿着花衣裳。天天都在花里忙，辛勤劳动它最棒。（打一动物）

（8）年纪不是很大，胡子倒有一把，没事啃啃青草，有事就叫妈妈。（打一动物）

（9）白嫩小宝宝，洗澡吹泡泡，洗洗身体小，再洗不见了。（打一生活用品）

（10）身大身肥眼睛小，好吃懒做爱睡觉。模样虽丑浑身宝，生产生活不可少。（打一动物）

（11）独木造高楼，没瓦没砖头。人在水不走，水在人上流。（打一生活用品）

（12）两叶花四朵，颜色白又黄。一年开一次，八月放异香。（打一植物）

（二）幼儿谜语活动的设计和组织要点

幼儿谜语活动分为猜谜和编谜两种活动形式。由于谜语活动对幼儿的能力有一定的要求，即幼儿必须具有一定的生活经验，对事物或现象的特征有一定的认知，具备一定的语言理解和表达能力，思维发展具有一定的概括性等，才能准确开展谜语活动，所以谜语活动主要在中、大班开展。

1. 幼儿猜谜活动的设计和组织要点

（1）创设情境导入，方法与诗歌类似，以便引起幼儿猜谜的好奇心和浓厚兴趣。

（2）教幼儿掌握猜谜的具体方法。

如果是幼儿初次接触猜谜语，教师要先介绍谜语的组成：由谜面和谜底构成。猜谜的方法是要求幼儿仔细听清楚每个字、每句话，并把几句话连起来想，注意谜面的每句话都要与谜底吻合，再把每句话的特征综合起来判断，以猜出谜底。

（3）教师示范猜谜。

教师出示谜语后，示范猜谜，引导幼儿将谜面与谜底每一句逐句对应、检验。如谜语《星星》：

> 许多小银灯，
>
> 挂在天空中。
>
> 白天看不见，
>
> 晚上才出现。
>
> （谜底：星星）

教师提问：天空中有什么东西像小银灯呢？晚上才出现的是什么东西呢？要一句句核对猜的东西。到谜面的每一句都与星星的特征相吻合，综合起来，猜出谜底就是"星星"。

（4）教师引导幼儿猜谜。

教师念谜面时，要求发音准确，吐字清楚，速度适中，关键词重读；启发幼儿猜谜时，教师可以通过适当讲解，提出启发性问题引导幼儿思考，如以下谜语。

> 身穿黄衣衫，
>
> 弯弯像月牙，
>
> 吃着软又甜，

宝宝最爱吃。

（打一水果）（谜底：香蕉）

教师出示谜面时，幼儿可能很难猜出是香蕉，要是教师抓住"像月牙""黄""软""甜"启发幼儿思考，提出关键性的启发性问题："在我们知道的水果中，什么水果身穿黄衣裳，并且它长得像月牙，软软的，吃起来是甜甜的？"幼儿综合以上特征进行思考，就很容易猜出是"香蕉"了。出示谜底时，师生共同印证谜语，教师可拿出作为谜底的实物或图片，引导幼儿将谜面的每一句逐句与谜底核对，再次印证谜语。

（5）教幼儿记忆谜语谜面儿歌。方法同诗歌类似。

（6）以同样方法出示谜语2～3个，引导幼儿猜谜。猜谜活动结束时，鼓励幼儿将学会的谜语带回家去给别人猜，并引导幼儿在日常生活和娱乐活动中都可进行猜谜活动。

2.幼儿编谜活动设计与组织要点

编谜对幼儿的知识面、智力和语言能力，都有较高的要求，需要幼儿具有一定的生活经验，主要是对生活中常见事物或现象的特征或习性，要有一定的认识。所以主要在大班开展。

（1）教师引导幼儿认识谜语特点。

教师可以向幼儿解剖一首已猜过的谜语，使幼儿懂得谜语的构成和相关特点。例如前面猜的谜语"香蕉"，前两句是讲香蕉的形状，后两句是讲它的口感。通过分析，说明编谜的方法很多，可以从物体的形状、颜色、声音、动态、性质、用途或者生活习性等方面去编，同样的东西，编谜也可以有各种不同的编法。编出的句子要短小精练，音韵和谐，读起来朗朗上口。

（2）教师示范编一首谜语。

教师示范编谜前，应出示谜底的实物或图片，让幼儿观察熟悉它的特征，教师再边看实物或图片边逐句编谜，编好后，引导幼儿将编出的谜语与实物或图片加以对照，使幼儿进一步掌握编谜的方法。

（3）教师出示谜底，引导幼儿编谜。一般可以采取以下两种编法。

一是教师启发幼儿逐句编谜，例如以"肥皂"为谜底，教师出示一块方形肥皂，问："这块肥皂样子像什么？"幼儿七嘴八舌编出各种不同的句子，确定一句："看看像块糕。"这块糕能用嘴咬吗？幼儿说不能，引导又编出一句："不能用嘴咬。"教师让肥皂沾上水，用手搓搓，手上显出白泡泡，引导幼儿又编出两句："沾水搓一搓，满手白泡泡。"这就编出一首肥皂的谜语。这种编法虽较呆板，但较容易，对初学编谜者可用。

二是教师提出一系列启发性问题，引导幼儿完整编谜。最后教师对幼儿编出的句子进行指导、修改，集体编成一首谜语的谜面。例如，还以"肥皂"为谜底，让幼儿观察肥皂后，教师提问："肥皂看起来像什么？它有什么用？要是碰到水后会怎么样？"根据问题，幼儿先三三两两地试编，教师再请他们发言，并进行指导，最后编出："小小一块糕，洗衣不可少，沾水搓一搓，衣服干净了。"

（4）教师引导幼儿背诵自编谜语。编好的谜语引导幼儿背熟，鼓励幼儿给班中同伴或家长猜，以提高对编谜的兴趣。也可以在日常生活和游戏中进行编谜，并鼓励幼儿编谜后互相猜。

案例三　　　　　　　　**创编谜语活动"聪明仔"（大班）**

活动目标

1.了解谜语含义，能够运用形象的语言描绘所观察、触摸到的物体特征，并用自己的语言编成谜语。

2.发展想象力和语言表达能力。

活动过程

一、设置问题情境，激发幼儿对谜语产生兴趣，并了解谜语的含义

师：小朋友们，我听说聪明城堡里有好多的宝贝，你们想和我一起去寻宝吗？那好，让我们出

发吧！

师：哎呀，前面是什么挡住了我们的去路？小朋友们，你们来猜一猜？会是什么呢？那我来说一说。它呀……（教师配合动作讲述）

师：个子和云一样高，树木都在它怀抱。一座一座肩并肩，春绿秋黄景色好。

揭示谜底。启发幼儿思考："那你们是怎么猜出来的呀？"

师：小心！这又是什么挡住了我们的去路？它呀……

师：细细长长像带子，弯弯曲曲流远方，哗啦哗啦歌儿响，小鱼小虾喜洋洋。

师：小朋友们，你们快猜猜，这又是什么呀？（小河）你们真聪明，谜底真的是小河。

二、初探幼儿想象空间，引发幼儿思考、寻找物体特征

师：小朋友们，要想打开聪明大门，请你们在钥匙树上找到唯一一把符合以下四个条件的钥匙——身体胖又圆，衣服身上穿。肚里兄弟围着坐，吃到嘴里酸又甜。

师：恭喜你们打开了聪明大门，你们真棒！请问要继续闯关吗？（要！）那就请你们继续加油吧！

三、进一步拓展幼儿思维空间，使其用形象的语言表述不同物体的特征，幼儿集体创编谜语

四、拓展幼儿视野，使其能独立创编谜语

师：聪明城堡有一个规定，就是当你找到宝贝以后，要快速把它藏在身上，不要让其他人看见，更不能说出宝贝的名字。你要把你的宝贝编成一个好听的谜语让大家猜。如果编得好，那这个宝贝就送给你了，如果你把它的名字直接说出来的话，那聪明城堡可就要收回你的宝贝。

活动延伸

把自己创编的谜语带回家，让父母猜。

拓展阅读

儿歌教育应注意的原则[①]

儿歌教育必须依据和遵循幼儿语言学习、语言教育的特点，来确定教育目标和方法，才能起到好的教育效果。儿歌教育应该注意以下原则。

首先是在儿歌教育的过程中，必须选择适合幼儿年龄特点的儿歌。幼儿的语言处于不断发展的过程，因此教授给他们的儿歌必须符合他们的接受能力，太难了他们理解不了，太简单了他们会觉得没意思，因此儿歌的选材应是符合现代儿童社会生活和儿童发展特点的，是儿童易于并乐于接受的。

其次是在教学中应该以让幼儿听赏为主，学龄前的幼儿主要是通过听来学习和接受语言，而且儿歌本身就是一种口头文学，具有内容浅近、语言通俗的特点，因此在教学的过程中主要让幼儿听赏。幼儿由于有极强的模仿语言的动机和兴趣，会在听赏的过程中主动模仿，从而提高语言能力。还有，在儿歌教学中要体现儿童本位的精神，儿童教育家蒙台梭利说，要"顺应儿童的天性"，实施"顺应儿童天性的教育"。孩子天生喜欢游戏，喜欢追求快乐，对生活充满好奇。鲁迅曾说过，"游戏是儿童最正当的行为"。高尔基也说过，"游戏是儿童认识世界的途径。"儿歌教育教学首先要愉悦幼儿的身心，让他们在愉悦的情绪中发展语言能力。因此，应

---

① 黄路明. 儿歌与学龄前幼儿语言能力发展［D］. 广西大学，2008.

让幼儿在游戏中学儿歌，在快乐中学儿歌，在生活的乐趣中学儿歌，使其在赏中学、在玩中学、在悟中学。

学龄前幼儿对于儿歌的鉴赏，主要表现在对于儿歌的整体感受。因此在儿歌教育教学中，无须对儿歌作过多的分析，而是让幼儿通过整体感受来掌握儿歌。这种鉴赏要没有压力，要通过儿歌那动听的节奏、浅显的内容、明白如话的语言，让幼儿愉悦身心，并在愉悦的情绪中不知不觉地提高语言能力。

本章小结

本章我们学习了"学前儿童文学活动概述""学前儿童文学活动的基本结构""幼儿诗歌、散文教学""幼儿故事活动"和"幼儿绕口令、谜语教学"五节内容。

"学前儿童文学活动概述"阐述了文学作品的类别、文学活动的基本特征、文学活动的语言教育目标、幼儿园文学活动的选材要求四个方面的内容。"学前儿童文学活动的基本结构"讲解了组织文学活动的基本步骤和文学活动设计组织中应注意的问题。文学活动的基本步骤包括初步学习作品、理解体验作品、迁移作品经验、创造性想象和语言表述四个基本环节；"文学活动设计组织中应注意的问题"为教师顺利组织文学活动提出更加切实可行的建议，包括充分挖掘文学作品的整体功能，在日常生活中渗透文学教育，不断充实时代感强、符合幼儿欣赏情趣的文学作品，教师应尽可能让幼儿在自由、宽松、舒服的环境中欣赏文学作品等内容。

"幼儿诗歌、散文教学"阐述了"幼儿诗歌、散文作品的选择要点""幼儿园诗歌、散文活动的基本组织模式""幼儿诗歌、散文活动过程的设计"三个方面的内容。

"幼儿故事活动"包括"内容选择要点""幼儿童话、故事活动过程的设计"和"幼儿园故事教学的其他组织策略"三个方面的内容。

"幼儿绕口令、谜语教学"阐述了"幼儿绕口令活动的设计和组织要点"和"幼儿谜语活动的设计与组织要点"两种体裁文学作品的设计与组织。

思考与练习

1. 学前儿童文学活动的语言教育目标有哪些？
2. 谈谈学前儿童文学活动设计组织的基本结构。
3. 围绕诗歌散文可以开展哪些相关的活动？
4. 举例说明小、中、大班幼儿仿编诗歌活动的重点是什么。
5. 幼儿童话、故事教学活动的基本结构是什么？

拓展训练

设计一个学前儿童故事活动方案，重点体现幼儿理解故事和创造性表现故事的环节。

模拟课堂

自选学前儿童文学活动的两种类型，组织试教并进行分析评价。

第八章
学前儿童早期阅读活动的设计与指导

>> 目标导航

1. 了解早期阅读活动的特点和类型。
2. 掌握早期阅读活动的目标和内容。
3. 把握早期阅读活动的基本结构。
4. 设计早期阅读活动方案并组织实施。

PPT 教学课件

>> 知识导图

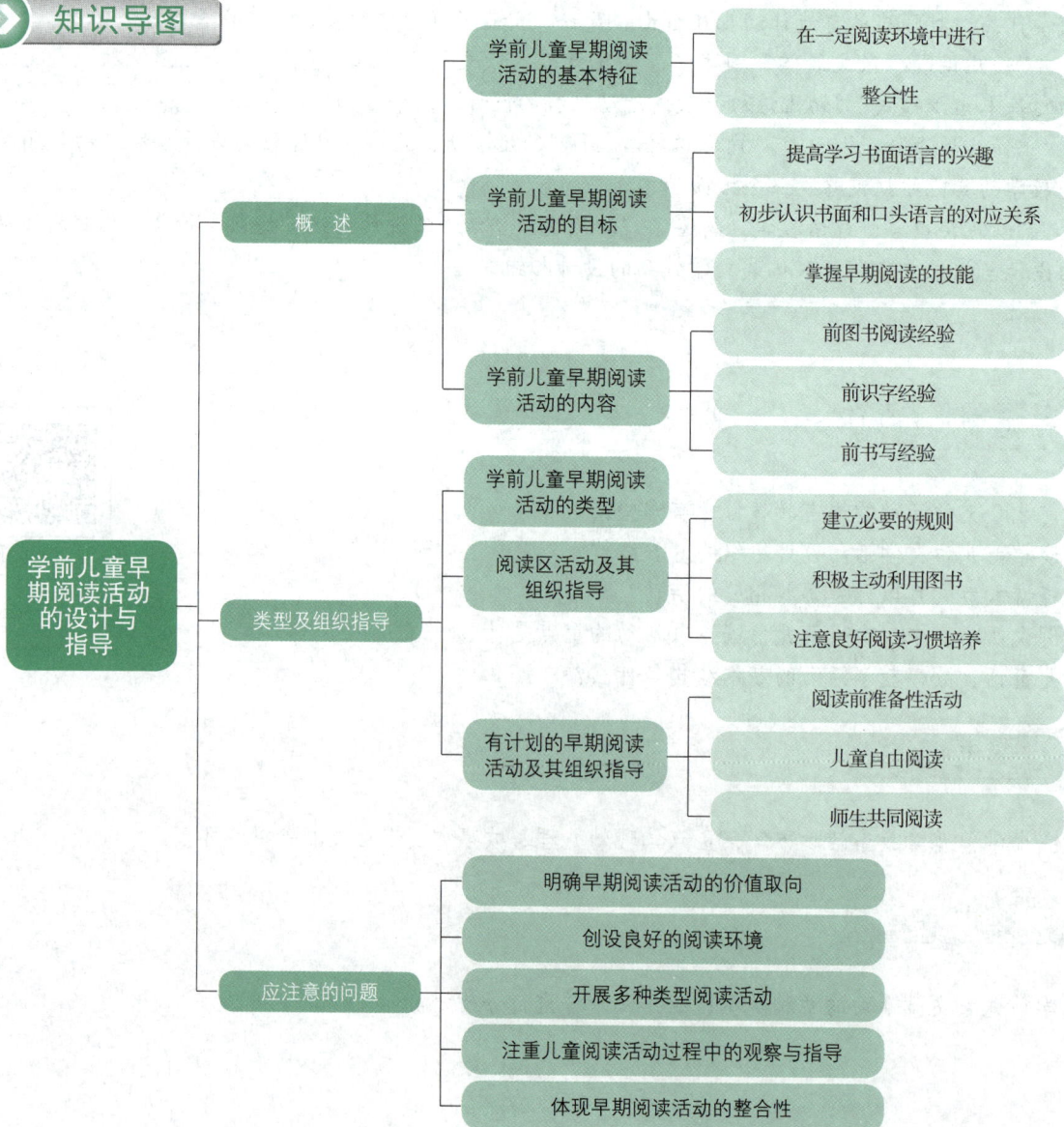

学前儿童早期阅读活动的设计与指导
- 概述
  - 学前儿童早期阅读活动的基本特征
    - 在一定阅读环境中进行
    - 整合性
  - 学前儿童早期阅读活动的目标
    - 提高学习书面语言的兴趣
    - 初步认识书面和口头语言的对应关系
    - 掌握早期阅读的技能
  - 学前儿童早期阅读活动的内容
    - 前图书阅读经验
    - 前识字经验
    - 前书写经验
- 类型及组织指导
  - 学前儿童早期阅读活动的类型
  - 阅读区活动及其组织指导
    - 建立必要的规则
    - 积极主动利用图书
    - 注意良好阅读习惯培养
  - 有计划的早期阅读活动及其组织指导
    - 阅读前准备性活动
    - 儿童自由阅读
    - 师生共同阅读
- 应注意的问题
  - 明确早期阅读活动的价值取向
  - 创设良好的阅读环境
  - 开展多种类型阅读活动
  - 注重儿童阅读活动过程中的观察与指导
  - 体现早期阅读活动的整合性

图画书是幼儿最主要的阅读材料，自从早期阅读被纳入幼儿园语言教育范畴之后，幼儿园纷纷开展了以图画书为载体的早期阅读活动，但因为不明确幼儿早期阅读的核心经验，许多教师将早期阅读等同于故事教学或看图讲述。

那么，图画书阅读的核心经验是什么？图画书阅读活动与故事活动之间有什么区别？在图画书阅读活动中是应该人手一书还是众人一书呢？结合幼儿园见实习经验，谈谈你的看法吧。

《纲要》中强调"通过诸如图书、绘画等多种形式，鼓励幼儿对日常生活中常见的简单标记和文字符号产生兴趣，从而激发他们对书籍、阅读和书写的兴趣，为培养他们的前阅读和前书写能力奠定基础"。这正是学前儿童早期阅读活动的内容。

早期阅读活动是学前儿童语言学习不可或缺的组成部分，对促进学前儿童语言发展具有重要价值。近年来，我国的学前教育界也从多种角度提倡学前儿童早期阅读，本章重点探讨学前儿童早期阅读的基本特点、目标、内容等，并据此对学前儿童早期阅读活动的设计与组织问题做了进一步的研究。

第一节 学前儿童早期阅读活动概述

学前儿童早期阅读活动是指有目的、有计划地培养儿童学习书面语言的教育活动，是幼儿凭借图画、文字、色彩、成人的语言以及外部环境来理解以图画为主的幼儿读物的所有活动的总称。它不是单纯的看书、识字教育，也不是通常意义上以文字为基础的正规阅读，而是强调儿童的自身经验，注重其阅读过程，是成人借助一定的书面语言与学前儿童交流的活动。

学前儿童早期阅读活动可为儿童进入学龄期正式书面语言的学习打下基础。在此阶段，它能够向儿童提供集体学习的环境和机会，使儿童在集体阅读的氛围中增强对阅读活动的兴趣和爱好；培养儿童对书面语言的敏感性，增强对文字符号的好奇感和探索愿望，形成正确的阅读习惯，提高阅读理解的技能，积累识字和书写的经验等，为儿童终身学习打下基础。

一、学前儿童早期阅读活动的基本特征

（一）早期阅读活动需要在一定的阅读环境中进行

早期阅读活动重在为学前儿童提供阅读经验，因而需要向儿童提供丰富的阅读环境。

早期阅读环境包括以下两个方面。一是物质环境。教师和家长要为儿童创设丰富的阅读物质环境，这种物质环境包括图书、阅读时间和阅读空间三个方面，从而使儿童有更好的条件丰富书面语言知识。早期阅读经验，不可能仅仅依靠一两本图书、几次专门性的阅读活动获得，它需要在大量的日常阅读中习得和巩固。因此教师要在有计划的阅读活动完成之后，在日常生活中保证儿童一定的阅读时间，这种时间是随机的、不固定的。同时还要为儿童提供足够的阅读场所，如幼儿园的图书室、语言角和阅读区，这些含有丰富阅读信息的区域，有利于激发儿童的阅读兴趣。

二是精神环境。愉快的情绪有助于儿童全身心地投入到阅读活动中，在阅读活动中获得无穷的乐趣。因此，要求教师或家长为儿童创设较为宽松、自由、有趣的阅读氛围，儿童可以自己阅读，也可以和同伴一起阅读。这种宽松自由的氛围有助于儿童全神贯注地投入到阅读活动中去；同时，教师和家长也要为儿童做好阅读的榜样，和儿童一起读书，讲解复述图书内容等，儿童会在潜移默化中养成良好的阅读习惯和阅读兴趣。

（二）早期阅读活动具有整合性特点

学前儿童早期阅读活动是一种整合性教育，它贯穿于各种活动中，应与语言教育活动及其他领域教育活动紧密结合起来。如阅读活动和美工活动的结合，阅读活动和家园联系相结合，阅读活动将书面语言和口头语言相结合等。尤其是书面语言与口头语言的结合，会使儿童在发展语言表达能力的同时，也识得一些文字，了解书面语言的初步知识。但教师和家长要明确的是：儿童早期阅读活动重在培养儿童阅读的兴趣、良好的阅读习惯、正确的阅读方法，而绝不能变成识字教学课。

二、学前儿童早期阅读活动的目标

学前儿童早期阅读活动着重从情感态度、认识和能力三个方面，培养儿童学习书面语言的行为。

（一）提高儿童学习书面语言的兴趣

对书面语言产生兴趣，有积极主动"接近"书面语言的愿望，是学习书面语言的基础和前提。在早期阅读活动中，有必要帮助儿童萌发对书面语言最初步的、也是最根本的情感倾向。在学前阶段培养儿童学习书面语言的兴趣，要着重帮助儿童获得两种基本的阅读态度。

1. 热爱书籍，建立自觉阅读图书的良好习惯

书籍是书面语言的实际载体，是人类知识的宝库。从小培养儿童对书籍的热爱，可以有效激发他们的阅读兴趣和积极性。在早期阅读活动中，儿童有机会接触大量图书，被图文并茂、生动形象的故事所吸引，从而产生愉快的感觉，并能够与教师、同伴分享这种快乐。在大量阅读图书的过程中，可培养儿童热爱书籍的情感态度。通过教师的帮助，儿童还进一步学会爱护图书，养成良好的阅读习惯，形成自觉的阅读倾向等。

2. 乐意观察符号，对文字有好奇感和探索愿望

文字是一种语言代码，也是一种符号体系。在世界上各种类型的符号系统中，文字是最纷繁复杂、含义丰富的符号体系。尽管学前儿童尚未正式进入学习掌握文字的阶段，但仍然需要通过一系列的活动来培养他们对文字的兴趣。学前儿童早期阅读活动的目标之一，是激发儿童对各种符号的敏感性，并激发他们探索感知文字符号的积极性和主动性。儿童对生活中多种多样的符号，均会表现出极大的好奇，适当引导可激发儿童探索文字的兴趣，从而帮助他们形成乐意学习文字的态度。

（二）帮助学前儿童初步认识书面语言和口头语言的对应关系

书面语言和口头语言是人类语言的两大反映形式，也是两种语言符号类型。学前阶段的儿童，正处于获得口头语言的关键时期，他们将在正式入学前基本完成口语学习的任务。为使他们更好地学习口语，并为学龄阶段集中学习书面语言作好准备，在学前阶段有必要帮助儿童了解书面语言与口头语言的差异，初步感知和认识书面语言和口头语言的对应关系。

儿童可以从早期阅读活动中得到以下三方面认识。一是了解书面语言与口头语言一样，都可以传递信息，但书面语言用文字的方式记录，具有可视性。二是懂得书面语言与口头语言都可以用来表达人们的思想。三是了解书面语言和口头语言一样，是人们交际的工具，但交际方式不同。口头语言直接说出来，书面语言却具有文字反映的特点。如果没有书面语言，人们的交际将会受到空间和时间条件的限制，使交流出现问题。

（三）帮助儿童掌握早期阅读的技能

学前儿童早期阅读教育是让儿童掌握阅读的方法，培养阅读能力。因此除了热爱阅读、懂得书面语言的意义之外，儿童在学前阶段还要掌握一些必要的阅读技能。早期阅读技能并不是具体字词的识别，也不是汉语拼音的学习，而是为儿童今后全面学习书面语言所必需的基本学习策略做准备。

教给儿童正确的阅读方法主要是教给儿童学会有顺序地阅读，懂得看书要按顺序从前往后一页页翻书；在看单页单幅和单页多幅的图画时，也要有顺序地从上至下，从左至右阅读；明确图书有封面、封底和内页等。

儿童在学前时期需要获得的基本阅读技能有如下三种。

1. 观察理解的技能

理解的技能是儿童阅读中最基本的技能。在阅读过程中，儿童通过有顺序地翻阅图书以理解画面内容，通过仔细观察，了解画面上有什么，在什么地方，有什么人在做什么，人物的表情、动作、打扮等等。更主要的是，儿童不但要理解单页画面的内容，还要能够根据连续画面提供的信息进行观察、分析和判断，从而明确画面与画面，画面与整个故事之间的联系，使阅读活动顺利开展下去。

例如，在大班阅读活动"小猴出海"中有这样几幅画面："小猴和它的朋友们乘坐的小船触礁了，大家非常着急。这时，小鸭偷偷地跳海逃走了，小猴和它的朋友们都赶紧招手叫小鸭游回小船，以免遇到鳄鱼。"在这几幅画面中，儿童只有对"大家都很着急"这个表情进行很好的分析，才能理解小鸭的举动，如果没有结合"小鸭逃走"这个画面来理解"小猴们招手"这个动作，儿童也无法分析、判断出：小猴子们为什么要让小鸭回到船上，以及故事的下一个情节——遇到鳄鱼。可见，儿童要理解故事的主要内容，必须要善于观察角色的表情、动作及与故事发展有关的各种背景，如"刮大风，起大浪"等，并结合上下文进行正确的理解、分析和判断。

2. 概括的技能

概括的技能是指儿童在阅读完一本书后，能够讲出图书的主要意思。儿童在阅读过程中，要对照前后画面的变化，寻找出画面与画面的相同点、不同点和衔接点，并尝试用口头的形式，表达出对图书主要内容的一个总的、概括性的印象。

3. 预期的技能

预期的技能是儿童预测故事情节发展的技能。这种技能与故事续编有所不同，故事续编要求儿童对故事结尾作各种富有创造性的想象，想象的内容无对错之分。预期的技能则要求儿童在阅读图书的开始部分时，就要敏锐地根据故事中发生的事件性质、人物动作及表情，准确地将情节的发展过程和结局预测出来，且预测结果要和图书开始部分相呼应。例如，当儿童阅读《三只羊》的故事时，能根据故事开头预测出故事的结局。故事开头，羊儿处于非常安全的状态，到山那边去吃草，忽然碰到大灰狼，进入危险状态。一而再、再而三地，危机出现，最终三只羊战胜了大灰狼，重新回到美满安全的状态，到山那边吃到了草。培养儿童预期的技能，可有效地帮助他们理解具体的阅读内容，不断扩展其阅读经验。预期技能的培养必须通过大量的阅读实践活动，在刚开始时，绘本的选择要简单一些，情节的发展不宜太复杂。在儿童有较多同类阅读经验的基础上，教师给予点拨指导，帮助他们归纳、概括出故事情节发展的一般规律。

上述几种基本技能的学习，可以在早期提高儿童对书面语言的敏感性，使他们获得学习书面语言的方式和方法。尽管此时他们还没有掌握大量的字词，也不会汉语拼音，但他们通过早期阅读所掌握的书面语言知识、规律和阅读的各项策略技能，将有助于他们学龄阶段迅速、有效地掌握书面语言。

学前儿童早期阅读活动各年龄阶段具体培养目标如下。

（1）小班

① 知道可以用一段话来讲述一幅图的含义。

② 知道每个字的发音不同，所代表的意思不同。

③ 喜欢听教师来讲述图书的内容，并尝试自己阅读图书。

④ 学习正确的阅读方法，会按顺序翻阅图书。

⑤ 对文字感兴趣，能学认常见的简单汉字。

（2）中班

① 知道口头语言和文字的对应转换关系。

② 能集中注意力倾听教师讲述图片画面中的文字内容，理解书面语言。

③ 能独立阅读图书，理解相关内容。

④ 对画面及文字感兴趣，主动学认常见汉字。

（3）大班

① 理解画面内容，会用恰当的语句表达。

② 对学习与阅读文字感兴趣，积极学认常见的汉字。

③ 初步认识汉字的间架结构，会按正确笔顺书写自己的姓名及常见的、简单的独体字。

三、学前儿童早期阅读活动的内容

早期阅读是学前儿童开始接触书面语言的途径，因此其阅读内容，应该包括与书面语言学习相关的所有材料。根据学前儿童早期阅读活动的目标，为儿童提供的早期阅读内容包含三方面的阅读经验，即前图书阅读经验、前识字经验、前书写经验。

（一）前图书阅读经验

所谓"前图书阅读经验"，并不只是利用给学前儿童提供图书的方式来培养其阅读能力，而是要帮助儿童学习和积累若干具体的行为经验。一般来说，教师可以利用那些儿童感兴趣的图文并茂、丰富多彩的图书，来帮助他们学习如何阅读图书，培养阅读能力，同时要挖掘日常生活中一切可供儿童阅读的材料，如报纸、广告、说明书等，这些都旨在丰富儿童的前阅读经验。儿童要学会看图书，至少要学习如下若干具体的行为经验。

（1）翻阅图书的经验。儿童要掌握一般的翻阅图书的顺序和方法。

（2）读懂图书所展示内容的经验。儿童要会看画面，能从画面中发现人物的表情、动作、背景等，将它们串接起来理解故事情节。

（3）理解图书的画面、文字和口头语言的对应关系，会用口语讲出画面内容，或听老师念图书时，知道是在讲故事的内容。

（4）图书制作的经验。知道图书上所说的故事是由作家用文字写出来，画家又用图画表现出来，最后装订印刷成手中的读物，儿童也可用自己的文字和画笔，把想说的事情用一页页的故事表达出来，并把它们订成一本书。

（二）前识字经验

虽然大量识字是儿童进入小学以后的学习任务，但幼儿园有计划、有组织地开展早期阅读活动，可以帮助学前儿童获得前识字经验，从而提高儿童对文字的敏感度。但是尤其需要注意的是：在各年龄班早期阅读活动中，教师绝不能要求儿童机械记忆和认读文字，更不能给儿童规定识字量。

学前儿童早期阅读活动，向儿童提供的前识字经验包括以下内容。

（1）知道文字有具体的意义，可以念出声音来，可以把文字、口语与概念对应起来。如，认识"船"这个字，知道是指什么样的物体；看到"球"这个字时，知道读音，并知道什么是球。

（2）理解文字功能和作用的经验。比如读图书中的文字就知道书里所讲的故事；可以把想说的话写成文字，也就是信，邮寄到别人手中，别人就能明白写信人所要表达的意思。

（3）初步产生文字来源的经验。初步了解汉字是怎样产生的，是如何演变成今天的样子的。

（4）知道文字是一种符号并可以与其他符号系统转换。例如认识各种交通工具与公共场合中的图形标志，知道这些标志分别代表一定意思，可用语言文字表现出来。

（5）知道文字和语言的多样性经验。认识到世界上有各种各样的语言和文字，同样一句话，可以用不同的语言文字来表达；不同的语言文字又可以互相解释说明。

（6）了解识字规律的经验。在前识字学习中，让儿童明白文字有一定的构成规律，掌握这些规律，就可以更好地识字。例如，许多汉字与"目"有关，如：睡、眼、看、眉等。把握这种内在规则，儿童会对识字感兴趣，也有利于他们自己探索认识其他一些常见字。

（三）前书写经验

尽管不能要求学前儿童像小学生那样集中、大量地学习识字写字，但是获得一些有关汉字书写的经验仍然是必要的，是儿童入小学后正式学习书写的准备。

前书写经验重在向儿童提供学习机会，让他们积累有关汉语文字构成和书写的经验。具体包括以下内容：① 认识汉字的独特书写风格，如能将汉字书写区别于其他文字；② 知道汉字的基本间架结构，如懂得汉字可以分成左右结构、上下结构等；③ 了解书写的最基本规则，学习按规则写字，尝试用有趣的方式练习基本笔画；④ 知道书写汉字的工具，知道使用铅笔、钢笔、圆珠笔、毛笔书写时的不同要求；⑤ 学会用正确的书写姿势写字，包括坐姿、握笔姿势等。

需要注意的是，让学前儿童初步了解汉语文字的基础知识和多种书写工具，是帮助儿童了解祖国文字及书写的独特之处，激发他们对祖国文化的热爱和学习兴趣，不要将这样的活动等同于练习毛笔字，更不能强行要求儿童机械乏味地反复操练。可根据儿童的认知特点，灵活创设利于儿童积累前书写经验的活动，如在固定区域放置小本子和钢笔、铅笔、圆珠笔等书写工具，鼓励儿童在阅读过程中尝试用笔和本子对自己的问题和想法进行"记录"等。

第二节　学前儿童早期阅读活动的类型及组织指导

学前儿童早期阅读活动对儿童的终身学习有不可估量的作用，因此对早期阅读活动的组织和指导，要明确早期阅读不同类型的特点，针对多种多样的阅读活动，制定组织策略，才能有效地开展早期阅读活动。

一、学前儿童早期阅读活动的类型

学前儿童早期阅读活动按照不同的标准，可以划分成不同的类型。

按照不同的阅读训练目的，可以分为认知性阅读、理解性阅读、浏览性阅读、鉴赏性阅读、批判性阅读等。

按照阅读在幼儿园一日活动中的渗透程度，有语言活动中的阅读、社会活动中的阅读、亲子活动中的阅读、科学活动中的阅读、游戏活动中的阅读等。

按照开展场合的不同，可以分为幼儿园阅读教育活动、家庭阅读教育活动和户外阅读教育活动。

从以上类型可以看出，学前儿童早期阅读活动，不仅需要幼儿园有计划、有组织地开展，还要将其渗透到日常生活、其他领域活动、区角活动中去，根据不同阅读活动的特点，制定相应的组织指导策略。

二、阅读区活动及其组织指导

图书室和图书角是幼儿日常生活中自主阅读的区域。与集体阅读活动相比，在阅读区幼儿有更多机会自主选择图书，有更多时间自由阅读图书。一个明亮、安静、舒适、有趣的阅读区，有助于激发幼儿读书的兴趣，培养幼儿热爱读书的习惯。

（一）有效开展阅读区活动的意义

有效开展阅读区活动，可以提高儿童的阅读水平。教师根据年龄班的差异在阅读区投放不同种类和不同难度的图书，便于学前儿童根据自己的兴趣爱好来选择图书。并鼓励儿童积极参加阅读区活动，从而有效地促进他们阅读水平的提高。有效开展阅读区活动，还可为有计划阅读活动做准备。在阅读区，除了投放儿童喜闻乐见的或儿童从家中自带的图书外，还应该在有计划阅读活动进行前一周，投放本次活动的图书。这样，可以增强儿童对图书的理解能力，提高有计划阅读教学活动的质量。有效开展阅读区活动，又可提高儿童对图书的兴趣。学前儿童在阅读区中不仅可以阅读图书，还可以从事一些与图书有关的活动，如图书制作。当儿童手捧着他们亲手制作的图书时，心中不仅充满了自豪感，也由此对图书产生更浓厚的兴趣。

（二）教师在指导阅读区活动时的注意事项

第一，阅读区活动应建立必要的规则。

必要规则的建立，有助于阅读区活动的顺利开展，教师不仅要建立规则，还要教给儿童如何遵守这些规则。规则包括如下内容。

（1）阅读区人数的规定。一般在阅读区中使用"阅读卡"，当阅读卡全部被儿童使用时，后面的儿童就要自动到其他区活动。

（2）在阅读区中要保持安静，不能大声喧闹。

（3）当两人合作阅读一本书时，由谁翻书、由谁先讲述，均由两人协商，不能因此发生争吵。

第二，要引导儿童积极主动地利用图书。

阅读区活动开展的好坏取决于图书的利用率的高低，因此教师要动脑筋尽量让儿童主动选取架子上的图书阅读。教师要定期更换图书，还可以采用以下的一些方法，激发儿童阅读的积极主动性。

（1）悬念法。教师可以为儿童讲述一个非常精彩有趣的故事，当故事情节发展到高潮时停止，然后告诉他们阅读区有这本图书，并告知他们书的位置，想知道结果的儿童，可以自己去翻书寻找。这种悬念法不仅可以调动儿童阅读图书的积极性，而且也在间接地向他们传递这样一种信息：许多有用的知识可以从图书中获得。这样一种意识的建立，将有助于儿童今后的学习。

（2）新书提示法。教师要将新投放的书摆放在书架的显著位置，或进行简单的介绍，鼓励儿童积极主动地翻看新书。

第三，注意儿童良好阅读习惯的培养。

开展阅读区活动时，教师仍要注意观察儿童的阅读习惯，并时时提醒他们看书时注意坐姿和距离，从前往后一页页翻看图书。还可带领中、大班儿童修补旧书，培养爱护图书的美好情感。

三、有计划的早期阅读活动及其组织指导

有计划的早期阅读活动是学前儿童早期阅读活动的重要类型。有计划的阅读活动可以使儿童养成良好的阅读习惯和阅读态度，从而提高阅读基本技能。这种阅读活动一般以分组形式开展，一组儿童与教师一起参加本次活动，另一组儿童则进行与本次阅读内容相关的活动，如给图书中的人物涂色或画像等。分组可以保证每个儿童都参与到活动中来，且有表现的机会，也有利于教师的有效观察和指导。

明确有计划的早期阅读过程的步骤或基本结构，有利于教师组织指导阅读活动的开展。

（一）阅读前准备性活动

正如我们所知，儿童不能仅靠一次阅读活动就理解一本书。因此在正式阅读活动开展的一两周之前，应该让儿童先阅读一下图书，以便为正式阅读活动的开展打下基础。

事实上，当儿童对所阅读的图书情节不够了解时，他们便无法很好地回答教师提出的问题，这样就难免导致教师指导重点的转移，阅读活动很可能变成一节提问课或讲解课，那么阅读活动也就失去了应有的意义。

在这个阶段，教师指导时应注意：第一，阅读前准备性活动并不能代替正式阅读活动，它只是为正式阅读所做的铺垫。因此，儿童只需对阅读内容有一个大概的理解就可以，而不必过于熟悉，以防儿童在正式阅读时失去兴趣，影响正式阅读活动的开展；第二，准备活动中，可以让儿童从头到尾翻看图书一到两遍，教师重在指导儿童的阅读方法是否正确，阅读习惯是否良好等，而对儿童理解是否

准确不宜过多干涉；第三，对儿童理解不正确的地方，教师可以给予提示并启发儿童思考。

（二）儿童自由阅读

这是正式阅读活动的第一个阶段。教师将阅读活动所需图书展示给儿童后，要提供机会让其自由阅读。在阅读前准备性活动的基础上，儿童对所阅读的书面语言，应该留有一定的印象，给儿童创设自由阅读的机会，让儿童通过有目的的阅读，再次观察阅读对象，理解图书内容。

正因为这是儿童正式阅读的第一个阶段，教师在指导时也应更注意技巧。第一，教师提出观察要求，通过提问来引导儿童的思路，使其把握阅读的重难点。一般提1～2个问题，引导儿童清楚观察的重点，把握图书的主要内容。例如在儿童自主阅读《世界上最好的爸爸》时，可提问："小熊不想睡觉，自己出去玩时都遇到了谁？这些小动物的爸爸会给孩子做什么事情呢？"在阅读《逃家小兔》时可请儿童边看书边思考："小兔子想变成什么？妈妈又变成了什么呢？"第二，教师注意观察儿童在阅读中的表现，如翻书的顺序、阅读速度、阅读方法和阅读态度等。儿童的自由阅读，并不意味着教师可以不闻不问，而是要巡回观察指导，提示阅读的方法、观察的重点等。

（三）师生共同阅读

师生共同阅读是阅读活动的一个重要过程。这个过程又可以分为以下三个阶段。

1.师生共同阅读，理解图书基本意思

鉴于儿童对图书的主要情节和内容有了一定的了解，教师可以多用提问的方法，与其一起阅读、理解图书。问题不要太多，3～4个即可，注意一个问题要涉及多个画面，即儿童必须在理解多个画面的基础上才能回答出这个问题，可以保证在生动活泼的形式中进行阅读。例如在师生共同阅读绘本《是谁嗯嗯在我的头上》时可提问："小鼹鼠找了谁？它的表情和动作是怎样的？这些小动物的'嗯嗯'是什么形状、什么颜色的？"

2.围绕重点开展活动

每个阅读活动都有其自身的重点、难点问题，对这些问题教师要做到心中有数。图书的前后连续性较强，如果一个重点或难点画面没有被儿童正确地理解，往往会影响到其之后的阅读，甚至影响对整本图书主要内容的理解。此类问题小班和中班前期的儿童最为常见。所以，教师一定要认真观察了解前面几个阶段儿童的阅读困难，并结合图书的主要难点进行必要的指导，帮助儿童通过观察画面细节，从而深入理解图书的主要内容，体验到图书中人物的内心感受。

围绕绘本阅读开展的活动一般有以下四种。

（1）教师生动朗读文本。教师绘声绘色地朗读文本有助于儿童全面准确地了解绘本内容，将自己看到的画面和图书中的文字结合起来，感受文字和画面之间的关系，体验文字的魅力，同时也能锻炼儿童的倾听技能。朗读绘本可以和提问、儿童观察画面穿插进行。

（2）仔细阅读画面，深入理解绘本内容。此环节结合教师的朗读和提问进行，针对画面中的细节设计问题提出观察要求。例如在绘本故事《猜猜我有多爱你》教学活动中，提醒儿童观察：小兔子做了什么动作来表达自己对妈妈的爱？妈妈又做了什么动作？它们是怎么说的？针对图书中人物的表情、动作、对话等可以请儿童来学一学、说一说、做一做，多感官地参与到图书阅读中，在真实体验中理解图书所表达的内容。

（3）学习重要的词语、句式。好的儿童图书图文并茂，文本和画面相映生辉。文本语言简练优美、词语丰富、句式练达，是儿童学习语言的很好范例。在绘本阅读中可根据儿童的语言发展特点，选择重要的词汇、句式重点学习。与学龄期儿童的学习不同的是，学前儿童的学习主要是理解和说出词语的意思，尝试使用新学的词语、句式表达，如果是动词的话，可以请儿童做出相应的动作。例如绘本《是谁嗯嗯在我的头上》中鸽子的"嗯嗯"又湿又黏，马先生的"嗯嗯"又大又圆，兔子的"嗯嗯"像豆子一样，羊先生的"嗯嗯"像咖啡色的球……在学习绘本的时候就可以重点学习短语"又湿又黏、又大又圆"和句式"像……一样"，用这些短语和句式描述不同动物"嗯嗯"的特点。绘本《逃家小兔》的句式特点也非常鲜明，小兔说："我要变成河里的小鳟鱼，游得远远的。"妈妈说："如

果你变成河里的小鳟鱼，我就变成捕鱼的人去抓你。"这种"如果你怎么样，我就怎么样"的句式在生活中经常使用，在学习绘本的过程中可以让儿童学说这个句型，并在生活中练习使用。

（4）围绕绘本内容设计游戏、表演、看图讲述、创编等活动，加深理解，巩固重点。例如在"猜猜我有多爱你"的教学活动中，可以请儿童模仿小兔子和大兔子伸展双臂、高举双手、比赛跳高等表达爱的动作，学习用小兔子的语言"我爱你像……一样"来创编出新的句子。有些绘本适合表演，可以组织儿童在师幼共读后分角色表演。例如，《鼠小弟的小背心》人物对话简单（小背心真漂亮，让我穿穿好吗？有点紧，不过还挺好看吧？），适合小班、中班儿童阅读后表演。

拓展阅读

游戏与阅读相结合[①]

"爱做游戏"是儿童的天性。通过观察不难发现，在做游戏的过程中，儿童的注意力会高度集中，思维也会更加活跃。因此，在进行大班儿童早期阅读能力培养时，教师可以充分利用这一特征，将游戏与阅读巧妙结合，最大限度激发儿童的阅读兴趣，获得更好的阅读能力培养效果。例如，在进行《想吃苹果的鼠小弟》绘本阅读时，教师可将"连线游戏"与阅读活动有机融合，在激发幼儿阅读兴趣的同时，引导儿童进行更深入的思考。具体的游戏化教学流程为：（1）教师在课前根据绘本内容制作故事中小动物的卡片，然后让幼儿辨认图片中有哪些小动物，并根据常识猜测这些小动物能不能摘到树上的苹果，若"能"则在该动物下方对应的方框内画"√"，若"不能"则画"×"。（2）让孩子们思考当"鼠小弟"看见"树上的苹果"被卡片中的小动物们拿到后，会怎么想、怎么做，并在卡片反面用连线的方法将鼠小弟的动作与它模仿的小动物连接起来。（3）让儿童自主阅读绘本，寻找问题答案，并检验自己的判断是否正确。

3. 归纳图书内容

在儿童对图书的主要内容有深入理解的基础上，教师要鼓励他们将主要内容用语言总结、归纳出来，从而巩固、消化所学的东西。归纳图书内容，有以下三种形式。

一是一句话归纳法。这种形式要求儿童用一句话将图书的主要内容归纳出来。比如，大班阅读活动"小白兔上公园"中，有的儿童这样归纳："这本图书讲的是一只小白兔和他的朋友们上公园时爱护环境、不乱扔东西的故事。"

二是一段话归纳法。这种形式要求儿童用一段话将故事的主要内容归纳出来。例如，中班阅读活动"小鸡和小鸭"中，儿童这样归纳："有一天，小鸡和小鸭去河边玩。小鸡一不小心掉到河里，小鸭将小鸡救了上来。中午时他们的肚子饿了，小鸡说：'小鸭，我来帮你找食物吧。'小鸡用自己尖尖的嘴叼起一条小虫喂给小鸭吃。小鸡和小鸭真是一对好朋友。"

三是题目归纳法，要求儿童用简练的词或短句给图书起个名字。例如，在给图书《小鸡和小鸭》起名字时，有的儿童想出了"好朋友"的题目，有的儿童想出的题目是"帮忙"，等等。

上述三种归纳方法难度不同，适合于不同年龄段的儿童使用。"一句话归纳法"和"题目归纳法"，要求儿童在理解图书的基础上，用简短的语句准确地对图书主要内容加以概括，要求幼儿有较强的总结概括能力和语言表达能力，难度较大，一般适合于中班后期及以后的儿童使用。而"一段话归纳法"，仅要求儿童将图书的主要内容讲述出来，相对而言，难度不高，适合于小班后期和中班前期的儿童使用。

师生共同阅读是阅读活动中的重点，教师在指导时要把握好以下两个问题。

第一，师生共同阅读需要教师多提问，但是一定要谨慎对待提问法的使用，避免陷入一问一答的

---

① 柯丽花. 基于幼小衔接的幼儿早期阅读能力的培养策略［J］. 华夏教师，2023，（20）：15-17.

误区中，教师一定要明确的是：让儿童深入地理解图书的主要内容，才是师生共同阅读阶段的主要目标，因此教师必须要充分调动儿童的多种感官，积极主动参与阅读活动。让儿童通过多听、多看、多表演、多表达与讨论等多种多样的形式，从多种渠道感受信息，以达到理解图书的目的。

第二，在这个阶段，各年龄班教师指导的重点应有所不同。

小班：指导儿童从前往后一页一页地理解单页单幅画面的意思，并能用一段话归纳图书的主要内容。

中班：懂得图书下方页码的作用，能在一个问题的引导下理解2～3个单页单幅画面或一个单页多幅画面的主要意思，能为图书起名字。

大班：能在老师的帮助下，将一本情节复杂、内容丰富的图书，按情节的发展分成几个部分，用一句话归纳图书内容，并预期图书情节的发展。

当然，归纳图书阅读活动的方式远不止这几种，还可以采用竞赛的活动方式，帮助儿童巩固所学内容，用表演或者游戏的方式，来组织归纳所读内容等。教师可以创造性地组织和指导该环节的活动，只要有利于儿童巩固所阅读内容，有利于他们阅读能力的提高，各种生动活泼的形式都可以尝试。

第三节　学前儿童早期阅读活动组织与指导时应注意的问题

一、明确早期阅读活动的价值取向

早期阅读活动对学前儿童而言，首先是获得爱与快乐的途径，其次才是汲取知识的手段。儿童的早期阅读，不仅仅是一个获得知识的过程，更是一个师生、生生、亲子之间互动交流的过程，儿童从被动地听故事，到逐步参与进阅读活动，再过渡到自己主动讲故事，儿童从这个过程中获得了很大的成就感和自信心。

虽然早期阅读活动不以识字为目的，但在早期阅读中，儿童却在不知不觉中习得了识字的经验。可以说，识字是早期阅读的一种副产品，儿童是在潜移默化中学习的，因此完全没有枯燥与乏味感。总的来说，早期阅读活动的价值在于让儿童在阅读中学会阅读，获得阅读的快乐。

二、创设良好的阅读环境

良好阅读环境的创设，直接影响到儿童阅读兴趣的提高、阅读习惯的形成、阅读能力的培养。阅读环境的创设，一般包括阅读氛围的营造、图书的选择与投放等。

1. 阅读氛围的营造

儿童的阅读需要有一定的阅读氛围，松软舒适的小沙发、小坐垫，便于儿童自主取放的小书柜、图书插袋，利于其记录、创编各种图书的剪刀、纸笔等辅助阅读材料，都能给他们的阅读带来方便，直接提高儿童阅读的兴趣和质量。

2. 图书的选择与投放

在图书的选择上，应该更多地贴近儿童的生活经验，以图为主或者图文并茂。情节简单、文字较少、主题突出、色彩明快的图书，比较适合儿童自主阅读。同时，教师还要考虑不同年龄班儿童的阅读水平，从单幅单页图书的阅读逐步过渡到单幅多页图书的阅读。图书的选择与投放，除了要考虑儿童的兴趣之外，还要注意符合儿童的阅读水平和生活经验。

三、开展多种类型阅读活动

多种类型阅读活动的开展对于儿童阅读能力的提高具有重要的作用。目前在幼儿园内开展的阅读活动形式主要有：阅读区阅读活动、阅读室阅读活动、亲子阅读活动、集体阅读活动；结合阅读的小表演、创编图书、阅读小游戏等。它们在儿童早期阅读能力的发展过程中，都有着不可替代的作用。因此，教师在儿童阅读活动中，要善于将多种阅读活动形式有机结合，充分发挥它们在儿童阅读能力培养中的不同作用，以提高学前儿童阅读的质量，促进儿童阅读水平的不断提高。近年来，学界也对学前儿童早期阅读教学进行了多角度的探讨，诸如，多元阅读教育提倡在儿童阅读能力发展的关键阶段，为他们提供一个多元阅读的环境。游戏阅读教育把阅读当作游戏，利用儿童对于游戏的热爱，激发儿童对阅读的兴趣，引导儿童在游戏中阅读。这些探讨都有利于丰富阅读活动的形式，可在阅读教学中尝试和完善。

四、注重儿童阅读过程中的观察与指导

阅读过程中，教师要根据阅读的内容，为儿童提供有帮助的情景、对话、问题、练习材料、表演道具等，并在儿童阅读过程中，指导他们相互交流阅读经验、学会表达自己的阅读感受、合作表演阅读内容及尝试创编图书等。如在以"我自己"为主题的阅读活动中，教师在引导儿童讲述自己的主要特点，阅读儿歌《我的小手》、故事《长大了》的基础上，可以请他们搜集自己成长的照片和信息，创编《我的成长》小书。

五、体现早期阅读活动的整合性

阅读行为在儿童的日常生活中都是无处不在的。教师应善于把握阅读时机，在日常生活和其他领域的教育活动中，注重培养儿童的读图、表述的能力及文字阅读的兴趣。早期的阅读活动，离不开家长的帮助与支持，家长可在家庭中为孩子创设一个良好的阅读环境，为孩子选择适宜的图书，培养孩子良好的阅读习惯。父母为孩子进行阅读指导或亲子阅读，对于增进亲子情感、开拓儿童视野、培养儿童良好的学习习惯，具有重要意义。

🎯 拓展阅读 1

如何组织阅读活动[①]

如同《3—6岁儿童学习与发展指南》所明确指出的，"幼儿的语言学习需要相应的社会经验支持，应通过多种活动扩展幼儿的生活经验，丰富语言的内容，增强理解和表达能力"。因此，我们强调幼儿园早期阅读教育必须符合学前儿童学习的基本特征。

（1）在活动中学习阅读。幼儿园早期阅读教育取得成功的关键是，要创造一个和谐融洽的师幼互动环境，组织幼儿在轻松、愉快的氛围中学习阅读；采用灵活多变的教学方法，激发幼儿阅读的兴趣，让幼儿带着愉快的心情在活动中学习，在学习中活动。

（2）在游戏中学习阅读。图画书中有关情境的内容可以转化为幼儿游戏的场景。幼儿在游戏中可以更好地理解阅读内容，在个人经验与阅读内容之间建立联系，增强阅读的动机与愿望，并不断获得阅读的快乐。

（3）在操作中学习阅读。在操作中学习是幼儿学习的一个基本特点，也是早期教育需要关注的基本问题。在早期阅读教育中，有关幼儿前阅读经验、前识字经验和前书写经验的建立，都离不开实际操作和亲身体验。如何为幼儿提供这样的学习机会，将直接影响他们能否获得早期阅读能力发展的关键经验。

（4）在创造中学习阅读。在创造中学习阅读，意味着给幼儿机会大胆思考和表达自己的想法；

---

① 周兢.促进儿童前阅读核心经验形成的教育活动与指导建议［J］.幼儿教育，2013，（Z4）：13-15.

鼓励幼儿大胆想象，在阅读理解的基础上进行仿编，在理解故事之后想象编构自己的故事内容，或画画自己的小书。如何为幼儿创造这种符合他们学习规律的活动机会，同样将直接影响他们能否获得早期阅读能力发展的关键经验。

拓展阅读 2

活动融合，从绘到做[①]

在早期阅读活动设计中，幼儿由于年龄较小，对阅读并没有较强的理解和概念，也无法体会到阅读带来的好处与乐趣。因此，教师可以通过设计相关的活动内容，将阅读与实践有效融合，并让幼儿参与其中制定相关的规则，提升对阅读的理解，促进幼儿养成良好的阅读习惯。教师在设定阅读相关的活动时，可根据周围的环境以及幼儿的情绪来开展，如在一个温暖如春的下午时光，阳光照耀着幼儿园中种植的花苗，这时，教师可以引导幼儿说："我在一本书中就看到过这样的情景。"幼儿们马上围拢过来，纷纷想要证实教师所说的内容。当教师拿出绘本之后，幼儿们都积极进行观看。教师在这一过程中就可进行引导，可让幼儿们也根据日常观察到的内容制作成自己的绘本。通过真实情景的引导，幼儿们的好奇心和模仿能力都得到了启发，开始积极观察身边的事物，并参考相关绘本，制作属于自己的独一无二的绘本。有的幼儿绘制了有关松鼠妈妈和松鼠宝宝的故事，还用立体画的形式将太阳、云朵和花草在画好后剪裁下来，制作成立体的形式，然后粘贴在松鼠妈妈和宝宝周围。在讲解绘本故事时，如小松鼠发现了天上的太阳，再把太阳折叠过来展现给大家，不仅具有故事性，也融入了丰富的想象力与创造性。还有的幼儿发挥想象绘制出小青蛙坐着云彩飞上天空的故事，还有的在阅读绘本《小蝌蚪找妈妈》的基础上绘出了续集。在介绍过程中由于融入了自己的创意，大多数幼儿逻辑清晰，语言能力也得到了提升。通过阅读与绘画以及手工等内容的融合，让幼儿的语言和创造能力得到提升的同时，阅读兴趣和水平也可得到提升，在兴趣的驱动下有效养成良好的阅读习惯。

本章小结

本章我们学习了"学前儿童早期阅读活动概述""学前儿童早期阅读活动的类型及组织指导"和"指导学前儿童早期阅读活动应注意的问题"三个方面的内容。"学前儿童早期阅读活动概述"介绍了早期阅读活动的基本特征、早期阅读活动的目标和早期阅读活动的内容三方面的知识；"学前儿童早期阅读活动的类型及组织指导"阐述了早期阅读活动的类型、阅读区活动及其组织指导、有计划的早期阅读活动及其组织指导三个方面的内容。"指导学前儿童早期阅读活动应注意的问题"从明确早期阅读活动的价值取向、创设良好的阅读环境、开展多种类型的阅读活动、注意儿童阅读活动过程中教师的观察与指导、体现早期阅读活动的整合性五个方面讲述了有效开展早期阅读活动的方法、技巧，有很强的实用性。

---

① 马晓丛.儿童的视角，共情的阅读——早期阅读活动设计对提高幼儿良好习惯培养效果的分析［J］.智力，2023，（03）：163-166.

思考与练习

1. 什么是学前儿童早期阅读活动? 早期阅读活动有什么特点?
2. 早期阅读活动的目标和内容有哪些?
3. 早期阅读活动有哪些类型? 分别怎么组织指导?

实践活动

根据早期阅读活动的基本结构，设计一个早期阅读活动并组织试教。

案例示范

案例一

早期阅读活动"好饿的小蛇"（小班）

活动目标

1. 初步理解故事内容，乐意和教师一起讲故事，有初步的想象力。
2. 观察画面，运用句式"我吃了×××（水果），我变成了×××蛇"大胆地表达。
3. 用拟声词、动作，大胆表现故事情节，感受故事的童真童趣。

活动准备

绘本《好饿的小蛇》及其电子书。

活动过程

一、出示绘本《好饿的小蛇》，引起幼儿的兴趣

教师出示绘本《好饿的小蛇》，引导幼儿观察图书封面。

提问：封面上有谁?

出示图片，引导幼儿观察小蛇来到什么地方。

二、讲述故事，引导幼儿进行初步想象

1. 出示图书封面，从第一页开始讲述。

师：一天，一条好饿的小蛇扭来扭去，在树林里散步。

教师以小蛇的口吻说："我好饿好饿啊! 我可以吃点什么东西呢?"然后，学小蛇扭啊扭地去找东西吃。

2. 出示小蛇吃东西的图片，引导幼儿进行猜测。

（1）出示遇见苹果的图，提问："小蛇发现了什么? 谁能用好听的话说说是怎样的苹果? （丰富词汇）你猜猜好饿的小蛇会怎样?"追问："你怎么知道的? （出示吃了苹果的图）小蛇吃什么了?"引导幼儿用"我吃了×××（水果），我变成了×××蛇"的句式完整述说，再细化表情、拟声词等。

（2）用倒叙的方式，先出示吃了香蕉的图："啊! ……你猜猜好饿的小蛇吃了什么啊?"追问："你怎么知道的? （充分想象）小蛇怎么吃的?"（教师进行动作指导：鼓励幼儿张开大嘴巴，把嘴巴张得圆圆、大大的，模仿小蛇"吞"香蕉的动作）然后让幼儿继续用"我吃了×××（水果），我变成了×××蛇"的句式完整述说。

（3）出示菠萝的图片，活动方法同上，节奏加快。

过渡：孩子们真会看图讲故事，表情也很生动，那小蛇还吃了什么呢? 现在老师为你们准备了"书"，请你们拿出小书，两手捧好，跟着老师的电子书，一起来翻书，讲故事，好吗?

好饿的小蛇

三、教师根据课件、书，和孩子们一起看书、讲故事

教师捧起绘本，和幼儿一起，电子书也同步进行，慢慢讲过去。

讲到第六天的时候一起看电子书，讨论：小蛇会怎么做呢？（再次想象）

验证，讲述："啊——真好吃。"好饿的小蛇再也不饿了，擦擦嘴扭来扭去地走了。讨论：最后小蛇会怎样？引导幼儿观察环衬和封底。

小结：小蛇吃饱了在呼呼呼地睡觉呢。

四、扮演小蛇，玩一玩，演一演

1. 变小蛇；

2. 吃蔬菜水果；

3. 学说短句："我吃了×××（水果），我变成了×××蛇。"

活动延伸

把绘本放图书角，请幼儿区角活动时自由阅读。

案例二

早期阅读活动"借你一把伞"（中班）

活动目标

1. 仔细观察画面，理解故事内容，会说"借你一把伞"。

2. 初步理解适合自己的东西才是最好的。

活动准备

展板，下雨时的录音，"借你一把伞"课件，牙刷（成人、幼儿），鞋子（成人），帽子（婴儿）。

活动过程

一、听录音导入活动

听雨声的录音并思考：下雨了，该怎么办？

二、师幼共同阅读图书

（一）师幼共同阅读，理解图书内容

1. 阅读封面。

师：书的封面上有谁？

师：她在哪里？

师：天气怎么样？

师：她现在需要什么？

2. 分页阅读故事内容。

（1）教师慢速讲述故事第2～7页，引导幼儿观察图片中的故事角色。

师：小蚂蚁的伞娜娜能用吗？为什么？

（2）教师边操作课件边讲述故事，逐步引导幼儿观察画面细节，预测故事情节，学习"借你一把伞"的句式。

师：谁来了？小青蛙是怎么过来的？小青蛙的伞怎么了？

师：小动物真关心娜娜，还会有谁来呢？

师：小兔子是怎么来的？它的伞是什么？它对娜娜说了什么？

（3）引导幼儿预测小动物的伞是否合适。

师：大熊的伞能用吗？为什么？小动物把伞借给娜娜自己觉得怎么样？

师：小狗带着什么伞？这把伞合适吗？你从哪里看出来的？

（4）阅读最后一页，请幼儿想一想：怎么帮助小鸟？

师：小鸟也没有伞，后面会发生什么故事呢？

借你一把伞

（二）围绕阅读重点开展活动

1. 出示展板，让幼儿对应贴伞，并说一说：为什么这些"伞"都不适合娜娜？

2. 小结。

三、联系生活，迁移经验

教师出示成人和幼儿的牙刷、婴儿的帽子、成人的鞋子等，请幼儿辨别哪些适合自己，哪些不适合自己。

四、活动结束

师：小朋友，你们喜不喜欢这个故事？过一会儿，老师把这本书放在书架上。小朋友可以去看，书里还有很多你没发现的秘密哦。

活动延伸

在表演区里投放小动物的头饰，供幼儿表演使用。

案例三

早期阅读活动"雷公公敲门"（大班）

活动目标

1. 理解儿歌内容，初步认读汉字"游""跳""爬""钻"，了解这些汉字构成的基本规律。

2. 能用身体动作表现儿歌中动物出洞的姿态。

3. 通过捉迷藏游戏，对识字活动产生兴趣，并积极参与识字活动。

活动准备

1. 青蛙、水蛇、小熊、蚯蚓等的磁性图片以及头饰若干。

2. "跳""游""钻""爬"汉字卡片四张。

3. 雷声录音。

活动过程

一、教师播放雷声录音，导入活动

师：轰隆隆，轰隆隆，谁来了？雷公公来了，小动物们会怎样呢？

二、集体观看情境表演，学习儿歌

1. 集体观看6名幼儿表演儿歌《雷公公敲门》。

师：轰隆隆，轰隆隆，雷公公在干什么？听到雷公公的话，哪些小动物出洞了？它们是怎样出洞的？

2. 教师根据幼儿的讲述，出示相应的图片并排成一列。

3. 教师带领幼儿完整地念儿歌。

4. 教师念儿歌的前半句，幼儿念儿歌的后半句，依次进行。

三、阅读图夹文儿歌，初步感知动词"跳""游""爬""钻"

1. 教师在青蛙的旁边出示汉字卡片"跳"，并提示这个字是表示青蛙出洞的动作，然后请幼儿猜一猜这是什么字。引导幼儿看青蛙图片的"跳"字，念句子"青蛙听见跳出洞"，并做出相应的动作。

2. 采用同样的方法，启发幼儿学习感知其他三个动词"游""爬""钻"。

四、引导幼儿重点观察动词，了解汉字构成的基本规律

1. 手指着"跳"字提问："跳"是什么偏旁？想一想，为什么"跳"字有一个"足"字旁？

2. 手指着"游"字提问："游"是什么偏旁？想一想，为什么"游"字有一个"三点水"旁？

3. 用同样的方法，引导幼儿认识"爬"。

通过讨论，使幼儿知道"游"是在水里游，所以有"三点水"旁；动物爬要用爪子，所以

有"爬"字旁。

五、通过游戏，巩固幼儿对汉字的掌握

（1）教师出示汉字卡片，幼儿做相应动作。

（2）教师随机藏起一张汉字卡片，请幼儿猜哪个汉字不见了。

六、活动结束：儿歌表演《雷公公敲门》

教师扮演雷公公，幼儿分为四组分别扮演青蛙、水蛇、小熊和蚯蚓，边说儿歌边表演。

活动延伸

1. 把图片和头饰放表演区，引导幼儿在区角活动时表演儿歌。

2. 把字卡放在语言区，引导幼儿玩识字游戏。

第九章
学前儿童语言教学游戏的设计与指导

目标导航

1. 理解语言教学游戏的含义、特点、分类、作用。
2. 掌握语言教学游戏的设计与组织程序。
3. 注意语言教学游戏设计与组织时应注意的问题。
4. 能够设计并组织实施不同年龄班幼儿的语言游戏活动。

PPT 教学课件

词语开花

知识导图

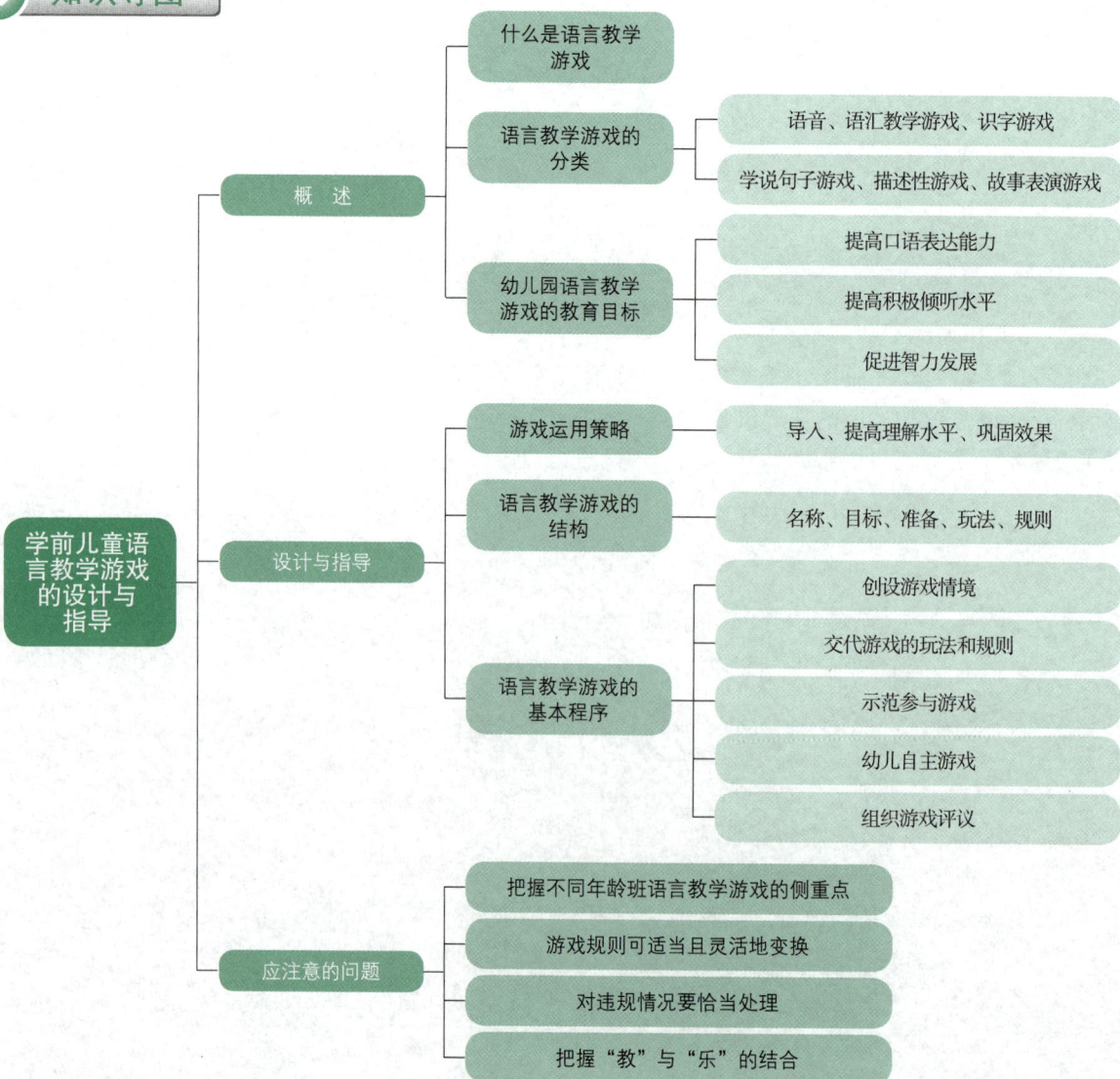

学前儿童语言教学游戏的设计与指导

- 概述
  - 什么是语言教学游戏
  - 语言教学游戏的分类
    - 语音、语汇教学游戏、识字游戏
    - 学说句子游戏、描述性游戏、故事表演游戏
  - 幼儿园语言教学游戏的教育目标
    - 提高口语表达能力
    - 提高积极倾听水平
    - 促进智力发展
- 设计与指导
  - 游戏运用策略
    - 导入、提高理解水平、巩固效果
  - 语言教学游戏的结构
    - 名称、目标、准备、玩法、规则
  - 语言教学游戏的基本程序
    - 创设游戏情境
    - 交代游戏的玩法和规则
    - 示范参与游戏
    - 幼儿自主游戏
    - 组织游戏评议
- 应注意的问题
  - 把握不同年龄班语言教学游戏的侧重点
  - 游戏规则可适当且灵活地变换
  - 对违规情况要恰当处理
  - 把握"教"与"乐"的结合

教师导学

小班的李老师发现班上很多幼儿不能区分"n""l"的发音，如称奶奶为"来来"。于是决定通过游戏让幼儿掌握正确的发音。李老师找了两个大大的南瓜模型，又把自己打扮成奶奶的模样。幼儿惊奇地问："你干什么呀？"李老师说："你们说说我是谁？""对，我是奶奶。我今天买了两个大南瓜，可是拿不动，你们愿意帮我把南瓜送回家吗？"幼儿纷纷表示愿意。于是李老师及时教给幼儿们送南瓜时必须念的儿歌："大南瓜，手中拿，我给奶奶送南瓜，奶奶乐得笑哈哈。"幼儿轮流抱着大南瓜送给"奶奶"，一遍遍大声地念着儿歌，李老师也及时地纠正幼儿们的发音。

结合案例，试分析李老师的做法，并思考幼儿园语言教学游戏的作用。

第一节　学前儿童语言教学游戏概述

一、什么是语言教学游戏

（一）语言教学游戏的含义

语言教学游戏是智力游戏的一种，是在教师组织指导下，以发展幼儿语言为主要目的、有规则的游戏。游戏是幼儿最喜欢的活动，按照游戏的教育作用可以分为创造性游戏和规则性游戏。创造性游戏强调发挥幼儿的主动性和创造性，大都由幼儿自由地玩，包括角色游戏、结构游戏和表演游戏。规则性游戏也称为教学游戏，包括体育游戏、音乐游戏和智力游戏。智力游戏又分为：观察力游戏、记忆力游戏、想象力游戏、思维游戏和语言教学游戏。运用游戏的方式组织语言教育活动，在游戏中将语言教学任务与游戏方式巧妙结合，使幼儿在愉快的活动中进行学习，从而实现"教学游戏化"，完成预定的教学目标。语言教育活动中大量运用游戏策略有利于提高幼儿的学习兴趣和活动效果。

语言教学游戏在各个年龄班都可以运用。不同年龄班可以根据教育目标，选择相应的语言游戏。同一种游戏也可在不同年龄班进行，但要求应有所不同。各种语言游戏可以单独运用，也可以与其他活动方式配合起来运用。语言游戏可以在语言活动中进行，也可以在其他领域、日常生活中进行，使幼儿有更多的练习和运用语言的机会。

语言教学游戏，可以帮助幼儿按一定规则进行口语表达练习，提高口语表达能力；可以使语言交往环境变得更加自由、轻松、愉悦，更多地发挥幼儿学习的主动性和自主性，有利于幼儿积极倾听水平的提高；为幼儿创设的是学习快速敏捷反应的语言运用能力的情境，有利于幼儿体验语言交流的乐趣和提高运用语言的能力，实现教师与幼儿的有效互动。

听说游戏概述

（二）语言教学游戏的主要特点

因为语言教学游戏属于智力游戏，而智力游戏是有规则游戏的一种，所以语言教学游戏具有以下特点。

1. 有明确的语言教育目标

每一个语言教育游戏，都包含着语言学习的具体目标，是教师为了实现语言教育的目标，而选择或编写组织的游戏活动。例如，小班幼儿"zh""ch""sh"与"z""c""s"不易区分，教师选择"摸口袋"的语言教学游戏，就是为了帮助小班幼儿学习正确的发音。但是幼儿语言教学游戏中的目标，又往往是在利用幼儿已有初步经验的基础上练习形成的，是含蓄的，让幼儿在游戏中复习巩固已经学习的语言知识，一般不对幼儿提出某个新的语言学习任务。

2. 将语言学习的重点内容转化为游戏的主要规则

语言教学游戏的规则，是教师在设计语言教学游戏时，为实现语言的教学任务而定的，是由本次活动的语言学习重点转化而成的。凡是参与游戏的幼儿，必须要遵守这些规则。游戏的规则，是对游戏中被允许的和被禁止的某些特定活动的规定。语言教学游戏的规则，从性质上，可以分为：具有竞赛性的规则和不具有竞赛性的规则两种类型。不论哪种性质的游戏规则，都可以提高游戏的趣味性，促使游戏者在游戏中积极参与。例如，小班"买图片"游戏规定：幼儿必须正确说出自己要买的图片名称，才能得到图片，如发音不正确，则要请其他小朋友帮助，重新发音正确后，再得到图片。

3. 具有教学和游戏的统一

语言教学游戏兼有教学活动和游戏的双重性质。在游戏开始时，往往要求教师创设游戏氛围、准备教具、交代游戏规则、示范参与游戏，教师的主导作用体现得比较鲜明。但随着幼儿对规则的熟悉和参与积极性的提高，应放手让幼儿自主游戏，真正体现游戏的本来面貌，并且在教学中逐步扩大游戏的成分。也就是说，语言教学游戏开始时以活动的方式进入，而最后以游戏的方式结束，这种从活动向游戏过渡，经历以下三种转换：由外部控制向内部控制转换；由真实情境向假想情景转换；由外部动机向内部动机转换。

二、语言教学游戏的分类

语言教学游戏，是以培养幼儿倾听和表达能力为主要目标的教育活动，又称为"听说游戏"。游戏中有的是以"听"为主的游戏，有的是以"说"为主的游戏，只是侧重点不同而已。

（一）语音教学游戏

语音游戏是以练习正确的发音和提高辨音能力为目的的游戏。在游戏中，可以让幼儿着重练习各种他们感到困难的和容易发错的语音，使幼儿在愉快的游戏中学会辨音和发音。语音游戏又可细分为发音和听音的游戏。

1. 练习听音的游戏

良好的听觉能力是清晰发音的前提，利用游戏发展幼儿的语言听觉，是十分有效的方法。这类游戏主要是培养幼儿分辨各种不同的声音，听音游戏对培养正确的发音起着重要的作用，同时，也能培养幼儿的倾听习惯，发展理解语言的能力，提高辨音能力。

进行听音游戏的材料多种多样，比如听各种动物的叫声，听各种乐器的声音，听自然界中各种现象的声音等。

案例一

游戏"帮妈妈买东西"（小班）

游戏目标

（1）能分辨与"j""q""x"相似的字音；

（2）听清指令，并按指令做事；

（3）发展幼儿的注意力。

游戏准备

（1）将活动室的一角布置成娃娃家，一角布置成自选商场；

（2）商场内放有小鸡、小旗、小溪等带有"j""q""x"声母的卡片若干张。

游戏方法

（1）教师扮演妈妈，幼儿扮演孩子。妈妈说："孩子，妈妈请你帮忙去商场买几样东西。听好了：去买三张小旗卡片、五张小鸡卡片，记住了吗？"孩子根据指令去自选商场购物。购物完毕回到妈妈身边，妈妈检查是否完成任务。如拿错，妈妈可以再重复一次指令，让孩子重新买一次。

（2）必须按妈妈的要求买东西；指令只说一次，如买错也只有一次改正机会；旁观幼儿不可提醒。

---

2. 练习发音的游戏

　　幼儿期是语言发展的敏感期和关键期，为幼儿创设适宜的语言环境，可以有效地提高幼儿的语言水平。清楚、正确的发音是运用口语交际的必要条件，发音准确是语音学习的最基本要求。游戏的内容，可以是练习各种基本的发音，也可以针对幼儿感到难发和容易发错的音，让幼儿在游戏中自然地学会准确发音。练习发音的游戏多种多样，可以根据幼儿练习发音的内容和要求进行选择。

案例二

语音游戏"逛超市"（大班）

游戏目标

通过游戏练习舌尖前音、舌尖后音的正确发音。

游戏准备

将活动室布置成小超市。尺子、梳子、扇子、勺子、柿子、栗子、刷子、李子等实物；玩具狮子、猴子、车等。

游戏方法

（1）师生共同将教室布置成小超市。

（2）认识超市中的主要物品，正确练习各种物品的发音。

（3）由四名幼儿当收银员，付款的幼儿需要把物品名称发音正确并说清楚用途后，才能把物品拿走。幼儿轮流做收银员和顾客。

（二）语汇教学游戏

　　词是言语中最小的意义单位，这类游戏是以丰富词汇和正确运用词汇为目的。语汇教学游戏不仅可以教给幼儿一些新词，也可以帮助幼儿进一步理解已学过的词的含义，并学会灵活运用。词汇游戏在各个年龄班都可以进行，但对不同年龄的幼儿应有侧重。如小班应重视动词的丰富和运用，中大班在丰富各种词汇的同时，应注重提高词汇的运用能力。

案例三

游戏"汽车运来啥"（小班）

游戏目标

教幼儿说出一些熟悉的物品名称，并注意正确发音。

游戏准备

平面汽车头一个。在车头的背面，贴一个纸口袋，内装卡片若干张。卡片上画的是幼儿常见的物品，物品的名称又是幼儿发音较困难的。

游戏方法

幼儿拉成圆圈。请一个幼儿在中间做司机，集体念儿歌，"嘟嘟，嘟嘟，小汽车，开来啦！请你说一说，汽车运来啥？"这时，司机任意停在一个幼儿前面，该幼儿站起，从口袋中摸出一张卡片，说出卡片上面的物品名称，然后把卡片放在指定的地方，说对了，两人交换位置，由说对的幼儿接过汽车头，游戏重新开始。如果说错了，或发音不正确，则坐在原位，仍由原司机开车，游戏继续进行。

案例四

游戏"听一听，谁来了"（中班）

游戏目标

正确运用动词跳、游、爬、飞、跑等；培养思维的敏捷性。

游戏准备

卡片若干张，画有小兔、小鱼、小虫、小鸟、小马等动物。

游戏方法

游戏开始时，教师出示一幅公园的背景图，说："有许多小动物要来公园玩，看看谁来了，它是怎样来的？"

（1）教师拿出一些卡片，请一个幼儿上来，任意抽取一张。如抽到小鸟，就说"小鸟飞飞"，全体幼儿就一起学说"飞飞"，并做小鸟飞的动作。每名幼儿可以连续抽三张卡片，然后请其他幼儿继续游戏。如果抽卡片后，用错了动词，就不能再继续抽卡片了。

（2）教师口述"小马跑跑"，幼儿边说"跑跑"边做跑的动作。如果教师口述"小马游游"，幼儿听到教师用错了动词，不能跟说和做动作，否则算输。该游戏可以采取竞赛的方式进行。

（3）动作须与说出的动词一致；当一名幼儿回答问题时，其他幼儿不可进行动作和言语提示。

案例五

游戏"跟我说相反的"（大班）

游戏目标

练习使用反义词，培养幼儿敏捷的思维。

游戏方法

（1）开始时，可结合实物进行游戏。如教师拿出一个大皮球，说"大皮球"，幼儿就要迅速拿起一个小皮球，说"小皮球"。

（2）之后，可以逐步脱离实物，配合动作说反义词。如教师说"高高的人"，幼儿就要迅速用手比作矮人说"矮矮的人"。

（3）可以不用动作配合，要求幼儿迅速说出反义词（如：大、小，长、短，粗、细，多、少，轻、重，厚、薄，快、慢，好、坏，上、下，里、外，左、右，前、后，白天、黑夜等）。可同时请两个组或两个幼儿进行比赛，看哪一组或谁回答得快而正确。

（4）也可以用同样的方法练习近义词。如教师说"漂亮"，小朋友说"美丽"，教师说"高兴"，小朋友可以说"快乐""快活""愉快"等。

（三）识字游戏

3～6岁的幼儿在一定口语发展的基础上，可以在儿歌、故事、游戏活动中认识一些书面语言，包括文字和符号。但在引导幼儿识字的过程中，教师要注意利用游戏的方式，使识字变得更加生动有趣，在不知不觉中练习识字。

案例六

识字游戏"黄和蓝"（中班）

活动目标

1. 用比较的方法感知汉字"黄"和"蓝"，激发幼儿对识字活动的兴趣。

2. 培养幼儿的观察力。

活动准备

汉字"黄"和"蓝"字牌及红、黄、蓝、绿四色积木幼儿人手一份。

活动过程

（一）游戏——小孩、小孩真爱玩

1. 讲解游戏规则。

幼儿念儿歌，当见到老师出示的字牌时，根据字牌上的字去找相应颜色的积木玩具。

2. 幼儿游戏。

（二）游戏——快快拿

1. 出示汉字"黄"和"蓝"。

初步引导幼儿观察比较：有什么一样的地方？有什么不一样的地方？

2. 游戏——快快拿。

（1）讲解游戏规则。

每人一个玩具盒，内有四块积木（红、黄、蓝、绿），教师出示汉字，幼儿举起相应颜色的积木。

（2）幼儿游戏。

师：一二三，快快拿。

幼儿拿出相应积木并大声说出"×颜色的×"。

（三）游戏——贴字（巩固"黄"和"蓝"）

1. 讲解游戏规则：颜色与汉字一一对应地贴在卡片上。

2. 幼儿游戏。

3. 游戏结束集体验证是否对应正确。

（四）提示与建议

此活动可以在户外进行，利用户外运动器具，在自然的场景中教学。

（四）学说句子游戏

一般说来，学前儿童在句型方面，将达到从简单句过渡到复合句的水平，但仍以说简单句为主。在句式上以陈述句为主，疑问句、祈使句、感叹句均有所表现。学说句子游戏，是以训练幼儿按语法规则正确组词成句，并正确运用各种句型、句式为目的的游戏。教师在选择学说句子游戏时，应了解幼儿的句子发展已有水平，采取一定的激励方法，让幼儿在游戏中体验到成功的快乐。该游戏主要在中、大班进行。

案例七

游戏"请你接着说"（中班）

游戏目标

通过游戏，学会正确使用"因为……所以……"的句式说话。

游戏准备

小鼓一个，红花一朵。

游戏方法

（1）幼儿坐成圈圈，教师击鼓，用"击鼓传花"的形式进行游戏。鼓声停止，红花传到哪个幼儿手里，就请这个幼儿接着老师的话说下去。如教师说"因为我是小女孩"，幼儿可接"所以我梳小辫子"。

（2）游戏可以变换方式进行，如红花传到哪个幼儿手里，就请这个幼儿讲前半句，下一个幼儿接后半句。接得不恰当或接不下去者，请表演一个节目。

案例八

游戏"看谁说得好"（大班）

游戏目标

运用已掌握的形容词来描述图片，并编成一句完整的话。

游戏准备

太阳、老奶奶、小弟弟、猴子的图片若干套（每组一套）。

游戏方法

（1）教师逐张出示图片，要求幼儿用学过的形容词来描述图片内容。举例如下。

"太阳"：用火红的、红彤彤的、金色的等词来形容。

"老奶奶"：用满头白发的、满脸皱纹的等词来形容。

"小弟弟"：用可爱的、胖乎乎的、聪明的、活泼的、淘气的等词来形容。

"猴子"：用灵活的、调皮的、淘气的、聪明的等词来形容。

（2）做摸卡片游戏：让幼儿任意摸一张卡片，并根据卡片内容编成一句话。

例如，摸到"太阳"，可说："火红的太阳从东方升起。"

摸到"老奶奶"，可说："满头白发的老奶奶走来了。"

摸到"小弟弟"，可说："聪明的小弟弟想出一个好办法。"

摸到"猴子"，可说："淘气的小猴子一样本领也没学会。"……

提示：

（1）图片只能任意抽拿，不能挑选。

（2）集体练习后，也可分组做游戏，要求幼儿用词尽量不重复。

（五）描述性游戏

描述性游戏是以训练幼儿用比较连贯的语言，具体形象地描述事物的特征，提高口语表达能力为目的的游戏。此类游戏要求幼儿的语言完整、连贯，有一定的描述能力，是一种比较综合的、较高级的语言训练游戏，为幼儿以后的书面表达奠定良好的基础，一般在中、大班进行较多。

案例九

游戏"猜猜他是谁"（大班）

游戏目标

通过描述同伴的特征，发展幼儿的观察力、记忆力和连贯语言表达力；培养幼儿良好的倾听习惯。

游戏准备

幼儿围成圆圈在椅子上坐好。

游戏方法

（1）游戏开始时，每名幼儿都选定一名观察对象，记住他的性别、高矮、发型、衣着特征。然后向全体幼儿描述被观察者的特征。其他幼儿根据该幼儿的描述，找出其描述对象。第一个猜对者，可以接着做游戏。

（2）不允许边看边描述，不允许说出该幼儿的姓名。

备注：为了增强游戏的趣味性，保证游戏规则的执行，可以将起来作描述的幼儿的眼睛蒙起来。

（六）故事表演游戏

故事表演游戏是由教师组织的以帮助幼儿理解、使用文学语言，发展幼儿自然、大方说话为主要目的的游戏。它不同于创造性游戏中的幼儿自发、自娱的表演游戏，而是由教师创编的，有着明确教育目标的活动。

案例十

游戏"三只蝴蝶"（中班）

游戏目标

通过对话、动作、表情等再现文学作品，理解体验作品内容。

游戏准备

红、黄、白三色蝴蝶，分别由三组幼儿来表演，教具太阳公公、公园各种颜色的花等。

游戏方法

（1）游戏开始时，教师领诵《三只蝴蝶》第一段，由幼儿扮演的三只蝴蝶在花园里玩，开始时是快乐的，但下雨时便会惊慌着急起来。其他角色如太阳公公、雨等可由若干幼儿分别担任。一段表演结束时，表演者做出造型，下一段开始。

（2）教师可以根据表演情况决定是否重复之前的段落表演，其他幼儿也可随同朗诵。

提示：这个游戏是全班性的，每个幼儿都扮演一定的角色，因此就增加了教师的指导难度。教师必须巧妙地控制表演进程，既要使幼儿愉快地进入游戏角色，又要防止失控现象发生。

三、幼儿园语言教学游戏的教育目标

游戏是在一种轻松愉快的环境中进行的，语言教学游戏为幼儿提供了语言实践的机会，所以，可以说语言教学游戏是实现语言教育目标的重要途径。

（一）通过练习提高口语表达能力

从语言教学游戏的分类来看，语言教学游戏确实能对幼儿的语言发展产生全方位的影响。语音游戏可以发展幼儿的听音、辨音、发音能力；词汇游戏可以帮助幼儿正确地理解词汇、运用词汇、丰富词汇量；识字类游戏可以在游戏中不知不觉地引导幼儿识字；学说句子游戏可以帮助幼儿了解和应用各种句型和句子；描述性游戏可以发展幼儿在观察的基础上连贯表达思想的能力；故事表演游戏可以发展幼儿的文学语言和语言的表现能力。所有这些游戏都可以从语音、语汇、语法和表达等方面，促进幼儿语言的倾听和表达水平的提高。

（二）在语言教学游戏中提高幼儿积极倾听的水平

教师在游戏的设计和组织中，要有意识地对幼儿倾听方面进行锻炼，以提高幼儿的倾听水平。

（1）听懂教师对游戏规则的讲解。游戏中幼儿能否听懂教师对游戏规则的介绍，直接影响着游戏的状态，因此教师应加强幼儿倾听与理解能力的锻炼。

（2）听懂游戏的指令，把握游戏的进程。在游戏中，幼儿需要随时把握相关的指令信息，从而做出相应的反应，否则游戏将无法进行，因此在游戏中非常有利于幼儿自觉主动地倾听、捕捉指令信息。

（三）培养幼儿在语言交往中的机智性和灵活性，促进智力发展

语言是思维的工具，儿童早期的语言能力是他们智力发展的重要标志。语言教学游戏属于智力游戏的一种，是发展幼儿智力的重要手段。一个好的语言教学游戏，可以使幼儿在愉快的情绪伴随下，锻炼思维的敏捷性和灵活性，养成乐于动脑、动手、动口的学习习惯，促进幼儿注意力、记忆力、观察力、思维能力、想象力、言语表达能力等智力因素的全面发展。

第二节　学前儿童语言教学游戏的设计与指导

学前儿童语言游戏活动的设计与组织，有其独特的规律。从语言游戏具有学习和活动的双重性质出发，按照一定的思路去设计和组织活动，会产生较好的教学效果。

一、游戏运用策略

在儿童语言教育中使用游戏策略，一般有以下三种。

一是用游戏方式导入活动，调动幼儿的兴趣和积极性。小班幼儿注意力水平低，自控力较差，应注重引起其参与活动的兴趣，所以很多作品都用游戏的方式导入。如学习儿歌《藏猫猫》，教师引领幼儿玩游戏"藏猫猫"引出活动，让幼儿感知什么是"藏猫猫"。中班学习儿童诗《听》，用听声音的游戏导入活动，让幼儿闭上眼睛听周围的声音，非常吻合作品的内容，有利于幼儿迅速进入作品意境。大班学习儿童诗《我被亲了好几下》，先让幼儿玩"亲一亲"的游戏，激发幼儿兴趣并唤起幼儿相应的已有经验，有利于幼儿理解作品的内容及其主要的语言表现手法。

二是用游戏的方式提高幼儿的理解水平。如小班学习散文《萤火虫和星星》，教师先带领幼儿玩"萤火虫和星星"的音乐游戏，体会作品温柔的、如梦如幻的感觉。中班学习散文《云彩和风》，可引导幼儿玩体育游戏"云彩和风"，具体玩法是一人扮作风，其余的人扮作云彩。大班学习童话《乡下老鼠与城里老鼠》，整个教学用游戏的方式进行，布置"乡下"和"城市"两种场景，游戏内容是：幼儿选择到"乡下"旅游或者到"城市"旅游，感受二者不同的生活，游戏过程中双方角色可以互换。大班学习儿童诗《一个人》，幼儿玩体态游戏，一人做发令者，其余的人为游戏者，大家一起说："一个人，看看他像谁？"发令员举起字卡，幼儿立刻做出人体造型；"树"一队幼儿独自站立，双臂伸展，成树状；"林"一队幼儿和同伴手拉手高举成一片树林状；"河"一队幼儿独自一人做水的流动状；"海"一队幼儿手拉手依次蹲下、站立做波浪起伏状等。

三是用游戏形式巩固学习效果。如大班学习儿歌《十二生肖》，采用游戏的方法让幼儿了解十二生肖的排列顺序。教师先将十二生肖排成一列，幼儿闭起眼睛，教师拿走一个动物，然后请幼儿睁开眼睛，看看第几个动物藏起来了。学习《皮皮鼠吃跳跳糖》，则玩游戏活动"在哪里"，用"上面""下面""左面""右面"等方位词来表示周围的很多物体，练习使用方位词。学习《七色花》，引导幼儿用体态表达自己的愿望，发令人说："飞呀飞呀，小花瓣呀，照我做呀！让我们……（讲出自己的愿望）"其他幼儿立刻用动作来表现，未能及时做出相应动作的幼儿停止游戏。学习儿歌《风来了、雨来了》玩识字游戏，幼儿看教师手中出示的汉字卡片并读出汉字，如果出示的是"风"就说"风来了"，出示的是"雨"就说"雨来了"，四个汉字念完后，幼儿继续念儿歌做动作；当念到"屁股"时，大家可以任意做一个动作或摆一个造型，不能说话，也不能动。学习儿童诗《捉迷藏》，教师带

领幼儿玩"找颜色"的游戏，先出示颜色卡片，引导幼儿学说"×颜色躲在×里"，如"红颜色躲在太阳里""黄颜色躲在衣服里"。其他还有培养幼儿倾听能力的纠错游戏，幼儿和教师轮流接念古诗，分成两队比赛念绕口令等游戏形式。

二、语言教学游戏的结构

一个语言教学游戏，通常包括游戏名称、游戏目标、游戏准备、游戏玩法和游戏规则等部分。下面以一则游戏实例来分析游戏的结构。

案例

语言游戏"金锁银锁"（大班）

游戏目标

1. 学会用简单的词语形容和描述一件事物，用"××，××，×××"的句型来描述看到的物品。

2. 仔细倾听同伴的讲话，并能迅速、正确地对话，训练语言反应的敏捷性。

3. 能够遵守游戏规则，愉快地进行游戏活动。

游戏准备

两把钥匙，一把贴有苹果形状的锁，一个玩具娃娃。

游戏过程

1. 示范操作表演。

（1）先出示一把苹果锁和两把钥匙，边操作教具边念儿歌：金锁锁，银锁锁，两把钥匙一把锁，咔嚓咔嚓把它锁，小朋友们来开锁。

（2）出示玩具娃娃，并以娃娃的口吻问："这是什么锁？"

答："这是苹果锁。"玩具娃娃又说："苹果，苹果，红彤彤。"咔嚓一声将锁打开，接着再插入另一把钥匙说："苹果，苹果，香又甜。"咔嚓又打开了苹果锁。

（3）带领幼儿念儿歌2～3遍，从而使幼儿对整个游戏活动有一个初步、完整的印象。

2. 讲解游戏规则。

教师采用口头讲述的方式，向幼儿交代游戏规则。

（1）念完儿歌后，开锁幼儿才能问："这是什么锁？"扮锁的幼儿必须想出一个锁名来回答："这是××锁。"

（2）开锁的两名幼儿分别是两把钥匙，这两名幼儿必须用"××，××，×××"的句型来描述××锁。前面重复说名词两次，后面用三个字描述一下这种事物的特点，如"苹果，苹果，香又甜"。

（3）开锁幼儿描述得准确就能打开锁，并交换角色，否则不能交换角色（教师在示范游戏过程中采用口头讲述的方法，向幼儿交代游戏规则。由于游戏规则中包含了活动目标，因此，教师需要用言简意赅的语言向幼儿解释规则，同时还需要边讲解、边示范）。

3. 教师扮演角色，引导幼儿游戏。

教师先扮演开锁人的角色，幼儿扮演锁的角色，然后交换角色。通过教师参与角色的形式，帮助幼儿学习掌握游戏中的对话及描述语言，为幼儿独立开展游戏活动积累经验。

在对话过程中，鼓励幼儿讲述各种不同的锁，学习用各种不同的、简单的词语进行准确的描述。

教师需要带领幼儿多玩几次，并不断变换锁的名称，如"小猫锁，喵喵叫""月亮锁，像小船"。

4. 幼儿自主游戏"金锁银锁"。

幼儿手拉手围成一圈扮锁，让两名幼儿充当开锁人，一个站在圈内，一个站在圈外。

游戏开始时，大家边念儿歌前后摆动拉着的手，两名开锁幼儿同时随着儿歌的节奏，依次在各拉手处做开锁动作。儿歌念完后，开锁幼儿面向拉手幼儿问："这是什么锁？"拉手幼儿回答："这是××锁。"然后，开锁幼儿说："××，××，×××。"讲对了，开锁幼儿就能轻轻把两名拉手幼儿的手"切"开，然后交换角色，游戏重新开始。若开锁幼儿讲得不正确，扮锁的幼儿将手拉紧，开锁幼儿就"切"不开锁，游戏继续进行。

三、语言教学游戏的基本程序

语言教学游戏作为一个完整的教育活动来组织时，主要程序包括以下四个环节。

（一）创设游戏情境

这一程序的主要目的，在于使幼儿在轻松愉快的氛围中受到感染，调动其参与语言教学游戏的积极性，激起幼儿参与游戏的兴趣，以便产生良好的语言教育效果。例如，在上例"金锁银锁"游戏开始时，教师采用示范操作玩具娃娃的形式，为幼儿创设一个良好的游戏情境，玩"逛超市"游戏时，教师提问："小朋友，你们喜欢逛超市吗？咱们开一个超市好不好？"师幼共同搭建超市。将游戏的场景充分展现在幼儿面前，吸引幼儿的注意力，使他们产生好奇心，自然导入游戏。

创设游戏情境的方法，归纳起来主要有以下三种。

一是用物品创设情境。教师运用一些与活动有关的物品、玩具或者日用品等，创设游戏的环境和气氛，达到引导幼儿进入语言游戏的效果。如"逛超市"游戏开始时，师幼共同布置超市，为游戏的开展作了很好的铺垫。

二是用动作创设情境。教师可以通过自己形象的动作表演，让幼儿想象出游戏的角色或者游戏的场所，产生游戏的气氛，将幼儿带入游戏的情境之中。例如"猜猜谁来了"游戏开始时，教师可以学做小兔跳或小马跑的动作，让幼儿猜猜谁来了，从而导入游戏，然后再教幼儿玩这个游戏。

三是用语言创设情境。教师通过自己生动、有趣、直观的语言，直接描述或指出游戏中角色及所处的环境，感染幼儿，营造游戏的气氛，引导幼儿进入角色，同样可以达到创设游戏情境的作用。如对幼儿说："水果丰收啦，许多小动物要去摘果子。请小朋友戴上头饰，扮演小动物去找找水果在哪儿吧！"

总的说来，教师可以根据不同的游戏，选用相应的创设方法，无论用哪一种方法创设游戏情境，目的都是为了使幼儿尽快进入游戏情境。游戏活动开始时，教师往往会将几种方法综合起来加以使用，利用形象的实物、逼真的动作，再配以生动的语言，幼儿的游戏积极性才会充分调动起来，为游戏的顺利进行奠定良好的基础。

（二）交代游戏的玩法和规则

在创设游戏情境之后，教师要向幼儿交代游戏的玩法和规则。玩法即游戏开展的步骤；规则是被允许或被禁止的某些特定的活动。这一步实际上是教师对幼儿布置任务，讲解要求的过程。为了交代规则的效果更好，教师可以通过用语言说明和动作示范相结合的方式，告诉幼儿游戏的玩法和规则。还以"金锁银锁"为例，在创设情境、导入游戏、展开游戏过程后，教师交代游戏规则。规则一：念完儿歌后，开锁人才能提问，扮锁的小朋友必须想出锁名回答。规则二：开锁的两位小朋友分别是两把钥匙，必须用"××，××，×××"的句型描述，如"苹果，苹果，红彤彤"。规则三：开锁人描述准确，就能打开锁，并交换角色。否则游戏活动仍按原角色继续。只有掌握了游戏的玩法和规则，游戏才能顺利进行，游戏的教育目的才能实现。

交代游戏规则时，有必要注意以下三点。

（1）要用简洁明了的语言讲解。在交代游戏规则时，切忌过多啰唆的解释，使幼儿不能及时理解游戏规则，影响游戏的开展。

（2）要讲清楚游戏的规则要点和开展顺序。游戏的规则要点，一般都是游戏中幼儿要按照规范说出的话，要让幼儿明白说什么和怎样说。同时要帮助幼儿清楚地理解游戏开展顺序，先做什么、后做什么、什么角色做什么。这样才能保证游戏目的的实现。

（3）用较慢的语速进行讲解和示范。教师在交代游戏规则时，特别是针对规则回答问题或说一句话时，使用的语言应当是相对减慢速度的语言。由于这种语言带有示范的性质，一定要保证让幼儿听清楚，以避免游戏中可能发生的问题。

（三）示范参与游戏

在交代游戏玩法和规则之后，教师可以引导幼儿开展游戏。教师在游戏中要充当重要的角色，把握游戏的进程。这一部分与交代游戏玩法和规则有时是合并进行的。

在小班，教师担任主要角色，往往边讲解边示范。先请部分能力强的幼儿和老师一起参加游戏，再逐步过渡到全体幼儿参加。例如在游戏"水可以用来……"中，教师首先亲自示范游戏玩法，任意选出一张卡片，根据内容，用"水可以用来……"的句式说出水的用途，让幼儿判断对错。

在中、大班，教师讲清玩法和规则后，教师示范或师幼共同示范，也可先请部分能力强的幼儿试做游戏，既可以起示范作用，又可以检查幼儿是否明确游戏玩法和规则，如发现错误，及时纠正。再逐步过渡到全体幼儿参加，教师可以参与其中。再以"金锁银锁"游戏为例，教师先扮演开锁人的角色，幼儿扮演锁的角色，然后交换角色。教师担任角色时，帮助幼儿学习掌握游戏中的对话及描述部分，在对话中，鼓励幼儿讲出各种不同的锁，进行不同的描述。通过教师的引导，幼儿熟悉了游戏规则，掌握了游戏的程序，为幼儿独立开展游戏做好充分准备。

（四）幼儿自主游戏

当幼儿熟悉玩法和规则后，教师就可以从游戏领导者的身份退出，让幼儿自己开展活动，进入自主游戏阶段。例如游戏"水可以用来……"中，教师把幼儿分成若干小组，幼儿以小组为单位自由活动，教师随时指导。在这个环节中，教师的角色是活动的观察者，以间接控制为主要策略。因此，这个环节的时间一定要充分，教师间接指导的质量一定要有保证。为此教师要做好以下工作。

1. 观察游戏进程，提供必要帮助

在自主游戏阶段，教师的角色应是游戏的观察者，观察的目的有两个：一是观察幼儿对游戏规则的掌握情况，督促幼儿遵守游戏的规则；二是及时发现问题和纠纷，提供适时帮助和教育。作为观察者，不要过多地限制和束缚幼儿，要相信幼儿，让幼儿在与同伴的互动中产生成功和失败的体验，从而更加主动地吸收、加工语言信息，更加准确地运用语言。

2. 关注个体，及时指导

教师应分析每个幼儿的特点，明确需要加强的方面，提出有针对性的、可行的措施。例如，对某些胆子小、能力弱的幼儿，可提供较多的游戏机会，在游戏中教师要鼓励他们，提高他们的自信心；对于交往能力较弱、兴趣单一的幼儿，教师可通过与他一起游戏，或引导小伙伴带着他玩，激发他对游戏活动的兴趣。

（五）组织游戏评议

当游戏结束时，幼儿往往还在兴致勃勃地谈论着玩过的游戏。这时教师组织幼儿评议和总结游戏，不仅能满足幼儿的愿望，还可以使游戏更好地发挥教育作用，提高幼儿的辨别能力，促使幼儿更加主动、积极地活动，提高游戏水平，同时也能促进幼儿语言能力的发展。

对游戏的评价要有目的、有重点，时间不宜过长，可以是教师评价，也可以由幼儿自己评价，或师生共同评价。及时的评价，可以强化游戏的正确玩法，进一步明确游戏的规则，纠正游戏中出现的

问题，为日后更好地开展自主游戏奠定基础。

第三节　学前儿童语言教学游戏活动组织与指导时应注意的问题

好的语言教学游戏，能对幼儿的语言产生多方面的影响，促进幼儿能力的发展。一个游戏活动的效果，往往取决于教师对活动的关注程度。语言游戏活动的组织与指导，应注意以下四个方面。

一、把握不同年龄班语言教学游戏的侧重点

由于幼儿的年龄和知识经验的差异，不同年龄班幼儿的语言教学游戏，也各有自己的侧重点。小班幼儿的语言教学游戏，以听音和发音游戏、语汇教学游戏为主。教师的参与更加直接，起到的示范和组织作用要更多些；中大班幼儿的语言教学游戏，则应以语汇游戏、识字游戏、学说句子和描述游戏为主，教师要给幼儿更多的游戏主动权，教师一般作为环境材料的提供者、幼儿游戏的观察者与合作者，以间接指导的方式为主。

二、游戏规则可适当且灵活地变换

在游戏过程中，教师要根据幼儿对游戏的适应程度，灵活地变换规则，以便于游戏顺利且有意义的开展。如果游戏中发现因难度过高无法顺利进行时，也可以降低要求，当幼儿熟悉玩法和规则后，再逐步提高要求。例如，游戏"小鸡吃米"开始时，只要求扮演小鸡的幼儿跟着母鸡寻食，找到食物后发出"吃、吃、吃"的声音，并做捉食状即可。重复几遍后，可以变换规则：小鸡要听清母鸡的话。母鸡说的东西，小鸡能吃的就说"吃、吃、吃"，不能吃的，就不能说"吃"字，也不能做吃的动作。谁错了，母鸡就要请它回家。母鸡可以说"小鸡吃米""小鸡吃虫""小鸡吃木头""小鸡吃大石头"等。适当变化游戏规则、增加游戏内容，幼儿会增加玩的兴趣。

三、对违规情况要恰当处理

游戏规则是为完成教学目标服务的，因此，在游戏过程中，教师要督促幼儿遵守游戏的规则，保证游戏规则的执行。如果发现有不遵守规则的情况，教师应及时分析原因，分别给予适当的处理，以保证游戏的顺利开展。

（1）如果幼儿对规则不了解，就要补充示范讲解；
（2）如果幼儿因为玩得兴奋，忘了规则，就给予及时提醒；
（3）如果幼儿故意犯规，就用游戏的口吻，按规则处罚；
（4）要注意对幼儿的处罚一视同仁。

四、把握"教"与"乐"的结合

语言游戏的特点是：让幼儿在玩中乐、乐中学，使幼儿在情趣盎然的游戏中，实现教师预设的教育目标。没有趣味的游戏，幼儿不乐于参加；没有目的的游戏，失去了教学的意义。因此，在选择和设计游戏时，应注意两者有机结合，充分体现语言教学游戏的特点，真正达到"寓教于乐""教学游戏化"的目的。

本章小结

　　本章我们学习了"幼儿园语言教学游戏概述""幼儿园语言教学游戏的设计与指导""幼儿园语言教学游戏活动组织与指导时应注意的问题"三节内容。"幼儿园语言教学游戏概述"阐述了"什么是语言教学游戏""语言教学游戏的分类""幼儿园语言教学游戏的教育目标"等相关知识;"幼儿园语言教学游戏的设计与指导"包含"游戏运用策略""语言教学游戏的结构"和"语言教学游戏的基本程序"等内容。"幼儿园语言教学游戏活动组织与指导时应注意的问题"从"把握不同年龄班语言教学游戏的侧重点""游戏规则可适当且灵活地变换""对违规情况要恰当处理""把握'教'与'乐'的结合"四个角度对更有效地组织教学游戏给出合理化建议,进一步充实和完善了语言教学游戏的组织程序。

思考与练习

1. 什么是语言教学游戏? 语言教学游戏有哪些特点?
2. 简述语言教学游戏的分类,并收集相关游戏实例。
3. 简述语言教学游戏设计与组织的一般程序。
4. 语言教学游戏设计与组织时应注意哪些问题?
5. 结合实例谈谈学前儿童语言教学游戏的意义。

实践活动

1. 观摩一个学前儿童语言教学游戏,并写出观摩分析报告。
2. 观察幼儿语言(包括语音、词汇、句子等)发展的特点,设计一个学前儿童语言教学游戏,并在小组里进行模拟试教。

案例示范

案例一

语音游戏"山上有个木头人"(小班)

活动目标

　　1. 学会正确发出"山(shān)""上(shàng)""三(sān)"等字音,区别s和sh、an和ang等音。

　　2. 听懂并理解简单的游戏规则,提高对指令性语言的倾听水平。

活动准备

　　拉线木偶人玩具一个(或用纸板制成的活动拉线木偶人)。

活动过程

　　1. 出示木偶人,创设游戏情境,引起幼儿的兴趣。

　　教师以小木偶的口吻说:"我是木头人,今天要和小朋友一起玩一个游戏,名字叫'山上有个木头人',你们想玩吗?"接着教师边操作木偶,边念儿歌,使幼儿能够初步了解游戏的基本内容。

　　表演结束后,教师继续以木偶的口吻与幼儿交谈,如:"谁想和我玩游戏呢? 那你先告诉我，刚才我说了些什么？"引导幼儿回忆儿歌的内容，学会游戏中的儿歌，正确发出每个字音，特别是"山"和"上"。

2.向幼儿介绍游戏的规则和玩法。

（1）游戏时须念儿歌，并可自由做动作。念完儿歌后，就不能动，也不能发出声音。

（2）如果谁动了或发出声响，就要离开游戏。到整个游戏结束后，动了的幼儿站一排，坚持不动的幼儿站一排，大家对拍手心齐声念儿歌："本来要打千万下，因为时间来不及，马马虎虎打三下。一、二、三！"不动者打动者手心三下，游戏结束。

3.教师示范参与游戏。

教师以游戏参与者的身份，分别与全体或个别幼儿进行游戏活动，给幼儿观察和练习的机会。

（1）教师带领全体幼儿，边念儿歌，边坐在椅子上自由做动作，鼓励幼儿做出各种动作，以增加游戏的趣味性。念完儿歌后，教师自己故意先动，然后伸出一只手，让全班幼儿边说边空打三下，给幼儿以练习的机会。

（2）教师与个别幼儿游戏，对个幼儿别发不准的音及时给予纠正。

4.幼儿自主游戏。

教师让幼儿与同伴组合，自主进行游戏活动，注意提醒幼儿遵守游戏规则，与同伴友好地合作游戏。

5.游戏小结。

教师结合游戏情况简单评价，鼓励幼儿平时玩，或与家人一起玩。

活动延伸

在户外游戏时，继续玩"山上有个木头人"游戏。

附儿歌

三个好玩的木头人

山、山、山，

山上有个木头人。

三、三、三，

三个好玩的木头人，

不许说话不许动。

案例二

语言游戏"种莲子"（中班）

活动目标

1.学习使用比较连贯的语句，来描述其他幼儿的发式、衣着等外部特征。

2.注意倾听其他幼儿的发言，并能根据语言描述，迅速做出正确的判断。

3.遵守游戏规则，愉快地进行游戏。

活动准备

莲蓬一只。

活动过程

1.游戏导入。

教师和幼儿坐成半圆圈儿，教师出示莲蓬并剥出莲子提问："这是什么呢？"导入语："我们要在池塘里种上莲子，明年才能结出莲蓬。今天，请小朋友扮演池塘里的泥土，老师把这颗莲子种到池塘里，大家一起玩一个种莲子的游戏。"

2. 交代游戏规则及玩法。

（1）请一名幼儿当"种莲子的人"，其他幼儿扮"泥土"，要求必须将眼睛闭起来，不能偷看，等儿歌念完后才能睁开。

（2）大家一起念儿歌《种莲子》。"种莲子的幼儿"会在儿歌结束前，将莲子放在一个扮演"泥土"的幼儿手里，然后用简短的语言来描述这名幼儿的外貌特征，请大家猜出他是谁。

（3）被猜出的幼儿必须重复说出自己的外貌特征。

3. 教师引导幼儿游戏。

（1）孩子们围坐成半圆圈儿，眼睛闭上，手背在身后手掌向上扮"泥土"。大家开始念游戏儿歌《种莲子》，教师扮"种莲子的人"，边念儿歌边从每个幼儿身后走过，并且悄悄把莲子放入一个幼儿手中。最后走到中央，描述这个孩子的特征，如："我把莲子种在一个短头发的女孩手里，她穿着黄衣服、蓝裤子和黑皮鞋。"请其他幼儿都来猜，猜对了，有莲子的幼儿就要到前面来，说："我就是穿黄衣服、蓝裤子和黑皮鞋的短头发小女孩。"然后游戏继续。

（2）在大家一起念儿歌《种莲子》的时候，教师要注意纠正个别不正确的发音，鼓励孩子们声音洪亮地念儿歌，提醒幼儿种莲子和拿到莲子以后要注意保密，为幼儿自主游戏做好铺垫。

4. 幼儿自主游戏。

（1）请第一个猜对的幼儿来种莲子，幼儿自主游戏。

（2）教师放手让幼儿们愉快地玩，必要时予以指导。比如，如果幼儿们猜不出来，可以鼓励种莲子的孩子再重新描述一遍，使游戏继续做下去。

5. 活动结束。

教师进行课堂小结，并请全体幼儿品尝莲子。

6. 活动评价。

此游戏有一定的情节和特定角色，是幼儿非常喜欢的一种游戏形式。通过游戏，可以锻炼幼儿的观察和口语表达能力。教师从带领幼儿逐步熟悉游戏规则，到引导幼儿独立游戏，在整个活动中起着主导作用，确保游戏的顺利进行。

活动延伸

在户外活动时，继续玩"种莲子"的游戏。

附儿歌

种莲子

种莲子，种莲子，

不知莲子种哪家；

东一家，西一家，

到了明年就开花。

案例三

句子游戏"和谁有联系"（大班）

游戏目标

1. 初步感知事物之间的联系。

2. 学说句型"××和××有联系，因为……"，锻炼语言表达能力。

3. 激发热爱周围事物的情感。

游戏准备

图片、字卡。

游戏玩法

1. 初次尝试，学说句型。

2. 游戏：找联系。

（1）教师逐一出示图片，让大家把两个有联系的事物找出来，并要求说说为什么。老师引导幼儿说出"××和××有联系，因为……"（如蜜蜂和花朵有联系，因为蜜蜂能在花朵上采蜜）。

（2）寻找身边事物之间的联系，巩固句型。

幼儿寻找身边有联系的事物，用句型"××和××有联系，因为……"完整讲述短句（如电风扇和电有联系，因为通电，电风扇才能转动）。

（3）深入尝试，感知事物之间的联系。

幼儿认读字卡，说出字卡上面的字与什么事物有联系（如汽车和道路有联系，因为汽车是跑在道路上的）。

（4）通过事物之间的连接关系，激发幼儿热爱周围事物的情感。

第十章
学前儿童语言教育评价

目标导航

教学课件

1. 理解学前儿童语言教育评价的原则。
2. 熟悉学前儿童语言教育活动评价的内容。
3. 掌握学前儿童语言教育活动评价的方法。
4. 了解学前儿童语言发展评价的内容。
5. 学会运用学前儿童语言发展评价的方法。

知识导图

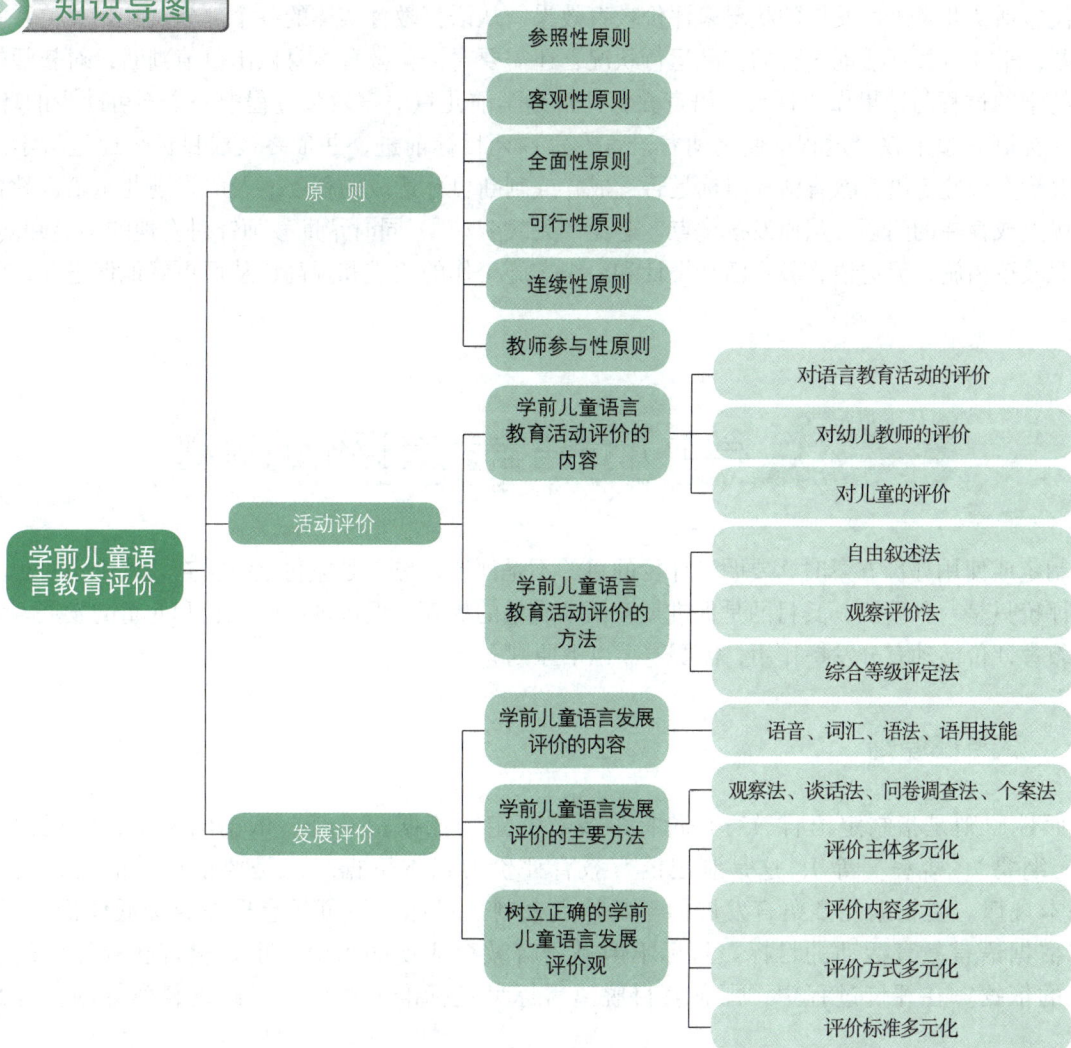

学前儿童语言教育评价

原则
- 参照性原则
- 客观性原则
- 全面性原则
- 可行性原则
- 连续性原则
- 教师参与性原则

活动评价
- 学前儿童语言教育活动评价的内容
  - 对语言教育活动的评价
  - 对幼儿教师的评价
  - 对儿童的评价
- 学前儿童语言教育活动评价的方法
  - 自由叙述法
  - 观察评价法
  - 综合等级评定法

发展评价
- 学前儿童语言发展评价的内容
  - 语音、词汇、语法、语用技能
- 学前儿童语言发展评价的主要方法
  - 观察法、谈话法、问卷调查法、个案法
- 树立正确的学前儿童语言发展评价观
  - 评价主体多元化
  - 评价内容多元化
  - 评价方式多元化
  - 评价标准多元化

教师导学

家是什么？家是一间房子。家是和爸爸妈妈在一起，家是一家人相亲相爱……在孩子们的眼中，家是无忧无虑的，甚至是可以随心所欲的。那么，对于时下生活条件优越、衣来伸手饭来张口的孩子们，我们又该如何引导他们体会家庭责任呢？英国著名绘本作家安东尼·布朗继《我爸爸》《我妈妈》之后，为我们带来了《朱家故事》。该绘本以轻松诙谐的方式揭示了家庭中"共同分担"的重要性。于是，傅老师尝试以该绘本为素材开展了一次大班早期阅读活动。

傅老师以一张与众不同的全家福引领幼儿走进朱家，去探寻朱太太闷闷不乐的原因。在活动中，傅老师引导幼儿以贴图的方式归纳和比较朱家的家务分配情况，使孩子们直观而强烈地感受到朱家家务分配的不公。而朱太太离开家后朱家的变化更是让幼儿充分感受到了故事的趣味性，并乐此不疲地探寻画面细节中的秘密。在活动中，傅老师有意识地引导幼儿捕捉画面中有用的信息，理解画面之间的关系，有目的地去阅读与交流。在活动的最后，傅老师引导幼儿由朱家联想到自己的家庭，懂得了"自己的事情自己做""合理分工、共同承担，家庭才会更和睦、更幸福"的道理。

结合案例，分析并评价此活动设计。

教育评价就是衡量教育工作的价值。学前儿童语言教育评价，即收集教育活动系统各方面的信息，并依据一定的客观标准，对学前儿童语言发展状况和儿童语言教育过程、内容、方法、效果等，做出客观的衡量和科学判定的过程。对学前儿童语言教育评价的认识，是随着对儿童语言发展和语言教育认识的不断深化而发展的。我国学前儿童语言教育评价，强调把语言教育作为一个整体来进行评价，不仅包括从儿童语言发展的状况来评价教育效果，从语言教育实体的各个部分及其相关关系的分析和判断，来评价教育活动过程的实际运行状况，还需要对语言教育本身做出价值判断，对教师的教和儿童的学的过程与结果做出评价。语言教育评价是学前儿童语言教育过程中一个不可缺少的环节，它调节、控制着整个教育过程，使之朝着语言教育预期目标前进，并最终达成目标。通过科学的评价，能够检查或鉴定语言教育活动目标是否达成，或判断目标达成的程度；及时发现儿童语言教育活动中的优点或存在的问题，从而发扬优点，避免"无效劳动"；同时帮助教师针对发现的不足和问题，及时采取改革措施，促进语言教育活动设计和组织实施工作的改进和提高，从而更好地促进儿童语言的发展。

第一节　学前儿童语言教育评价的原则

在制定或使用评价方案时，要明确评价的目的不是评比，更不是应付上级检查，评价本身也不是目的。评价只是一种手段，其目的是促进教育活动质量的提高，促进教师的成长和儿童的发展。为了使语言教育评价活动充分发挥作用，需要遵循以下原则。

一、参照性原则

参照性原则是指制定语言教育评价标准要有一定的依据。一是要依据国家相关法规性质的文件（《纲要》《规程》等），这是制定语言教育评价的根本依据。二是要依据学前儿童语言发展的基本规律。要根据儿童语言发展的年龄特点来制定目标，不可任意提高或降低评价的标准。三是要依据语言教育活动的目标。目标不但是语言教育活动的指南，也是语言教育评价的指南和参照的依据。在评价过程中，那种盲目脱离目标另定标准的做法，是缺乏科学性的，也是不可取的。

二、客观性原则

客观性原则是指实施教育活动评价，必须采取客观的、实事求是的态度，而不能仅凭主观臆断，妄加评论，妄加指责。客观性原则是进行教育评价的基本原则之一，也是语言教育活动评价的最基本原则。实践证明，活动评价如果是客观的，就可以促进语言教育活动的展开与改进工作，反之则会产生阻碍作用，使活动评价失去其真正的意义。

在教育活动评价中遵循客观性原则，首先，要求评价者必须根据客观的评价方法和手段，以及由教育活动目标而确定的评价标准来实施评价。评价标准一旦确定，就不能随意改动。其次，要求制定的标准应适合于每一个评价对象，否则，就不能称为客观的标准。最后，要求在实施评价的过程中，要以客观公正的态度对待每一个被评价对象，不能因个人好恶而使评价结果出现偏差。如果评价者不能以客观公正的态度对待评价对象，在评价过程中包含了主观成见和个人情感色彩，则会使评价产生负面效应。

三、全面性原则

全面性原则是指对语言教育活动的各个组成部分和各个构成要素进行全面的评价。这就要求评价者，既要对学前儿童语言发展状况进行评价，又要对教师的教学进行评价；既要对语言教育目标进行评价，又要对语言教育内容和过程进行评价；既要对教育活动过程中教具、学具的选择与利用进行评价，又要对教师与儿童之间的言语和情感互动情况进行评价；既要对静态的活动要素进行评价，又要对动态的活动过程进行评价。只有这样，我们才能完整、准确地评价语言教育活动及其效果。

四、可行性原则

评价的可行性原则，又称操作性原则。它是指评价标准、评价指标体系和评价的方法，都要简明清晰、可测可比，既适宜于专业人员使用，又便于广大幼儿教师自评。因此，评价指标体系要少而精，概念清楚，表述准确，评比标准切忌大而空，应力求"看得见、摸得着、抓得住"，评价的程序、方法也要简便易行、便于运用。

五、连续性原则

教育评价不是为了评比或者是应付上级的检查而进行的。教育实践是一个不断运动、发展的过程。教育评价必须有连续性和规范性，才能促进教育实践始终朝着实现教育目标的方向发展。在评价活动中，既要对儿童语言发展情况进行评价，又要对语言教育活动的过程进行评价。要求评价者从受教育个体的发展角度出发，做出对其语言发展形成性的评价；同时，评价者所使用的评价方法和评价工具还应有连续性，对学前儿童语言教育的评价记录资料应妥善放置，形成制度，才能保证评价的连续性。

六、教师参与性原则

教师参与性原则是指以教师自身评价为主的评价原则。《纲要》指出："幼儿园教育工作评价实行以教师自评为主，园长以及有关管理人员、其他教师和家长等参与评价的制度。"幼儿园教师直接参与幼儿园语言教育活动的评价，一方面可以及时了解活动设计和组织实施过程中的不足，讨论改进的办法，不断提高语言教育活动设计和组织实施的能力；另一方面可以避免评价过程中评价者和被评价者之间的对立现象，保证有效达成评价的目的。此外，教师自我评价可以使其更清晰地审视自己组织的活动，帮助教师建立反省意识，从而提高自我调节、自我提高、自我发展的主动性和积极性，不断发展教师反省认知能力，使教师成为反思型教师。因此，作为教育活动的策划者和执行者的教师，应当成为教育活动的主要评价者之一。

坚持教师参与语言教育活动评价的原则，要求教师要具有积极参与评价的意识和明确的参与评价的目的，既要参与活动评价标准的制定，也要参与活动的具体评价过程。

第二节　学前儿童语言教育活动评价

一、学前儿童语言教育活动评价的内容

语言教育活动的评价涉及许多方面，概括起来主要是三个方面：对语言教育活动的评价、对幼儿教师的评价、对儿童的评价。

（一）对语言教育活动的评价

1. 对活动目标的评价

活动目标是教师按照一定的教育目标要求和儿童本身发展的需要制定的各种期望性活动结果。评价活动目标可以从以下方面入手：评价活动目标与学前儿童语言教育的总目标、各年龄段目标和各种类型语言教育活动目标是否一致；评价活动目标是否与儿童的语言发展水平相适应，是否处在儿童语言的"最近发展区"里；整个活动的设计与实施，是否围绕教育目标来进行；评价活动目标是否涵盖了认知、情感与态度、能力等方面的要求；评价活动目标是否具体；等等。

2. 对活动内容的评价

语言教育活动内容是实现语言目标的中介。评价语言教育活动的内容，主要是对内容的选择方面进行评价。评价语言教育活动内容，可以从以下方面入手。

评价语言教育活动内容是否能达到活动的目标，我们要根据活动目标来选择活动内容，而非确定了活动内容之后再制定活动目标；评价内容是否与儿童发展水平相适应；评价内容的分量是否恰当，有无过多或过少的情况；内容的安排是否分清主次或突出重难点；内容的布局是否合理，各要点之间的衔接是否自然流畅；评价内容是否便于设计和再创造。如中班诗歌《我是三军总司令》，既能培养儿童学习优秀儿童文学作品的兴趣，使之感受语言的丰富和优美，提高儿童对文学作品的审美能力和感受能力，又能发展儿童的语言表达能力和创编能力。当然，选择的内容并不是要求面面俱到，但一定要有明确的目标性，可以有所侧重，适当兼顾。

3. 对活动过程的评价

活动过程一般包含设计者的教育理念、教学思路、教学方法、组织形式、结构安排以及教具的制作与使用等内容。因此，在评价时应从这六个方面进行。

（1）评价活动中所蕴含的教育理念：教师是否注意面向全体儿童，是否尊重儿童等。

（2）评价教学思路是否清晰，逻辑性是否强，是否注意到了每一个环节和步骤之间的层次性、系列性、递进性等。

（3）评价教学方法：教学方法的选择和运用是否与活动的目标和内容相适应；方法的选择和运用是否考虑到了儿童的年龄特点和接受性；方法的运用是否单调呆板，能否随着活动目标、活动内容及儿童实际而变化等。

（4）评价语言活动的组织形式：在语言活动进行的过程中，教师是否恰当地采用集体活动、小组合作以及个别活动等多种形式；是否在活动中体现了因材施教；分组时是否考虑到人际关系以及儿童的情感因素等。

（5）评价材料（教具、学具）的选择和使用：教具和学具是否有助于活动目标的实现，与活动内

容是否相适应；教具和学具是否具有实用性和可操作性，数量是否充足；教具和学具是否得到了最大限度的开发和利用，即是否充分发挥教具的作用。

（6）对活动效果的评价：判断一个活动好坏的重要标准为是否达成了预定的目标。因此，活动结束后，要看预期的目标是否达成，以及达成程度如何。

（二）对幼儿教师的评价

在学前儿童语言教育活动评价中，对教师本身的评价也是一个很重要的方面，它可以应用于教师自评和管理者对教师的评价。有效的评价可以促进教师自身的发展，又能促进幼儿园语言教育目标的达成，提高儿童语言活动的质量。进行教师评价需考虑以下两个方面。

1. 对教师教学能力的评价

教师的语言素养对语言活动的效果起着直接的作用，对儿童的语言发展影响更大。教师语言素养的评价可以从语言清晰、准确，普通话标准、流畅等语言表达方面的能力，语言组织、语言指导等方面的能力来进行。

评价教师在语言教育活动中的教态、精神面貌。观察教师在活动中的教态是否亲切自然、精神饱满、富有一定的感染力；是否善于调动儿童的情绪和内在动力；评价教师的活动组织能力和教学机智，能否灵活地处理突发事件。

2. 教师和儿童互动的情况

分析评价教师在活动中是否为儿童创设适宜的活动环境，以激发儿童主动学习的积极性；是否注意到在活动过程中充分激发儿童的兴趣、意志、自信、独立等良好的心理品质；是否注意到在活动中与儿童的情感交流，以及为儿童之间的交流沟通创设机会和条件等。如在谈话活动中，教师要充分发挥儿童的自主性、创造性，鼓励儿童以自己的视角和思维进行表述，真正使儿童成为活动的主体。评价教师的指导是否能把握时机，为儿童提供适宜的"支架"，有利于儿童主动、有效的学习等。

拓展阅读

幼儿园语言教育活动评分标准

（1）活动目标（10分）　　　　　　　　　　　　　　　　　　（得分　　）
体现《纲要》精神，符合《纲要》要求；（5分、3分、1分）
定位准确，具体恰当。（5分、3分、1分）

（2）活动内容的选择与分析（10分）　　　　　　　　　　　　（得分　　）
内容适宜，趣味性强；（4分、3分、2分）
重点突出，难点确定准确；（3分、2分、1分）
内容分量适宜，布局合理。（3分、2分、1分）

（3）活动设计与组织（15分）　　　　　　　　　　　　　　　（得分　　）
体现新的教育理念；（5分、3分、1分）
设计合理新颖，思路清晰；（5分、3分、1分）
教学程序科学，环节之间衔接自然巧妙；（3分、2分、1分）
时间分配合理；（1分）
座位排列适宜。（1分）

（4）教学手段与方法（15分）　　　　　　　　　　　　　　　（得分　　）
教法得当、多样，讲求实效；（5分、3分、1分）
注意因材施教，因人施法；（5分、3分、1分）
恰当合理地使用教具、学具；（3分、2分、1分）

合理使用现代化教学手段。（2分、1分）

（5）教学基本功（15分）　　　　　　　　　　　　　　　　　（得分　　）

普通话标准，语言准确、生动形象；（3分、2分、1分）

教学组织能力强，有号召力；（3分、2分、1分）

教学机智灵活，应变能力强；（3分、2分、1分）

教学风格独特适宜，有感染力；（3分、2分、1分）

没有知识性错误。（3分）

（6）教学态度（20分）　　　　　　　　　　　　　　　　　　（得分　　）

教学认真负责，情感投入；（5分、3分、1分）

教态亲切自然，仪态大方得体，声情并茂；（5分、3分、1分）

关注全体幼儿情绪，注重师生情感交流。（10分、8分、6分）

（7）活动效果（15分）　　　　　　　　　　　　　　　　　　（得分　　）

幼儿乐于参与活动，气氛活跃；（5分、3分、1分）

师幼配合默契，情感融洽；（5分、3分、1分）

完成活动目标。（5分、3分、1分）

总分_____

（三）对儿童的评价

教育活动评价的着眼点是：引起儿童身上出现变化或儿童在活动中的表现。对儿童的评价从侧面反映了教育活动的效果，为教育计划的制定与修改提供科学的依据，也可以帮助评价者了解儿童语言学习状况及语言发展的某些不足，进而有针对性地为不同水平儿童创设良好的教育机会和环境，为他们在各自原有的水平上得到进一步的发展提供根本的保证。具体来说，对儿童的评价可以分为两个方面：一方面是从儿童学习效果的角度，对目标达成情况进行分析和评价；另一方面是从儿童在活动中的表现，对儿童的参与活动程度进行分析和评价。

1. 对目标达成情况的评价

在对目标达成情况进行分析时，一般涉及三个方面。

（1）认知目标达成情况，即了解儿童是否获得了目标所规定的相关的知识，是否掌握了有关的词汇和句型，是否懂得在什么样的语言环境下运用这些词汇和句型等。

（2）情感与态度目标的达成情况，即了解儿童是否形成了耐心倾听别人说话的态度，是否乐意在集体面前讲述自己经历的事或图片内容，是否懂得并遵守语言交往中的一般规则。

（3）能力目标的达成情况，即了解儿童组词成句的能力和在具体情景中运用语言的能力，是否能根据活动中的语言情景来运用有关的词汇、语法和语调，是否能用连贯的语句说清楚自己想要表达的意思等。

在对以上三个方面进行分析的同时，还应对达成程度做出判断，一般分为三个等级，即"完全达到""基本达到"和"尚未达到"三个等级。

2. 对儿童参与活动程度的评价

在活动中观察儿童的表现，可以了解儿童语言发展的状况，同时从侧面反映活动设计和组织的情况。因而观察儿童是了解儿童并评价语言教育活动的基础。儿童参与活动的程度，可以分为三个等级，即"主动积极参与""一般参与""未参与"。

主动积极参与是儿童参与教育活动的最佳状态。在这种状态下，儿童有着强烈的学习动机和浓厚的学习兴趣。在活动中，儿童注意力集中，跟随着教师的思路走，认真倾听教师和同伴的发言。当教师提问时，儿童积极举手发言，乐意在集体面前表述自己的观点或讲述一件事情。如果在一个活动中，儿童能主动积极参与并能达到预期教育目标，说明这个活动从目标的制定到活动的组织都是恰当的，与儿童的语言发展状况有着高度的适应性。

一般参与是儿童参与活动程度的中间状态。在这种状态下，儿童仍然进行着学习活动，但基本上属于被动学习。在教师的不断提醒下，儿童能集中一定的注意力倾听教师的话和同伴的发言。当教师提问时，并不积极主动举手发言，但当教师点到名字时，也能站起来回答教师的问题。在一般参与状态下，通过教师的精心组织，基本上可以达到教育活动目标，也能完成教育任务。但是，这种状态的出现说明活动目标的制定、活动内容的选择、活动方法的使用，与儿童语言发展状况还缺乏高度的适应性，还需要加以改进。

未参与是儿童参与活动程度的最不理想状态。在这种状态下，儿童对正在进行中的活动毫无兴趣，当教师发出指令或是同伴发言时，他们不能够集中注意力倾听，或是东张西望，或是与同伴打闹嬉戏。这种状态的出现，说明教师事先在设计活动方案时，从活动目标的制定到活动过程的组织不太恰当，需要重新设计。

二、学前儿童语言教育活动评价的方法

对教育活动进行评价，需要有一定的方法。根据幼儿园语言教育活动的特点，现介绍三种简便易行的评价方法。

（一）自由叙述法

自由叙述法是将对教育活动的意见、判断、感想等自由地写下来，通过文字叙述对教育活动加以评价的方法。这种方法既适合于自我评价，也适用于对他人的评价。自由叙述法的最大特点是不作定量分析，不需要专门的测量工具和复杂的评价程序。

自由叙述法有利于综合反映活动过程中的情况，既可以对静态的因素（如目标、内容、方法、材料、环境等）加以评价，又可以对动态的因素（如儿童在活动中的行为表现）加以描述。不过，为了清楚地用文字表述对某一活动的评价，在叙述时应该加以分类。叙述中的分类可以有多种维度，可以按照活动的要素将叙述的内容分为对目标的评价、对内容的评价、对方法的评价、对师幼关系的评价、对活动气氛的评价等，也可以按照优缺点分成两大类，还可以分为对儿童的评价、对教师的评价。总之，可以灵活多样，自由评述。

（二）观察评价法

在幼儿园语言教育活动的评价中，观察是一种有效的评价方法。通过观察可以获取大量的评价信息，可以及时了解教育活动运行的状况，还可以通过观察得来的反馈信息，随时调整活动的内容、方法和组织形式。这一方法主要通过对幼儿行为表现的观察了解，来对整个教育活动的效果进行分析，是一种行之有效的评价方法。

它的具体运用可以有多种形式。最常见的是在自然情景下的观察，即在日常教育活动中做连续性的观察。有时，教师也可以借助于提问，对回答问题的幼儿的语言表述情况进行观察。在分组活动和个别活动中，教师可以通过巡视来观察幼儿的语言表述情况，也可以与幼儿个别交谈，借此来了解幼儿的语言情况。对日常生活中不易观察到的情况，教师可以创设相应的条件，促使幼儿自然地表现其语言发展状况。

（三）综合等级评定法

为了在评价中获得对语言教育活动的总体印象，在语言教育活动的评价中，还可以运用综合等级评定法。这种方法既对活动的各种因素进行分析评定，又对活动的各种状态进行分析和评价，从而能够得到综合的评价信息。

综合评定法从纵向和横向两个维度确定评价指标。纵向包括构成语言教育活动的各种因素，主要有目标、内容、形式、儿童参与活动程度、材料利用情况、师生关系；横向包括教育活动各因素在运

行过程中的状态及等级。

第三节　学前儿童语言发展评价

一、学前儿童语言发展评价的内容

（一）语音

语音是语言的基本要素之一，是语言的物质外壳。培养儿童听音、辨音的能力，有助于儿童语音的发展。只有发音清楚、正确，才有助于儿童对词汇、句子、文学作品的理解和掌握。

（二）词汇

词汇是语言的基本单位，是儿童语言发展的重要标志之一。词汇丰富可促进儿童语言表达能力和理解能力的发展，并直接促进儿童社会交往质量的提高。

对普通话发音和词汇的评价可以结合在一起，以游戏的形式进行测量。选择一批包含汉语拼音方案中的声母和韵母的常用词，配上图片，让儿童看图说词，教师做记录，特别重视把发错的音、说错的词按原始情况记录下来。对发错的音及说错的词，可用游戏或儿歌方式进行练习。

案例

评价指标"词汇"

评价方法

日常观察和情景观察。

评价内容

掌握较多的常用名词、动词和形容词。

在日常生活和语言活动中，观察儿童是否正确使用以下常用词汇。

1. 有关周围事物的名词

向儿童出示表现以下物品或人物的图片，如"鸡、鸭、桌子、椅子、杯子、勺子、哥哥、姐姐"，提问："图片上有什么东西？图片上的人是谁？"

2. 有关常见动作的动词

可向儿童出示表现以下动作的图片，如"穿（衣服）、扫（地）、脱（鞋）、搭（积木）"，提问："图片上的人在干什么？"

3. 表现事物表面特征的形容词

向幼儿逐一出示以下物品的图片，并向幼儿提问：

"皮球是什么样的？"（圆圆的）

"月亮是什么样的？"（弯弯的）

"猫的尾巴是什么样的？"（长长的、细细的）

（三）语法

语法是组词成句的规则。儿童要掌握母语，进行言语交际，必须首先掌握母语的语法体系。语法的获得是指儿童对母语中语句结构的获得，包括理解和运用不同结构的语句。

（四）语用技能

在人们使用语言进行交际时，还涉及说话人和听话人双方的语言和非语言背景，以及交际当时的语境和具体情境。同样语法结构的句子，在不同的情境中有不同的含义；而有些语法结构非常简单的句子，不在一定的情境中就无法理解其意义。语言运用可以用来对具体情境中的交际语言进行分析和解释。语用技能的发展是学前儿童语言发展的一个重要方面。语用技能是指：交际双方根据交际目的和语言情境有效地使用语言的一系列技能。学前儿童的语用能力是在言语交际过程中表现出来的，为了能够与同伴和成人顺利地进行交际，学前儿童需要掌握一定的语用知识和技能。学前儿童语用技能的评价指标有如下七点：

（1）文明礼貌语言的使用；

（2）用较少的词语传递尽可能多的信息；

（3）变换语言形式传递主要信息；

（4）利用手势、表情等帮助交际；

（5）根据反馈信息，随时调整语言编码；

（6）把握说话时机；

（7）专注倾听，善于理解、反应。

二、学前儿童语言发展评价的主要方法

（一）观察法

观察法是指研究者根据一定的研究目的、研究提纲或观察表，用自己的感官和辅助工具去直接观察被研究对象，从而获得儿童语言发展信息的一种方法。观察法是对被观察者的行为进行直接的了解，因而能搜集到第一手的资料。由于观察法是在自然条件下进行，不为观察者所知，因此采用这种方法有可能了解到儿童语言发展的真实情况。

（二）谈话法

谈话法是通过与儿童面对面的交谈搜集语言发展评价信息的方法。运用此方法需要教师对谈话内容进行记录，然后对谈话记录进行分析。谈话法的明显优点是：可以弥补自然观察法和情景观察法的不足，能比较快捷地了解儿童语言发展中的问题，丰富已有的资料。

使用谈话法时要注意以下问题：第一，要有明确的谈话目的；第二，谈话内容应在儿童生活范围内并使儿童能够理解；第三，谈话要在自然状态下进行。教师最好在游戏时间里与儿童边游戏边交谈，以免儿童出现紧张情绪，影响谈话结果的真实性。

（三）问卷调查法

问卷调查法是由评价者根据评价目的，向被调查对象发放问卷调查表，广泛搜集儿童语言发展信息的一种方法。在儿童语言发展评价中使用问卷调查法的目的主要是向家长了解儿童在家庭环境中的语言发展情况。

问卷调查法的优点是：可以在短时间内获得大量的评价信息，但有时通过这种方法得到的信息不够准确和真实。造成这种现象的原因主要有：家长未能真正了解儿童语言发展评价的意义和调查的意图，顾虑太多；调查题目和表达方式的设计可能存在一定的缺陷，影响家长对问题的理解。因此，使用问卷调查法时应注意：第一，要让家长了解问卷调查的意图，使其建立对教师的信任感，消除顾虑；第二，问卷的语言应明确、易懂，便于家长正确理解问题的内容；第三，问卷设计应涵盖所需了解的全部内容，但回答方式应尽量简便，在不增加家长过多负担的情况下获得较丰富的信息。

（四）个案法

个案法是由医疗实践中的问诊方法发展而来的。个案法要求对某个人的语言发展进行深入而详尽的观察与研究，以便发现影响某种行为和心理现象的原因。例如调查0～1岁婴儿语言发展影响因素，即可采用个案研究的方法，结合现实生活中较普遍存在的此阶段婴儿教与养的问题，分析一名婴儿在

0～1岁期间语言发展的影响因素。

由于个案法限于使用少数案例，研究结果可能只适合于个别情况，因此，在推广运用这些结果或做出更概括的结论时，必须持谨慎的态度。一般来说，个案法常用于提出理论或假设，要进一步检验理论或假设，则有赖于其他方法的帮助。

三、树立正确的学前儿童语言发展评价观

（一）评价主体多元化

在学前儿童语言教育中，儿童、同伴、教师、家长、专家、园长共同参与儿童语言发展评价。不同的评价主体会针对儿童在不同场合的表现给予相应的评价，以保证对儿童做出全面、客观、公正的评价。如儿童和同伴之间进行互评和自评，能更清楚客观地认识自我，并能借鉴他人之长；家长主要评价儿童在园外的语言表现情况，如在家里与长辈谈话是不是有礼貌等；教师则主要是根据儿童在幼儿园的表现给予相应的评价。最后，汇总所有的评价结果，综合反映儿童语言发展的真实情况，以便在以后的教育活动中有针对性地进行指导。同时，将这一评价结果反馈给家长，让家长了解自己孩子在家中和在园的表现是否一致，认清儿童在语言发展上的优势与不足，从而在生活中提供有效的帮助。

（二）评价内容多元化

评价儿童语言发展水平，评价主体应从发音、词汇、语法、语用技能四个方面进行。在教师对儿童语言发展水平进行评价时，不能仅根据儿童在集体活动中的表现进行判定，还必须结合自己在日常生活、游戏中观察所得的具有典型意义的儿童语言表现，以及儿童自己的、同伴之间的和家长对儿童语言发展水平的评价做出全面、客观的评价，不能以偏概全。

（三）评价方式多元化

评价方式一般有三种，即形成性评价、诊断性评价和总结性评价。诊断性评价是指在实施教育行为之前，如幼儿入园时、组织某个活动之前，对幼儿语言能力进行评价，主要是了解幼儿语言发展的现状、存在的不足和优势，以便提供幼儿需要的教育活动；形成性评价是指在教育活动的过程中对幼儿语言发展的评价，主要是测量幼儿在活动中的语言表现和态度等，了解活动的进程是否符合幼儿的需要，是否有利于幼儿的语言发展；总结性评价则是指学期结束或某个活动结束后对幼儿语言发展的评价，主要是了解幼儿的语言是否已经达到教育活动的预期目标，还存在哪些问题，作为组织后续活动的参考。幼儿的语言发展是一个连续的过程，所以教师要以发展的眼光看待幼儿，对幼儿语言的评价应是一个动态、持续的过程，不但关注幼儿语言的现有发展状况，更关注其潜在的发展速度、特点和倾向等。

教师在评价幼儿语言发展的情况时，应该以形成性评价为主，适当辅之以诊断性评价和总结性评价，以便组织适合幼儿需要的语言教育活动，并在教育中及时地调整与改进教育措施、教育计划，为幼儿提供更加适宜的活动和指导。

（四）评价标准多元化

语言发展的顺序在所有幼儿身上的表现是基本一致的，但是对于不同的幼儿来说，其语言学习的速度、效果和运用语言进行交际的积极性等方面，都表现出不同的特点。因此，幼儿语言教育必须在顾及同龄幼儿群体语言发展需要的同时，兼顾个别幼儿的独特语言发展特征。同时，教师在评价幼儿语言发展状况时，也同样必须承认和关注幼儿的个体差异。

在评价时，要重视纵向评价，淡化横向评价。纵向评价指对一个受测者的两个或多个时刻内的成绩进行前后比较。横向评价指在同一时间内对一个人所具有的特征进行比较，如学习成绩、学习兴趣等方面的总体水平和发展平衡情况。通过纵向比较，可以评价幼儿在不同时期的学习是进步还是退

步，以及进步和退步的程度如何。个体间的横向评价实际上是宣扬竞争机制，即拿"这个幼儿"和"那个幼儿"的某些方面进行比较。教师在评价幼儿时，要承认和关注幼儿的个体差异，避免用整齐划一的标准评价不同的幼儿，在幼儿面前慎用横向评价，要重视纵向评价。

本章小结

　　本章我们学习了"学前儿童语言教育评价的原则""学前儿童语言教育活动评价"和"学前儿童语言发展评价"三节内容。"学前儿童语言教育评价的原则"包括参照性原则、客观性原则、全面性原则、可行性原则、连续性原则和教师参与性原则；"学前儿童语言教育活动评价"阐述了学前儿童语言教育活动评价的内容和学前儿童语言教育活动评价的方法；"学前儿童语言发展评价"阐述了学前儿童语言发展评价的内容、学前儿童语言发展评价的主要方法和树立正确的学前儿童语言发展评价观。教育评价是教师设计和组织教学活动时依照的标准，幼儿教育工作者应该全面掌握并能熟练应用。

思考与练习

1. 学前儿童语言教育活动评价一般要遵循哪些原则？分别说明为什么？
2. 简述学前儿童语言教育活动评价的内容。
3. 写出一篇语言活动方案进行试讲并予以评价。

实践活动

1. 观察、记录小、中、大班幼儿的语言发展情况，并对他们的发音、词汇、语法、语用等水平进行分析。学前儿童语言发展情况可参照表3。

表3　学前儿童语言发展情况参照表

学前儿童语言发展	语音发展的特点	3岁左右的幼儿常不能掌握某些声母的发音方法，有发音不准确不清楚的情况
		4岁以后的幼儿能掌握全部语音，对某些相似的音，仍有困难
		6岁左右的幼儿能发音正确，吐字清楚，能区分四声，按语句内容调节自己的音调，语音意识较强
	词汇发展的特点	数量迅速增加
		词类范围日益扩大
		词义理解渐深
		开始有一定的构词能力
	语法发展的特点	句型从简单句向复合句发展
		句式从陈述句到非陈述句
		从无修饰句到有修饰句
		句子结构逐步严谨灵活
		从情境性语言到连贯性语言

（续 表）

学前儿童语言发展	语用技能评价指标	文明礼貌语言的使用
		用较少的词语传递尽可能多的信息
		变换语言形式传递主要信息
		利用手势、表情等帮助交际
		根据反馈信息，随时调整语言编码
		把握说话时机
		专注倾听，善于理解、反应

2. 请依据故事《小猫钓鱼》设计幼儿复述考核内容与标准。提示：考核内容可包括语言准确、用词恰当、表达流畅，复述的故事情节符合故事原版。

故事

小猫钓鱼

小猫去河边钓鱼，钓到了一条小黄鱼，"这下可以美美地吃上一顿啦"。回到家，小猫把炉子生得旺旺的，锅烧得红红的，刚想把小鱼放到锅里，小黄鱼说话了："猫先生，你看我这一身的鱼腥味，你还没有给我洗洗呢。"小猫一想，有道理，等我洗干净了再吃。于是，他提着小鱼，来到小河边，刚把小鱼放到水里，"吱溜"一下，小鱼游走了，小猫急得大声喊："喂，回来，快回来呀。"小鱼游到河中间，摇摇尾巴，点点头："傻小猫，再见喽！"

▶▶ 岗课赛证

扫码观摩并评析大班语言活动"滑梯的回忆"。

（1）对师幼互动中幼儿的心理发展，如认知、情感、意志等心理过程进行分析，对幼儿的个性、社会性发展以及学习心理等特点进行分析。

（2）根据《纲要》与《3—6岁儿童学习与发展指南》精神对教师的保教言行进行评价与分析。

（3）对教育活动中存在的问题提出建议。

滑梯的回忆

▶▶ 案例示范

文学活动"小猴摘桃子"（中班）

活动目标

1. 通过师生共同的语言活动，理解故事的内容，懂得要遵守秩序。

2. 学习短句"你不推，我不挤""一个挨着一个"；复习动词"钻、过、摘"。

活动准备

1. 小猴头饰若干，数目同幼儿人数相等；纸做的桃子若干，数目同幼儿人数相等。

2. 花果山背景图一幅，蓝色皱纹纸做成的小河一条、独木桥一座、钻圈两个。

活动过程

一、全体师生戴头饰，激起幼儿上花果山的愿望

小猴子摘桃子

师：小朋友，今天你们扮演小猴子，老师扮演猴妈妈。猴妈妈告诉你们一个好消息，花果山上的桃子长得又红又大，可好吃啦。现在猴妈妈就带你们到花果山上摘桃子。

二、模仿猴子赶路上花果山摘桃，引导幼儿在活动的过程中学习运用语言

播放欢快的音乐，大家一起跳跳蹦蹦上路，直至音乐停。

1. 钻山洞。

教师指着钻圈招呼：小猴子们，不好啦！前面有一个山洞挡住了我们的去路，怎么办？

教师鼓励幼儿大胆清楚地表达自己的想法，并验证自己的想法。引导幼儿一个挨着一个钻山洞，学习短句——你不推，我不挤，一个挨着一个钻。

播放音乐，幼儿随着音乐又蹦又跳，老师念顺口溜："小猴子，钻山洞，你不推我不挤，一个挨着一个钻。猴妈妈心里真高兴。"音乐停。

2. 过河。

师：哎呀，不好啦！前面有一条小河挡住了我们的去路，怎么办？

师：我们这么多猴子要过独木桥，怎么过才能又快又安全呢？

师：如果不是一个挨着一个过又会怎么样呢？

播放音乐，幼儿随着音乐又蹦又跳，老师念顺口溜："小猴子，过小桥，你不推，我不挤；一个挨着一个过，猴妈妈心里真高兴。"音乐停。

3. 师幼共同休息，回忆钻山洞和过桥的情景。

师：刚才我们又钻山洞，又过小桥，真是累极了。现在请小猴子坐到猴妈妈身边来休息一下。

师：在去花果山的路上，一座山洞挡住了我们的去路，我们是怎么钻过山洞的？一条小河又挡住了我们的去路，我们又是怎么过小桥的？

4. 摘桃。

师：小猴子们，你们看，现在我们已经到了什么地方了？

师：花果山上的桃子长得怎么样？你们想不想去摘桃子？

师：这里有一棵大桃树，我们怎么样才能又快又好地都摘到桃子？

引导幼儿一个挨着一个摘桃子，并回到原位吃桃子。

三、以故事的形式整理活动

师：现在，猴妈妈把咱们上花果山摘桃子的活动编了一个故事讲给你们听。大家可以和老师一起来讲。

四、评价活动情况，结束

师：今天，小猴子们很有礼貌。猴妈妈真喜欢你们。花果山真好玩，小猴子们，我们再玩一会吧！（播放音乐，跳采果子舞或做耍猴动作）

活动评析

本活动的设计一改以往故事教学的模式，把幼儿引入故事情境之中，让每位幼儿都担任故事中的角色——小猴，并以游戏的形式一步一步地展开故事情节，从而使故事教学活动化。幼儿在活动中开动脑筋，大胆思考，想出最合理的办法解决问题，调动了幼儿参与活动的积极性和主动性。同时，在游戏中，幼儿通过自己的亲身体验，来领会短句或词组（如"一个挨着一个"）的含义，这样更利于知识的迁移和运用。无疑，这种以游戏为主线贯穿故事教学的形式，符合幼儿学习的特点，遵循了幼儿认知规律，给人耳目一新之感，特别适合中班的幼儿。

教师在活动设计中，还考虑了在游戏化的前提下，实现语言教育活动本身的目标。活动中十分注意培养幼儿的口语表达能力，通过反复多次的游戏活动，让幼儿学习词组和短句，运用已学过的词汇，要求幼儿用完整的语句讲述，较好地完成了故事教学的任务。

此外，本活动有机地渗透了社会领域的教育内容和目标，使幼儿在游戏过程中受到互相关心、互相帮助的友爱教育以及遵守秩序的品德教育，并对幼儿的礼貌行为进行了一次很好的锻炼。

主要参考文献

［1］赵寄石，楼必生.学前儿童语言教育［M］.北京：人民教育出版社，1993.

［2］祝士媛.学前儿童语言教育［M］.北京：北京师范大学出版社，1995.

［3］王俊英.幼儿园语言活动指导［M］.北京：地质出版社，1998.

［4］易进，林丹华.幼儿语言教育［M］.北京：中国劳动社会保障出版社，1999.

［5］张明红.幼儿语言教育［M］.上海：上海教育出版社，2000.

［6］周兢.学前儿童语言教育［M］.南京：南京师范大学出版社，2001.

［7］廖晓青，丛敏.语言活动新设计［M］.桂林：广西师范大学出版社，2001.

［8］袁爱玲.学前全语言创造教育活动设计［M］.北京：教育科学出版社，2001.

［9］姚念玖.0～3岁婴幼儿的教养［M］.上海：上海科学技术出版社，1983.

［10］徐立.儿童语言训练新思维［M］.北京：中国大地出版社，1997.

［11］杜小鸣，沈立明.托起明天的太阳［M］.北京：新华出版社，1995.

［12］于涌.幼儿语言发展与教育［M］.长春：东北师范大学出版社，2000.

［13］赵惠玲.幼儿教师教育技能［M］.北京：团结出版社，2001.

［14］幼儿园教育指导纲要（试行）［M］.北京：北京师范大学出版社，2001.

［15］张加蓉，卢伟.学前儿童语言教育活动指导［M］.上海：复旦大学出版社，2010.

［16］周兢.幼儿园语言教育活动设计与组织［M］.北京：人民教育出版社，1996.

［17］朱海琳.学前儿童语言教育［M］.北京：科学出版社，2009.

［18］梁旭东.学前儿童语言教育［M］.北京：中央广播电视大学出版社，2007.

［19］周兢.早期阅读发展与教育研究［M］.北京：教育科学出版社，2007.

［20］张明红.给幼儿园教师的101条建议（语言教育）［M］.南京：南京师范大学出版社，2007.

［21］姜晓燕，郭咏梅.学前儿童语言教育［M］.北京：高等教育出版社，2011.

［22］陈瑶.学前儿童语言教育（第2版）［M］.北京：北京师范大学出版社，2020.

［23］范玲.幼儿语言教育与活动指导［M］.郑州：河南科学技术出版社，2021.

［24］周兢.学前儿童语言学习与发展核心经验［M］.南京：南京师范大学出版社，2014.

［25］张莉娜.学前儿童语言教育［M］.北京：清华大学出版社，2019.

［26］周兢.幼儿园语言教育［M］.北京：人民教育出版社，2014.

［27］刘宝根.学前儿童语言教育与活动指导［M］.上海：华东师范大学出版社，2014.

［28］朱家雄.幼儿园教育活动设计与实施（第2版）［M］.北京：中国人民大学出版社，2023.

［29］张明红.学前儿童语言教育与活动指导（第4版）［M］.上海：华东师范大学出版社，2021.

［30］王萍.幼儿园语言教育与活动指导［M］.北京：高等教育出版社，2023.

［31］李玉峰.幼儿园语言教育与活动指导（第2版）［M］.北京：北京师范大学出版社，2023.

［32］郭咏梅.幼儿园语言教育活动设计与指导（第2版）［M］.北京：北京理工大学出版社，2022.

［33］宋苗境.学前儿童语言教育与活动指导［M］.南京：南京大学出版社，2019.

［34］田金长，马晓琴，赵燕.学前儿童语言教育［M］.上海：华东师范大学出版社，2018.

图书在版编目(CIP)数据

学前儿童语言教育/张天军,张启芬,王玉玲主编. —3 版. —上海:复旦大学出版社,2024.8
ISBN 978-7-309-17480-9

Ⅰ.①学⋯ Ⅱ.①张⋯ ②张⋯ ③王⋯ Ⅲ.①学前儿童-语言教学 Ⅳ.①G613.2

中国国家版本馆 CIP 数据核字(2024)第 107597 号

学前儿童语言教育(第三版)
张天军　张启芬　王玉玲　主编
责任编辑/赵连光

复旦大学出版社有限公司出版发行
上海市国权路 579 号　邮编:200433
网址:fupnet@ fudanpress. com　http://www.fudanpress.com
门市零售:86-21-65102580　团体订购:86-21-65104505
出版部电话:86-21-65642845
上海四维数字图文有限公司

开本 890 毫米×1240 毫米　1/16　印张 11.75　字数 372 千字
2024 年 8 月第 3 版第 1 次印刷

ISBN 978-7-309-17480-9/G · 2600
定价:45.00 元